宏观经济学

汪祖杰　杨凤祥　**主编**

东南大学出版社
·南京·

图书在版编目(CIP)数据

宏观经济学/汪祖杰,杨凤祥主编. —南京：东南大学出版社,2011.8
 ISBN 978-7-5641-2898-2

Ⅰ.①宏… Ⅱ.①汪…②杨… Ⅲ.①宏观经济学—教材 Ⅳ.①F015

中国版本图书馆 CIP 数据核字(2011)第 139421 号

宏观经济学

出版发行：东南大学出版社
社　　址：南京市四牌楼 2 号　邮编：210096
出 版 人：江建中
网　　址：http://www.seupress.com
经　　销：全国各地新华书店
印　　刷：南京新洲印刷有限公司
开　　本：700mm×1000mm　1/16
印　　张：16.75
字　　数：338 千字
版　　次：2011 年 8 月第 1 版
印　　次：2011 年 8 月第 1 次印刷
书　　号：ISBN 978-7-5641-2898-2
定　　价：28.00 元

本社图书若有印装质量问题,请直接与读者服务部联系。电话(传真)：025-83792328

出 版 说 明

江苏省外国经济学说研究会

改革开放以来,西方经济学在我国逐步普及,并对有中国特色的社会主义市场经济的建立、发展与完善发挥了很大的作用。因此,越来越多的人希望了解西方经济学,越来越多的高校开设了西方经济学课程。

考虑到以下三个方面的因素:一是西方经济学对于中国社会主义市场经济建设的借鉴作用不但需要与时俱进,而且必须正确地解读和分析;二是中国的高校体系至少可以分为研究型院校、教学科研并重型院校、职业技术教育型院校等三类,或者分为一本、二本、三本、专科等类型,每一类型的高校对于经济学理论的教学要求截然不同;三是能够进入高等学校继续学习的学生在专业上又分为理、工、农、医、文、史、哲、经、管等不同的学科,很难有适用所有专业的教材。所以,组织一批富有西方经济理论素养和长期从事西方经济理论教学实践的高校老师,根据不同类型学校和学生对于西方经济学课程的教学与学习需要,集体编写具有较强针对性和适用性的教材,就成为江苏省外国经济学说研究会多年考虑并且付诸实施的一件大事。为此,经过多方交流和会议讨论,我们决定商请南京审计学院汪祖杰教授、南京航空航天大学江可申教授、南京工业大学刘碧云教授、金陵科技学院杨凤祥教授担纲,组织力量成立编写组,首先就教学科研并重型院校的西方经济学教学基本要求,兼顾不同层次和专业学生的特点,编撰相应的《宏观经济学》、《微观经济学》教材。

经过四位教授的精心组织和编写组全体成员的辛勤劳动,这两本教材已经定稿,并由东南大学出版社列入"21世纪国家人才培养规划经济学系列教材"正式出版。综观全书,其具有以下明显特色:

第一,体系完整,逻辑思路清晰。两本教材按照分工,各自涵盖微观经济学和宏观经济学的全部内容,并且相互支撑。

第二,贴近现实,包容最新进展。两本教材不但关注西方经济学的最新理论进展,而且注重运用西方经济学的理论分析中国社会主义市场经济发展所面临的现实问题,如国有企业的改革、经济发展方式的转变、通货膨胀的控制等当前的热点问题等,都进行了很好的有深度的分析。

第三,简明通俗,评述客观准确。两本教材对于所涉及的西方经济学原理在全面介绍的基础上,都进行了一定的评述。作者们无论是对经济理论还是对经济政策所作的评述,都能够本着"偏听则暗,兼听则明"的心态,充分考虑理论和政策形成的具体特定情境,辩证地动态地进行分析,因而具有较高的客观准确性。

第四,精选方法,预留拓展空间。两本教材以教学科研并重型全日制院校的西方经济学教学基本要求为准,考虑到不同层次和专业学生中有相当一部分人的数学背景薄弱或者对数学推导不感兴趣,因而精心选择理论的表述方法,在正式的篇章结构中尽量避免微积分等比较复杂的数学公式,而是多采用一些示意图表,同时对一些重要的数理分析推导过程则以各章附录的形式保留并加以设问,这就为那些学有余力的同学深入学习提供了拓展空间。

当然,作为一种尝试,两本教材的编写工作和最终成果的质量,肯定还是存在某些问题的,但这并不妨碍其主流和基调。我们期待经过一段时间的使用实践后,对其进一步加以修正和完善,使全省各高校的西方经济学教学和研究更上一层楼。

目 录

第一章 宏观经济学的对象和方法 (1)
  第一节 宏观经济学的产生与发展 (1)
    一、宏观经济学的发展历程 (1)
    二、宏观经济学的四次重大变革 (2)
  第二节 宏观经济学的研究对象 (4)
    一、资源配置、资源利用和经济体制 (4)
    二、宏观经济学的微观基础 (5)
    三、实证经济学和规范经济学 (6)
  第三节 宏观经济学的研究方法 (8)
    一、个量分析与总量分析 (8)
    二、局部均衡分析与一般均衡分析 (9)
    三、静态分析、比较静态分析和动态分析 (11)
    四、经济模型 (12)
    五、理性与有限理性假定 (14)
  第四节 对西方经济学的总体认识 (15)
    一、如何看待理论与实践的关系 (15)
    二、如何看待现象描述 (16)
    三、如何看待数量分析 (17)
    四、如何看待西方经济学体系 (18)

第二章 国民收入的核算 (21)
  第一节 国民经济运行的循环流动 (21)
    一、简单的国民经济运行的循环流动 (21)
    二、完整的国民经济运行循环流动 (22)
  第二节 国民收入的含义 (24)
    一、GDP 与 GNP (24)
    二、国民生产总值(GNP) (24)
    三、其他国民收入的概念 (26)

第三节 国民收入的核算方法 ……………………………………… (27)
  一、用支出法(expenditure approach)核算国民收入 ………… (27)
  二、用收入法(income approach)核算国民收入 ……………… (29)
第四节 国民收入核算恒等式 ……………………………………… (30)
  一、两部门经济的国民收入恒等式 …………………………… (30)
  二、四部门和三部门经济的国民收入恒等式 ………………… (32)

第三章 简单的国民收入决定理论 …………………………………… (34)
第一节 均衡产出 …………………………………………………… (34)
  一、最简单的经济关系及其假设条件 ………………………… (34)
  二、两部门经济的均衡产出 …………………………………… (34)
  三、投资等于储蓄 ……………………………………………… (35)
  四、总需求和均衡产出 ………………………………………… (35)
第二节 消费函数与消费理论 ……………………………………… (36)
  一、消费函数 …………………………………………………… (36)
  二、储蓄函数 …………………………………………………… (39)
  三、其他关于消费函数的理论 ………………………………… (40)
第三节 两部门经济中国民收入的决定及乘数 …………………… (45)
  一、投资—储蓄等式法 ………………………………………… (45)
  二、总需求—总供给方法 ……………………………………… (47)
  三、数学模型法 ………………………………………………… (49)
  四、投资乘数 …………………………………………………… (50)
第四节 三部门经济国民收入的决定及乘数 ……………………… (51)
  一、政府的收支行为 …………………………………………… (51)
  二、三部门产品市场均衡：固定税制 ………………………… (52)
  三、三部门产品市场均衡：变动税制 ………………………… (55)
第五节 四部门经济国民收入的决定及乘数 ……………………… (56)
  一、四部门经济中国民收入 …………………………………… (56)
  二、四部门经济中的乘数 ……………………………………… (57)

第四章 国民收入的一般均衡 ………………………………………… (59)
第一节 产品市场的均衡：IS 曲线 ………………………………… (59)
  一、IS 曲线及其推导 …………………………………………… (59)
  二、IS 曲线的斜率与截距 ……………………………………… (62)
  三、IS 曲线的移动 ……………………………………………… (63)
第二节 利率的决定 ………………………………………………… (64)
  一、流动性偏好与货币需求动机 ……………………………… (64)

二、货币需求曲线的移动 …………………………………………… (67)
　　三、货币供求均衡及利率的决定 …………………………………… (68)
  第三节　货币市场的均衡：LM 曲线 ……………………………………… (70)
　　一、LM 曲线及其推导 ……………………………………………… (70)
　　二、LM 曲线的斜率与截距 ………………………………………… (73)
　　三、LM 曲线的移动 ………………………………………………… (73)
  第四节　产品市场和货币市场的一般均衡：IS-LM 模型 ……………… (74)
　　一、一般均衡点与非均衡区域 ……………………………………… (75)
　　二、实现一般均衡的机制 …………………………………………… (76)
　　三、简单的国民收入决定模型与 IS-LM 模型：一个简单比较 …… (77)

第五章　货币主义、理性预期与供给学派 …………………………………… (81)
  第一节　货币主义学派 …………………………………………………… (81)
　　一、货币主义与货币需求函数 ……………………………………… (81)
　　二、自然失业率假说 ………………………………………………… (82)
　　三、货币主义的基本观点 …………………………………………… (83)
　　四、货币主义的政策主张 …………………………………………… (84)
  第二节　理性预期学派 …………………………………………………… (86)
　　一、预期理论的发展 ………………………………………………… (86)
　　二、理性预期的宏观经济模型 ……………………………………… (90)
  第三节　供给学派 ………………………………………………………… (99)
　　一、坚持萨伊定律批评凯恩斯定律 ………………………………… (99)
　　二、强调供给效应忽视需求效应 …………………………………… (99)
　　三、拉弗曲线(Lafer curve) ………………………………………… (100)
　　四、供给学派的政策主张 …………………………………………… (101)

第六章　总需求—总供给模型 ………………………………………………… (106)
  第一节　总需求曲线 ……………………………………………………… (106)
　　一、总需求和总需求曲线 …………………………………………… (107)
　　二、总需求曲线的移动 ……………………………………………… (111)
  第二节　总供给曲线 ……………………………………………………… (113)
　　一、总供给曲线和生产函数 ………………………………………… (113)
　　二、长期总供给曲线 ………………………………………………… (117)
　　三、短期总供给曲线 ………………………………………………… (119)
  第三节　宏观经济的短期均衡及其波动 ………………………………… (121)
　　一、宏观经济的短期均衡 …………………………………………… (121)
　　二、短期均衡和长期均衡的关系 …………………………………… (122)

三、外部冲击与短期均衡变动 …………………………………… (124)
　第四节　宏观经济的均衡模型 …………………………………… (127)
　　一、宏观经济均衡的基本模型 …………………………………… (127)
　　二、宏观经济均衡的古典模型 …………………………………… (128)
　　三、宏观经济均衡的凯恩斯模型 ………………………………… (129)
　　四、理性预期学派的宏观经济均衡模型 ………………………… (130)
　　五、新凯恩斯主义宏观经济均衡的模型 ………………………… (131)
第七章　通货膨胀理论 ……………………………………………… (133)
　第一节　通货膨胀的概念和分类 ………………………………… (133)
　　一、通货膨胀的概念 ……………………………………………… (133)
　　二、通货膨胀的度量 ……………………………………………… (134)
　　三、通货膨胀的分类 ……………………………………………… (136)
　第二节　通货膨胀的成因 ………………………………………… (139)
　　一、需求拉动说 …………………………………………………… (139)
　　二、成本推动说 …………………………………………………… (141)
　　三、供求混合推动说 ……………………………………………… (142)
　　四、结构性差异说 ………………………………………………… (143)
　　五、预期理论的解释 ……………………………………………… (145)
　第三节　通货膨胀的经济效应 …………………………………… (146)
　　一、通货膨胀的收入分配效应 …………………………………… (146)
　　二、通货膨胀的产出效应 ………………………………………… (148)
　　三、通货膨胀的财富分配效应 …………………………………… (149)
　　四、通货膨胀的资源分配效应 …………………………………… (150)
　　五、通货膨胀的经济增长效应 …………………………………… (150)
　第四节　菲利普斯曲线 …………………………………………… (152)
　　一、菲利普斯曲线含义 …………………………………………… (152)
　　二、菲利普斯曲线 ………………………………………………… (153)
　　三、预期扩展的菲利普斯曲线 …………………………………… (153)
　　四、菲利普斯曲线的解释及其发展 ……………………………… (154)
　第五节　反通货膨胀的政策措施 ………………………………… (155)
　　一、用衰退来降低通货膨胀 ……………………………………… (155)
　　二、以税收为基础的收入政策 …………………………………… (158)
　　三、指数化政策 …………………………………………………… (160)
第八章　失业理论 …………………………………………………… (163)
　第一节　失业的基本概念 ………………………………………… (163)

一、失业的定义 ··· (163)
　　二、失业的种类 ··· (164)
　　三、失业的测定 ··· (166)
　　四、失业的分布 ··· (166)
 第二节　失业期、失业周期及失业的影响 ····················· (168)
　　一、失业期和救济金 ··· (168)
　　二、失业的周期与奥肯定律 ···································· (169)
　　三、失业与通货膨胀 ··· (171)
　　四、失业的危害 ··· (174)
 第三节　减少失业的途径 ··· (174)
　　一、降低自然失业率 ··· (174)
　　二、限定最低工资 ··· (175)

第九章　经济周期理论 ·· (178)
 第一节　经济周期概述 ··· (178)
　　一、经济周期各阶段的特征 ···································· (178)
　　二、经济周期的类型 ··· (179)
 第二节　经济周期与总供给曲线 ····································· (180)
　　一、总供给曲线的移动 ··· (180)
　　二、经济周期的形成 ··· (182)
　　三、决定经济周期的主要方面 ································ (184)
 第三节　经济周期理论 ··· (185)
　　一、经济周期的根源 ··· (185)
　　二、加速原理(acceleration principle) ······················ (186)
　　三、乘数和加速原理相互作用理论 ························· (187)

第十章　经济增长理论 ·· (189)
 第一节　经济增长的含义和度量 ····································· (189)
　　一、经济增长理论的产生和发展 ···························· (189)
　　二、经济增长理论的定义和度量 ···························· (190)
 第二节　经济增长模型 ··· (191)
　　一、哈罗德—多马增长模型 ···································· (192)
　　二、新古典经济增长模型 ······································· (194)
　　三、新剑桥经济增长模型 ······································· (196)
 第三节　经济增长因素的分解 ·· (198)
　　一、经济增长因素的分解 ······································· (198)
　　二、经济增长因素的测定方法 ································ (201)

第四节　货币金融经济增长模型···(204)
     一、托宾的货币经济增长模型 ···(204)
     二、托宾悖论 ···(206)
     三、对"托宾经济增长模型"的修补 ···(206)
     四、货币信用一体化与经济增长 ···(207)
     五、金融经济增长模型的政策结论··(208)

 第十一章　国内与国际的经济均衡···(210)
   第一节　国际收支平衡表···(210)
     一、国际收支和国际收支平衡表···(210)
     二、国际收支的调节···(214)
   第二节　开放经济中的国民收入··(217)
     一、四部门经济中国民收入的决定···(217)
     二、开放经济部门的乘数原理··(218)
   第三节　开放经济下的 IS-LM 模型 ··(220)
     一、开放经济下的 IS 曲线 ···(221)
     二、国际收支平衡曲线··(222)
     三、国际收支平衡曲线的移动··(224)
     四、国内外均衡的同时实现：IS-LM-BP 模型 ·······················(226)
     五、调节政策的协调作用··(229)

 第十二章　宏观经济政策···(232)
   第一节　宏观经济政策目标···(232)
     一、物价稳定···(232)
     二、充分就业···(233)
     三、经济持续均衡增长···(234)
     四、国际收支平衡··(234)
     五、宏观经济政策目标的相互关系···(234)
   第二节　财政和货币政策的有效性···(236)
     一、财政政策和货币政策的效果···(236)
     二、财政和货币政策效果的极端情况··(239)
     三、财政政策乘数与货币政策乘数···(240)
     四、财政和货币政策的协调使用···(242)
   第三节　财政政策··(243)
     一、运用税收和政府支出进行政策管理····································(243)
     二、财政政策中的"自动稳定器"(automatic stabilizer) ···········(244)
     三、财政政策的手段···(244)

第四节　货币政策……………………………………………(245)
　一、银行存款的创造………………………………………(245)
　二、货币政策的目标与手段………………………………(246)
第五节　收入政策……………………………………………(248)
　一、收入政策的含义………………………………………(248)
　二、自愿的工资—价格指导方针(voluntary wage-price guidelines)
　　………………………………………………………………(249)
第六节　宏观经济学的结束语………………………………(250)

后记………………………………………………………………(254)

第一章 宏观经济学的对象和方法

本文重点介绍宏观经济学的研究对象。目的是使初学者有一个总体印象，了解宏观经济学的发展过程，明确宏观经济学的框架结构及方法。同时，本章还将对学习西方经济学所应持的态度和应抱的目的作总体的论述。

第一节 宏观经济学的产生与发展

一、宏观经济学的发展历程

宏观经济学的形成和发展，大体上经历了三个时期：

1. 萌芽时期

从17世纪中叶到20世纪30年代凯恩斯的《就业、利息和货币通论》发表之前，这一时期是宏观经济学的萌芽时期。

在宏观经济学的萌芽时期，有很多杰出的经济学家诸如古典经济学思想的系统建立者亚当·斯密、古典经济学思想的创始人配第、古典经济学的集大成者李嘉图、新古典主义洛桑学派的创始人瓦尔拉斯、剑桥学派的创始人马尔等，他们在其研究的领域及其著作中提出了一些研究宏观经济运行的思想观点和政策措施的建议，有的还提出了一些很有见地的具体理论，但是总体而言，在这一时期，宏观经济学这一范畴的术语革命尚未产生，更谈不上形成系统和成熟的宏观经济学理论，甚至连宏观经济学研究的方法、对象、目标等都没有明晰的认识，因而只能称之为萌芽时期。

2. 凯恩斯主义宏观经济学的创建、形成和完善时期

这一时期是指从1936年凯恩斯的《通论》发表到20世纪70年代之前的时期。

这一时期通常又分为两个阶段。

第一个阶段是凯恩斯革命与现代宏观经济学的建立，即1929—1933年大危机国家干预经济实施各种做法，形成大量的宏观经济学实践为发端，到1936年凯恩斯发表著名的《通论》，建立和形成最初的系统的宏观经济学理论体系，标志着宏观经济学的正式产生。

第二个阶段是凯恩斯主义学派宏观经济学的发展和完善时期。凯恩斯理论形成后，在资本主义国家得到了广泛的运用，但是随着社会和经济发展条件的不断进步，需要对宏观经济学的理论进行相应的创新。因此，相当一部分经济学家以凯恩斯理论为基础，对宏观经济学进行修正和完善。其中比较突出的如包括萨缪尔森、R.哈德、A.汉森等在内的新古典综合派和以罗宾逊夫人、希克斯等人为代表的新剑桥学派的"两个剑桥之争"。特别是美国经济学家萨缪尔森的那部至今还十分畅销的《经济学》教科书，可以说集中体现了这一时期的凯恩斯主义宏观经济学的发展和完善。

3. 非凯恩斯主义宏观经济学的形成和发展时期

如果说20世纪70年代以前是凯恩斯主义一统天下，那么70年代之后，由于资本主义经济发展出现诸如滞胀等许多新问题，使得凯恩斯主义宏观经济学开始走下神坛，并且引发了一大批新的经济学家重新认识和分析宏观经济问题。在这样的一个过程中，形成了一些非凯恩斯主义宏观经济学派，其中主要包括以弗里德曼为首的货币主义学派、以卢卡斯为代表的理性预期学派、以蒙戴尔等人为代表的供给学派等。当然，这一时期的凯恩斯主义宏观经济学派为了保持其曾经有过的统治地位，也在继续修改自己的理论，并吸收了其他非凯恩斯主义学派的观点，这就是一般所称的现代主流经济学。特别是到了20世纪80年代以后，曼昆、罗默等一批年轻的美国经济学家们，力主宏微合流，同时试图把现代主流经济学和非凯恩斯主义宏观经济学融合起来，形成全新的新凯恩斯主义经济学，使宏观经济学的发展又到了一个重要的分化期。

二、宏观经济学的四次重大变革

宏观经济学形成和产生以来，根据其研究的方法和重点问题，以及其力求达到的目标和为实现这些目标所主张采用的政策措施，大致经历了四次比较重大的变革。这四次变革是：

1. 凯恩斯革命

这是对古典经济学的革命。古典经济学认为资本主义经济是和谐的、完全竞争的、充分就业的经济，依靠市场机制的完善性，自发性调节经济运行。如萨伊提出著名的"萨伊定律"，即"供给创造需求"。但是，20世纪30年代的一场浩大的经济危机，打破了萨伊神话，使古典经济学的理论遭到了重创。在这样的特定条件下，为了适应当时的社会和经济发展需要，凯恩斯不但放弃了传统的经济学研究方法，改变从总量和宏观的视角研究经济，而且承认资本主义经济中存在失业，指出有效需求不足是失业的原因，并且明确认为市场的自发作用不能保证资源的有效利用,也不可能实现充分就业水平。因此,唯一的方法只能是用国家干预的经济政策代替古典经济学的放任经济政策,从而形成了以国民收入决定理论为中心,以国家干预为政策基调的凯恩斯主义宏观经济学,完成了对传统的微观经济学的革命。这次革命史称"凯恩斯革命",在西方经济学史上也被看做是一次最重大的变革或革命。

2. 货币主义革命

自20世纪50年代后期开始,弗里德曼就打着对抗"凯恩斯革命"的旗帜,提出所谓"现代货币数量论",重新强调货币政策的重要作用,抨击凯恩斯扩张的财政政策会造成滞胀,并主张自由汇率制或浮动汇率制。但是,弗里德曼的理论在当时并没有什么大的影响。直至20世纪70年代以后,由于资本主义经济中出现"滞胀",即失业和通货膨胀并存(对正统的凯恩斯主义经济学新古典综合学派是一次沉重的打击),并且日趋严重才开始流行起来。特别是英国首相撒切尔夫人在当时决定采用货币主义理论在英国进行实践,使货币主义革命进入高潮,形成了宏观经济学发展中的一次重大变革。

3. 供给学派的理论

有"白宫学派"雅号的供给学派兴起于20世纪70年代。早在60年代中期,该学派代表人物之一的蒙戴尔所提出的不同汇率体系下的货币政策和财政政策的分析以及最佳货币区理论就已经成型了。供给学派的宏观经济理论主要有:恢复萨伊定律,主张由供给来调节需求;降低税率刺激供给,从而刺激经济活动;放松政府的干预和限制,加强市场调节作用等等。

4. 理性预期学派理论

20世纪60年代中期以后,随着经济滞胀现象的加剧,作为主流学派的新古典综合理论开始受到其他学派的抨击与非难,理性预期理论应运而生。虽然该学派至今仍然没有形成一整套完善的理论,但其所倡导的革命对经济学界的影响却越来越大。以卢卡斯为代表人物的理性预期学派认为人们可作出合乎理性的预期指导自己的行为,价格具有完全伸缩性。据此提出:政府干预经济无论是从长期看,还是从短期看,都是无效的。应该发挥预期在模型中的作用,加强理性预期,作为政府制定政策的依据。特别是2002年以来,诺贝尔经济学奖越来越多地倾向于预期和实证的行为经济学、实验经济学等,更是充分肯定了理性预期学派理论的革命性作用。

第二节 宏观经济学的研究对象

一、资源配置、资源利用和经济体制

英国经济学家琼·罗宾逊(John Robinson)指出,当把经济学评述为研究稀缺资源在各种可供选择的使用中进行分配的科学时,英国有300万工人失业,而美国的国民生产总值的统计数字则下降到原来水平的一半。她的这个指责,意在说明经济研究偏向于资源配置,而忽视了资源利用。

微观经济学研究相对稀缺的经济资源(劳动、土地、资本、企业家才能)如何分配给各种不同的用途,实质上是在考察生产资源的合理配置问题。但在现实的经济社会中,还有另一方面的问题,那就是劳动者失业、生产设备和自然资源的闲置是经常出现的。这就要进一步地研究,造成这种状况的原因是什么,用什么办法来改进这种状况,从而实现充分就业,使实际的国民收入接近或等于潜在的国民收入,这就是经济资源的充分利用问题。

所以,有些西方经济学家认为,经济学还要研究一国的资源是充分利用了,还是有一些被闲置,从而造成了浪费?货币和储蓄的购买力是不变的,还是由于通货膨胀而下降了?一个社会生产物品的能力是一直在增长呢,还是仍然没变?这些问题则属于宏观经济学范畴。由此他们给经济学下了这样一个定义:按广泛的定义而言,经济学涉及一个社会使用它的资源并把生产成果分配给社会的个人与集团的方式;生产和分配一直在发生变动的方式;经济体制的效率。

这个定义给经济学规定了比较广泛的内容,因而是较全面的。第一个问题是资源配置问题,属于微观经济学范围。第二个问题是资源利用问题,属于宏观经济学范围。第三个问题说的是经济体制,无论微观经济学还是宏观经济学均要涉及经济体制问题。因为经济资源配置和利用的方式是在一定的经济制度下进行的,不同的经济制度所具有的经济体制必然各不相同,由此所选定的社会经济目标及其决策方式也就不同。另外,不同的经济体制,由于本身的机制不同,其经济效率也有差异。因而研究经济体制对资源配置和利用的方式及其运行机制的作用,也就成为经济学回避不了的问题。

按照西方经济学家的划分,经济体制大体上可分为下列4种类型:自给经济、计划经济(命令经济)、市场经济和混合经济。不同的经济体制,其实现资源配置和资源利用的方式是不同的。自给经济的特征是,每个家庭生产他们消费的大部分物品,扩大一点说,是每个村落生产他们消费的大部分物品,只有极少数消费品是和外界交换获得的。在这种体制下,资源的配置和利用由居民的直

接消费所决定,经济效率是低下的。计划经济的基本特征是生产资料归政府所有,经济的管理实际上像一个单一的大公司。在这种体制下,用计划来解决资源配置和利用问题。产品的数量、品种、价格、消费和投资的比例、投资方向、就业及工资水平、经济增长速度等均由中央当局的指令性计划来决定。这种体制,从理论上可以证明,资源能够达到最优配置和充分利用。但实践证明,这种体制没能解决好资源配置问题,其效率也是较低的。由此产生了社会主义国家的经济体制改革和资本主义国家国有企业私人化的浪潮。市场经济的基本特征是生产资料私有,经济决策高度分散。这种体制为一只"看不见的手"所指引,资源的配置和利用由完全自由竞争的市场中的价格机制来解决。这种体制的缺点是,不能很好地解决资源利用问题,并且缺乏公平。混合经济的基本特征是生产资料的私人所有和国家所有相结合,自由竞争和国家干预相结合。换句话说,是垄断和竞争的混合制度。政府限制私人的主动性;垄断成分限制完全竞争的作用。在这种体制下,凭借市场制度来解决资源配置问题,依靠国家干预来解决资源利用问题。这种体制被认为是最好的制度,并且效率和公平可以得到较好的协调。

二、宏观经济学的微观基础

从解决经济资源的配置和利用来划分,西方经济学从总体上可分为微观经济学和宏观经济学两大块。前者研究资源配置问题,后者研究资源利用问题。微观经济学(Micro-economics)的"微观",宏观经济学(Macro-economics)的"宏观",本意是"微小"和"宏大",原是物理学中的概念,后移用于经济学。

微观经济学以单个经济单位(居民户、厂商以及单个的商品市场)为考察对象,研究单个经济单位的经济行为,以及相应的经济变量的单项数值如何决定。经济行为包括:家庭(居民户)如何支配收入,怎样以有限的收入获得最大的效用和满足;单个企业(厂商)如何把有限的资源分配在各种商品的生产上以取得最大利润;单个经济变量包括单个商品的产量、成本、利润、要素的数量、单个商品(包括生产要素)的效用、供给量、需求量、价格等。微观经济学通过对这些单个经济行为和单个经济变量的分析,阐明它们之间的各种内在联系,从而确定和实现最优的经济目标。归纳起来,微观经济学实际上是要解决两个问题,一是消费者对各种产品的需求与生产者对产品的供给怎样决定着每种产品的产销量和价格;二是消费者作为生产要素的供给者与生产者对生产要素的需求怎样决定着生产要素的使用量及价格(工资、利息、地租、正常利润)。总之,它涉及的是市场经济和价格机制的运行问题。所以,微观经济学又被称为市场均衡理论或价格理论。它实际上研究的是一个经济社会既定的经济资源被用来生产哪些产品,生产多少,采用什么生产方法,产品怎样在社会成员之间进行分配。总之是资源配置问题。这个问题这样来解决:生产什么,生产多少取决于消费者的货币投票,如何生产取决于不同生产者之间的竞争以及成本与收益的比较,为谁生产取决于由生产要素的供求关系所确定的要素价格。微观经济学的主要内容包括价格理论、消费者行为理论、生产理论、成本理论、厂商均衡理论、分配理论、一般均衡理论、福利经济学、微观经济政策。

宏观经济学以整个国民经济活动作为考察对象,研究社会总体问题以及相应的经济变量的总量如何决定及其相互关系。总体经济问题包括经济周期、经济增长、就业、通货膨胀、国家财政和金融、进出口贸易和国际收支等。经济总量有国民收入、就业量、消费、储蓄、投资、物价水平、利息率、汇率及其这些变量的变动率等。宏观经济学通过对这些总体经济问题及其经济总量的研究,来解决国民经济中这样几个根本问题:一是已经配置到各个生产部门和企业的经济资源总量的使用情况如何决定着一国的总产量(国民收入)或就业量;二是商品市场、货币市场和劳动市场总供求如何决定着一国的国民收入水平和一般物价水平;三是国民收入水平和一般物价水平的变动与经济周期及经济增长的关系。其中国民收入(就业量)的决定和变动是一条主线,所以宏观经济学又称为国民收入决定论或收入分析。它研究的实际上是一国经济资源的利用现状怎样影响着国民经济总体,使用什么手段来改善经济资源的利用,实现潜在的国民收入和经济的稳定增长。所以,宏观经济学研究的是经济资源的利用问题。

宏观经济学一般包括国民收入决定理论、就业理论、通货膨胀理论、经济周期理论、经济增长理论、财政与金融理论、宏观经济政策等。

微观经济学和宏观经济学是西方经济学中互为前提、彼此补充的两个分支学科。西方经济学之所以有宏微之分,主要是因为经济目的与方法有着明显的差异,微观经济学以经济资源的最优配置为目标,采用个量分析方法,而假定资源利用已经解决;宏观经济学以经济资源的有效利用为目标,采用总量分析方法,而假定资源配置已经解决。所以宏微两学互相把对方所考察的对象作为自己的理论前提,互相把对方的理论前提作为自己的研究对象。作为一个经济社会,不仅有资配置问题,也有资源利用问题,只有把这两方面的问题都解决了,才能解决整个社会的经济问题。所以它们是各具功效、彼此补充、不可分离的整体。况且,宏观、微观经济学的界限实际上是不可能截然分开的。例如,所有的经济总量均由经济个量加总而成,孤立地考察就会只见树木不见森林;再如,同一个经济现象,从一个角度看是宏观经济问题,从另一个角度看就是微观经济问题,全面考察才不至流于偏颇。所以近年来,当代西方经济学出现了微观经济学宏观化、宏观经济学微观化的趋势。

三、实证经济学和规范经济学

人们在对稀缺的经济资源选择不同的用途时,必须先解决一个选择的原则问题。这便涉及经济活动的规范问题。由此西方经济学家把经济学区分为实证经济学(positive economics)和规范经济学(normative economics)两类。选择原则被认为是经济活动的规范问题,属规范经济学的对象。实证经济学是在作出与经济行为有关的假定前提下,来分析和预测人们的经济行为。它力求说明和回答这样的问题:"经济现象是什么"(what)即经济现象的现状如何?有几种可供选择的方案;后果如何?至于是不是应该作出这样选择,则不予讨论。实证分析要求,一个理论或假说涉及的有关经济变量之间的因果关系,不仅要能够反映或解释已经观察到的事实,而且要能够对有关现象将来会出现的情况作出正确的预测,也就是说,它要能经受将来发生的事件的检验。因此,实证经济学具有客观性,实证命题有正确和错误之分,其检验标准是客观事实,与客观事实相符者为真理,否则就是谬误。所以西方经济学家把实证经济学定义为目的在于了解经济是如何运行的分析。规范经济学是以一定的价值判断作为出发点,提出行为的标准,并研究如何才能符合这些标准。它力求回答:"应该是什么"(what ought to be)的问题,即为什么要作出这样的选择,而不作另外的选择?它涉及是非善恶、应该与否、合理与否的问题。由于人们的立场、观点、伦理道德标准不同,对同一经济事物,就会有截然不同的看法。所以,规范经济学不具有客观性,即规范命题没有正误之分,不同的经济学家会得出不同结论。因此,西方经济学家把规范经济学定义为对于政策行动的福利后果的分析。

由上可以看出,实证经济学研究经济运行的规律,不涉及评价问题,规范经济学则对经济运行进行评价。在西方经济学家中,少数人坚持认为经济学只应是一门实证科学,但多数人认为,经济学既像自然科学一样,是一门实证科学,又像一般社会科学一样是一门规范科学。这是因为,对什么经济问题进行研究,应采取什么方法,强调哪些因素,实际上涉及研究者个人的价值判断问题。而且,一个经济学家之所以提出某一经济理论,在大多数场合是为他所主张的政策提供理论依据。而政策主张所以不同,一方面是由于实证分析的结论不同,另一方面则是由于各人不同的价值判断。虽然宏观微观经济学基本属于实证经济学,但也包括不少规范分析的因素。例如,在微观经济学中,在涉及消费者的偏好和收入再分配的研究中,都具有较强的规范色彩。在宏观经济学中,关于充分就业的含义、经济增长的后果等,就是一种规范分析。至于制度经济学和福利经济学,则主要是一种规范经济学。

实际上,无论是实证经济学还是规范经济学,都与经济目标相关。经济目标是分层次的,目标的层次性越低,与经济运行的联系越密切,其研究就越具有规范性,目标层次越需要对经济运行进行评判,其研究就越具规范性。从这个意义来说,就像微观经济学和宏观经济学是从不同角度来研究经济问题并不矛盾一样,实证经济学和规范经济学是在经济目标的不同层次上的研究,功效各异、互相补充,构成不可分离的整体。例如,对于5%的年经济增长率目标,实证经济学就要研究在多大的储蓄比例和加速系数下,可以达到这个目标,并且可以检验这个结论是否正确;规范经济学就要研究,5%的年增长目标假定本身是否正确,它能不能成为目标,实现这样一个目标对社会产生的后果是好是坏等等。所以,在对任何一个经济现象进行研究时,不仅要对经济过程本身进行研究,而且要对经济过程作出判断,方能说明经济过程的全貌,而不至于走向片面。正因为如此,近年来的西方经济学,特别是其中的宏观经济学的规范化分析有所加强。

第三节 宏观经济学的研究方法

一、个量分析与总量分析

宏观经济学和微观经济学在对象上以资源利用和资源配置相区别,在方法上则以总量分析(aggregate analysis)与个量分析(individual analysis)相区别。总量分析,称为宏观经济分析方法,个量分析称为微观经济分析方法。

西方经济学在运用总量分析和个量分析方法对经济问题进行考察时,首先假定制度是已知、既定的,在这个前提下,对经济中的总量和个量进行分析。但这并不是说,西方经济学家认为制度对经济不起作用或不重要,而是认为不管制度对经济活动会产生什么样的影响,但制度本身或制度变动的原因和后果不是微观经济分析和宏观经济分析所能够解决的,所以在进行数量分析时,把这些作为既定的条件而不予讨论。

微观经济学采用个量分析方法,宏观经济学采用总量分析方法,都是由它们的研究对象的特点决定的。如前所述,微观经济学以个体的经济活动为对象,它就必须分析单个的厂商如何获得最大利润,单个的居民户如何得到最大的满足。与此相应,在数量分析上,它还必须研究单个商品的效用、供求量、价格等如何决定;单个企业的各种生产要素的投入、产出、成本、收益和利润等如何决定;要素所有者的收入,即工资、利息、利润、地租如何决定;研究这些个量之间的相互关系。宏观经济学以总体经济活动为对象,它就必须描绘社会经济活动的总图景,分析影响就业与经济增长的总量因素及其相互关系。在数量分析上,它就必须研究社会总供求、均衡的国民收入、总就业量、物价水平、经济增长率等如何决定;总消费,总储蓄、总投资、货币供求量、利息率、汇率等如何决定;研究它们的相互关系。

个量分析和总量分析,作为一种数量分析的具体形式,都广泛地采用边际增量分析方法。所谓边际增量分析(marginal adding analysis),是指分析自变量每增加一单位或增加最后一单位的量值会如何影响和决定因变量的量值。比如，微观经济学中的边际收益、边际成本、边际生产力等；宏观经济学中的边际消费倾向、资本边际效率等，都属于边际增量分析之例。现代西方经济学的产生和发展，是与边际分析方法的广泛应用分不开的。正是边际增量分析方法的深入应用，20世纪30年代才建立了完整的微观经济学体系。在宏观经济学中，这一方法同样被广泛采用。可以说，没有边际增量分析方法，便没有现代西方经济学。

宏观经济学和微观经济学在进行数量分析时，把经济变量区分为内生变量（内在变量）和外生变量（外在变量）。内在变量（endogenous variables）是指由经济力量所决定的变量；外生变量（exogenous variables）是指由非经济（政治、自然）所决定的变量。一般来说，内生变量属于实证分析范围，而外生变量属于规范分析的范围。

宏观经济学在进行总量分析时，还把相关的经济变量区分为流量和存量。存量（stock）是指一定量的数值；流量（flow）是指一定时期内发生的变量与流量之间有着密切的关系。流量来自存量，流量又归于存量之中。比如，人口总数是个存量，它表示某一时点的人数，而人口出生数是个流量，它表示某一时期内新出生的人口数；国民生产总值，它表示某一时点上国民财富总值是个存量，国民收入则是流量，它表示某一时期内所创造的国民生产总值、国民收入。一定的人口出生数来自一定的人口数，而新出生的人口数则要计入人口总数之中；一定的国民收入来自一定的国民财富，而新创造的国民收入又要计入国民财富之中。流量分析是指对一定时间内有关经济总量的产出、投入（或收入、支出）的变动及其对其他经济总量的影响进行分析。存量分析是指对一定时点上已有的经济总量的数值及其对其他有关经济变量的影响进行分析。

二、局部均衡分析与一般均衡分析

均衡分析在西方经济学中，特别是在微观经济学中处于特别重要的地位。当人们把微观经济学叫作市场均衡理论时，实际上是从方法论的角度来概括经济学的。凯恩斯（John Maynard Keynes）的宏观经济理论采用的是短期、比较静态均衡分析方法。

均衡（equilibrium）原本是物理学中的名词。它表示，当一物体同时受到几个方向不同的外力作用时，若合力为0，则该物体将处于静止或匀速直线运动状态，这种状态就是均衡。英国经济学家马歇尔（Alfred Marshall）把这一概念引入经济学，主要指经济中各种对立的、变动着的力量处于一种力量相当、相对静止、不再变动的境界。这种均衡如一条直线所系的一块石子或一个盆中彼此相依的许多小球所保持的机械均衡大体上一致。均衡一旦形成，如果有另外的力量使它离开原来的均衡位置,则会有其他力量使它恢复到均衡,正如一条线所悬着的一块石子如果离开了它的均衡位置,地心引力将立即会使它恢复到均衡位置。

均衡可分为局部均衡(partial equilibrium)与一般均衡(general equilibrium)。局部均衡是假定在其他条件不变的情况下分析某一时间、某一市场的某种商品(或生产要素)的供给与需求达到均衡时的价格决定。这里讲其他条件不变,是指这一市场、这一商品的供求和价格等对这一市场的其他商品的供求和价格等以及对所有市场的商品供求及价格等不发生影响,而这一市场的其他商品的供求和价格等以及其他所有市场的商品供求及价格对这一市场的某种商品的供求和价格等也不发生作用。它把研究的范围只局限于某一市场或某一经济单位的某种商品或某种经济活动,并假定这一商品市场或经济单位与其他市场或经济单位互不影响,所以称为局部均衡分析。比如马歇尔的均衡价格论,就是假定某一商品或生产要素的价格只取决于该商品或生产要素本身的供求状况,而不受其他商品价格和供求等因素的影响。这就是典型的局部均衡分析。

一般均衡分析在分析某种商品的价格决定时,要在各种商品和生产要素的供给、需求、价格相互影响的条件下,分析所有商品和生产要素的供给和需求同时达到均衡时,这种商品的价格如何决定,即这一商品的价格如何同时被决定。所以,一般均衡分析把整个经济体系视为一个整体,从市场上所有商品的价格、供给和需求是互相影响、互相依存的前提出发,考察各种商品的价格、供给和需求同时达到均衡状态下的价格决定问题。也就是说,一种商品的价格不仅取决于它本身的供给和需求状况,也受到其他商品的价格和供求状况的影响,因而一种商品的价格和供求的均衡,只有在所有商品的价格和供求都达到均衡时才能决定。一般分析方法,是法国经济学家瓦尔拉斯(Leon Walras)首创的。它重视不同市场中的商品和资源的产量和价格的关系,强调经济体系中各部门、各市场的相互作用,认为影响某种商品的价格或供求数量的因素的任何变化,都会影响其他商品的均衡价格和均衡数量。因此,一般均衡分析是关于整个经济体系的价格和产量结构的一种研究方法,是一种比较周到和全面的分析方法。但由于一般均衡分析涉及市场或经济活动的方方面面,而这些又都是错综复杂和瞬息万变的,实际上使得这种分析非常复杂和耗费时间。所以在西方经济学中,大多采用局部均衡分析。局部均衡分析对所需结果给出一个初始值,其所研究的市场与经济的其余部分联系越弱,这种近似值就越好,局部均衡分析就越有用。

三、静态分析、比较静态分析和动态分析

与均衡分析密切相关的是静态分析、比较静态分析和动态分析方法。宏观经济学和微观经济学所采用的分析方法，从一角度看均是密不可分的。

静态分析(static analysis)就是分析经济现象的均衡状态以及有关的经济变量达到均衡状态所需要具备的条件，它完全抽掉了时间的因素和具体变动的过程，是一种静止地、孤立地考察某些经济事物的方法。例如考察市场价格时，它研究的是价格随供求关系上下波动的趋向点或者是供求决定的均衡价格。也就是说，这种分析只考察任一时点上的均衡状态，注重的是经济变量对经济体系发生影响的最后结果。最早明确区分静态分析和动态分析的美国经济学家克拉克(John Bates Clark)就将静态定义为经济体系中资本、人口、技术、生产组织和产品需求都固定不变的那种境况。

比较静态分析(comparative static analysis)就是分析在已知条件变化以后经济现象均衡状态的相应变化，以及有关的经济变量在达到新的均衡状态的相应变化，即对经济现象有关变量一次变动(而不是连续变动)的前后进行比较。或者说，比较一个经济变动过程的起点和落点，而不涉及转变期间和具体变动过程本身的情况，实际上只是对两种既定的自变量和它们各自相应的因变量的均衡值加以比较。例如，已知某种商品的供求状况，可以考察其供求达到均衡时的价格和产量。现在，由于消费者的收入增加而导致对该商品的需求增加，从而产生新的均衡，使价格和产量都较前提高。这里，只把新的均衡所达到的价格和产量与原均衡的价格和产量进行比较。这便是比较静态分析。

动态分析(dynamic analysis)则对经济变动的实际过程进行分析，其中包括分析有关变量在一定时间过程中的变动，这些经济变量在变动过程中的相互影响和彼此制约的关系，以及它们在每一时点上变动的速率等等。这种分析，考察时间因素的影响，并把经济现象的变化当作一个连续的过程来看待。

在微观经济学中，无论是个别市场的供求均衡分析，还是个别厂商的价格、产量均衡分析，都是采用静态和比较静态分析方法。动态分析在微观经济学中进展不大，只在蛛网理论(cobweb theorem)及其应用于"生猪——玉米循环"(hog—corn cycle)的研究中，在局部均衡的基础上采用了动态分析方法。在宏观经济学中，主要采用的是比较静态和动态分析方法。凯恩斯在《就业、利息和货币通论》一书中采用的主要是比较静态分析方法。例如在讨论社会对消费品的需求将随着国民收入的增加而增加时，他主要对两种经济现象进行比较，即比较由国民收入变动而产生的前后两个不同的总量的消费需求，而不分析社会对消费品需求的变化过程，不说明前一时期的收入、本期的收入、本期的消费之间是如何相互制约的，也不研究收入和消费在每一点上变动的速率。凯恩斯的后

继者们在发展凯恩斯理论方面的贡献,主要是长期化和动态化方面的研究,如经济增长理论和经济周期理论。瑞典学派的宏观经济分析中的"事前"、"事后"分析所涉及的过程分析或期间分析都是动态经济分析。

四、经济模型

经济模型(economic model)也是一种分析经济问题的方法,它是用来描述和研究有关经济变量之间依存关系的一种理论结构。简单地说,把经济理论用变量的函数关系来表示就叫经济模型。一个经济模型可用文字来说明(叙述法、散文法),也可用数学方程式来表达(代数法),还可用几何图形来显示(几何法、画图法)。

经济现象,包括各种主要变量和次要变量,错综复杂,千变万化,如果在研究中把所有的变量都考虑进去,就会使得实际研究成为不可能。所以任何经济模型都是在一些假定前提下建立的,往往舍掉若干次要因素或变量,把可以计量的复杂现象简化和抽象为数量不多的主要变量,然后按照一定的函数关系把这些变量编成单一方程或者联立方程组,构成模型。在建立模型中,由于选取变量的不同,及其对变量的特点假定不同,对同一个经济问题的研究,可以建立多个模型。通过模型,可以把各种经济现象概括描述出来。借助经济模型,人们可以预测经济行为的后果,或分析一个社会经济制度的特征。

可以根据研究的问题和采用的分析方法,建立起各种微观的或宏观的经济模型。

例1 均衡价格模型:

$$D=f(P) \tag{1}$$

$$S=f(P) \tag{2}$$

$$D=S \text{ 或 } f(P)=f(P) \tag{3}$$

方程(3)便是均衡价格模型。模型中,D 和 S 分别表示某种商品的需求量和供给量,P 表示商品的价格。按照均衡价格理论,影响该商品的供求量的除了商品本身的价格外,还有人们的收入、嗜好、价格预期、生产目的、生产技术水平以及其他商品的价格等,但在该模型中它们均被舍掉了。

假如根据实际统计资料有 $D=12-2P, S=2P$,则上述均衡价格模型可具体化为:$12-2P=2P$,则 $P=3, D=S=6$,即均衡价格为3,均衡数量为6。用图形来表示该模型见图1-1。

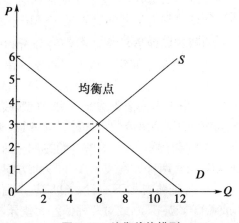

图 1-1 均衡价格模型

这种简单的均衡价格模型表明了某种商品的买者与卖者的行为情况：价格越高，买者愿意购买量越小，卖者愿意出售量越大；当愿意购买的商品量与愿意出售的商品量相当时，价格便不再变动。换句话说，当价格不再变动时，成交商品量便决定下来。这个模型还可以帮助人们预言：一切倾向于减少供给的行为，都会引起物价的提高和交易量的减少；一切倾向于减少需求的行为，都会引起物价的降低和交易量的减少。

例2 简单的凯恩斯宏观经济模型：

从总供给方面看：$Y=C+S$

从总需求方面看：$Y=C+I$

国民收入均衡模型：$I=S$

模型中 Y 表示国民收入，C 表示消费，S 表示储蓄，I 表示投资，舍去了政府收支和进出口贸易在国民经济中的作用，表明在两部门经济中国民收入的均衡条件是总投资等于总储蓄。

用图形来表示该模型见图 1-2。

两部门经济国民收入均衡模型表明，在一国经济中，如果总储蓄大于总投资，国民收入就一定减少；如果总储蓄小于总投资，国民收入就要增加；只有总储蓄等于总投资，国民收入才能固定不变，即国民收入达到均衡。该模型还预言了，一切倾向于增加储蓄的行为，都将导致国民收入的下降；一切倾向于增加投资的行为，都将导致国民收入的增加。

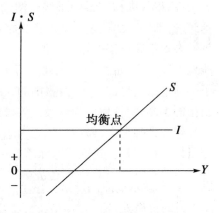

图 1-2 两部门国民收入均衡模型

五、理性与有限理性假定

理性人(rational man)假定是西方经济学在经济分析和由此得出的经济理论中,关于人类经济行为的一个基本假定。西方经济学的诸多命题都是在一定的假设条件下推演出来的。作为经济主体的居民户、厂商和政府,尽管在经济生活中作用不同,各具特点,但由于理论抽象需要简明、典型,故在理论分析中一般都被视为理性人。它意指作为经济决策的主体都充满理智,既不会感情用事,也不会轻信盲从,而是精于判断和计算,其行为符合始终如一的偏好原则。

假如在经济活动中有 x,Y 两种方案或 x,Y,z 三种方案需要经济活动的主体加以选择,理性人的行为特征将有如下三种:(1) 完整性。它了解自己的偏好,或偏好 x 甚于 Y,或偏好 Y 甚于 x,或对两种偏好无差异,无论什么情况下都只能二者择其一。(2) 传递性。倘若它偏好 x 甚于 Y,而又偏好 Y 甚于 z,那么,他必然合乎逻辑地偏好甚于 x。(3) 有理性地选择。若 x 能给它带来最大的利益,在其他情况不变时,它绝不会选择 Y 或 z。理性人所追求的经济目标始终体现着最优化原则。具体地说,消费者追求满足最大化,生产要素所有者追求收入最大化,生产者最求利润最大化,政府追求目标决策最优化。

这种理性人的原型,实际上就是亚当·斯密(Aadm Smith)《国富论》中的"经济人"(economic man),但二者也有区别。(1)"经济人"专指"人",主要指资本家,而理性人假定则包括经济活动的所有参与者,既有资本家和消费者,也包括政府,理性人的假定把政府也人格化了。(2)"经济人"是完全自私自利的,而理性人则不完全是这样。例如,一个人捐献了一笔资金给慈善机构,或者不计报酬地帮助别人,都是合乎理性的行为,因为他相信自己做了一件好事,从中获得了心理上的满足;一个舍身报国的人的行为是理性的,因为他认为国家利益高于自己的生命,牺牲生命则是最大的满足。

理性人假定中,经济主体行为的基本动力是利益最大化,从而行为准则是既定目标的最优化。这既不意味着它完全符合实际情况,也不意味着它一定是最好的或合理的,所以,现代经济学中又有一些经济学家提出有限理性假设,产生了行为经济学。在现实经济生活中,人们在作出某项决策时,并不总是深思熟虑;人们在许多场合,往往是按习惯办事,受骗上当也是难免的;人们在进行经济决策时,除了经济利益以外,还受到社会的、政治的以及道德等方面的影响和制约。西方经济学家认为,经济分析之所以要作这样的假定,无非是要在影响人们经济行为的众多复杂的因素中,抽出主要的基本的因素,在此前提或基础上,可以提出一些重要的结论,并据此对人们有关经济行为作出预测,提供行动方针或政策决策的理论基础。可以设想,要是没有这种假设,如果人们真的对生活好坏抱着无所谓的态度,那么,经济学就很难提出任何有用的理论。

第四节 对西方经济学的总体认识

一、如何看待理论与实践的关系

正确的经济理论不仅要能解释经济现象,而且要能观测未来。西方经济学家在从事经济研究时首先是要找出研究对象中所涉及的有关经济变量,并仔细区分这些变量的重要程度,接着舍去次要变量,保留主要变量,并给主要变量规定出明确的含义,即规定一定的假设前提,给研究变量下定义;然后在此基础上运用逻辑推理,提出假说并对未来进行预测;最后用经验事实来验证预测,如果预测是对的,假说就成为理论,反之,假说被否定,或者进行修改,使之成为正确的理论。这种形成理论的方法,是有其科学性的。因为假说是在一定的假设和定义下推导出来的,而假设和定义则是考察客观经济现象的产物,这就意味着理论来源于实践;验证就是检验,经得住经验事实检验的假说才能成为理论,实践成为检验理论的标准;理论的目的,一方面是给经济活动指示一些必须遵循的准则,另一方面是为经济政策提供理论依据,因而可以说,理论的目的是指导实践。有人认为,西方经济学家的理论形成过程是认识—实践—认识的过程,违反了认识和实践的辩证关系,是唯心主义方法论,没有丝毫科学性,是完全错误的。这一结论有失偏颇。

理论前提和现实的关系是理论与实际的关系的重要方面。西方经济学的所有理论都是在一定假设条件下的抽象思维。从总体上看,微观经济学以资源利用问题已经解决为前提,实际上是把充分就业即总产量既定作为前提,若把非自愿失业或总产量变动亦考虑进去,就会使研究复杂得无法进行,便没有微观经济学可言;同理,宏观经济学以资源配置已经解决为前提,实际上是把个别产品价格和产量既定作为前提,若在研究宏观经济学的同时把这些因素也加以研究,也就没有宏观经济学可言。因此,西方经济学中的一些假定前提并不完全符合现实,这是必须充分注意的,但是,在学习西方经济学时,必须牢牢记住:任何经济理论都是建立在一定前提或假定基础之上的,而这些前提和假定并不永远或完全符合现实情况。记住这一点就不会只想到结论而忘记结论据以推导出来的前提,遇到问题就会灵活运用。同时也应该看到,西方经济学中的所有理论都是一定社会经济条件下的产物,在其产生之初,其基本假定与现实还是基本吻合的,因而才使得这些理论被人们所认可。马歇尔的以完全自由竞争为前提的微观经济理论,是自由资本主义时代产物,在垄断资本主义时代,就显得不足,必然要由张伯伦(N. W. Chamberlain)、琼·罗宾逊的厂商理论即垄断竞争理论来补充和发展。1929—1933年资本主义大危机爆发以后，以需求不足为主要特征和支柱的凯恩斯理论必然取代以"萨伊定律"为支柱的新古典经济学而成为正统经济学。而自20世纪60年代末发生供给短缺以来，古典主义复苏，货币主义、理性预期学派、供应学派这些"新古典主义"者便与凯恩斯主义相抗衡。

二、如何看待现象描述

西方经济学是对经济现象的描述和分析，西方经济学家毫不隐讳这一点。萨缪尔森(P. A. Samuelson)说，当代政治经济学的首要任务在于对生产、失业、价格和类似的现象加以描述、分析、解释，并把这些现象联系起来。作为现象描述的西方经济学，实际上是对资本主义运行机制的考察，回避了资本主义本质的一面，诸如阶级关系、经济变量的性质等。上述缺点的产生，有主观原因，也有客观原因。主观原因主要出于政治的需要。19世纪30年代，法国资产阶级革命的最后胜利和英国"谷物法"的废除，标志着资产阶级彻底取得了政治统治权。此前的经济学把论证资本主义相对于封建主义的优越性作为根本任务，因而它必须探讨资本主义生产关系的内部联系，由此得出许多科学结论。此后，这一任务已经完成。客观原因主要在于经济上的需要。资产阶级政权的巩固标志着革命任务的完成，资产阶级的主要任务转向经济的管理。因此，如何通过经济的管理发展生产力，保证资产阶级财富的日益增长，成为经济研究的主要方向。这个问题能否解决，同样关系到资本主义制度的生存和发展。于是经济运行的分析被提到首要地位。由于研究重心的转移，一方面使西方经济学局限于表面现象的研究，避开了资本主义制度内部联系的探讨；另一方面又开辟了新的研究领域，从而有可能对经济的表面联系作更为系统的研究。从这个意义上说，西方经济学的现象描述又有其合理的一面。

如何发展资本主义经济，既有微观搞活的问题，又有宏观管理的问题。与此相适应便有了微观经济学和宏观经济学。微观经济学指示出经济行为主体必须遵循的活动准则；宏观经济学则指示出经济行为主体活动的约束条件及其界限。二者构成整体为个体服务，个体服从整体，既相互矛盾又相得益彰的理论体系。如何搞好经济建设，说到底是个管理问题。从这个意义上说，微观经济学就是指导个体经济活动的管理经济学，宏观经济学则是指导整体经济活动的管理经济学。

马克思把在表面联系内兜圈子的资产阶级经济学斥之为庸俗经济学。对此如何认识？从理论抽象的深层次即生产关系来看，西方经济学回避了经济行为主体之间的矛盾和对立，是为资产阶级剥削无产阶级辩护的经济学，因而它有庸俗的一面。若从理论抽象的浅层次即经济运行来看，西方经济学较为客观和周到地描述了资本主义经济运行机制，为资本主义经济活动的顺利开展以及保证经济运行符合其整体利益的经济政策提供了理论依据。

三、如何看待数量分析

西方经济学在进行现象描述时,采用的各种方法大都与数量分析相关,大多数理论都可用数学模型来表达。经济学中的数量分析方法与19世纪后期的"边际革命"有关。边际分析方法在经济分析中的运用,给现代西方经济学的发展注入了生机和活力。大凡实证经济学均把数量分析作为基本方法,即使像福利经济学这样的规范经济学也大量地使用了数学分析。

数学方法所以在经济分析中得到广泛的应用,一是因为经济现象的分析,离不开对各种经济现象的变动及其相互关系的考察,而经济现象不外乎是经济事物运动的表现形式。经济事物是可以量化的,从数量关系上来考察经济事物的运动轨迹,可以为我们认识事物的运动状况及趋势提供一个一目了然的图景;无论是微观经济学中的价格理论、市场理论、分配理论,还是宏观经济学中的收入分析、支出分析、经济增长分析,均可以用数学模型推导出必要的结论。它把经济现象变动的规律性及其相互之间的关系归结为经济变量变动的规律性及其相互之间的数量依存关系,结构清晰,形式精巧,逻辑缜密。二是因为经济分析需要探究经济行为主体的最佳行为准则,为经济决策提供理论依据,这样便涉及"最优化"问题。解决最优化问题的最好方法是数学方法。诸如效用极大化、产量极大化、利润极大化、成本极小化等问题,离开了数学方法,便无从入手。宏观经济行为的最优化及其政策目标的最优化,也同样是在收入、支出均衡分析的基础上解决的。均衡分析必须以数学模型来表达。

人们在评价西方经济学的方法时,常常以经济事物的错综复杂性和千变万化性来论证数学方法的荒谬性,这便涉及假定前提及分析形式本身的可靠性问题。西方经济学在假设前提时,一般有三种情况:一是建立一般经济理论的需要。它要求舍掉次要因素,而只讨论影响经济事物运动发展的主要因素与这一经济事物的相互关系,从而可以粗略地描述这一经济事物运动变化的规律性。二是研究某一经济事物与特定影响因素之间关系的需要,而假定其他条件均不变,它可以精确地研究二者之间的数量依存关系。三是分层次研究问题的需要,往往先简单化,然后再逐步加上其他的因素,这可以很方便地讨论某些复杂经济现象。关于分析形式,比如均衡分析方法,虽然在经济活动中非均衡是常态,均衡只是偶然的和暂时的,但通过均衡分析,可以了解造成非均衡的各种因素及其在经济运动中的作用。因此,看一个经济理论的前提和分析形式是否可靠和科学,应具体问题具体分析,不能一般地说某些假设条件或分析形式不符合实际,从而得出否定的结论。因此,只有在准确地把握了这一理论分析的角度的情况下,才能够得出不违背愿意的科学结论。

经济学并非精确学,它只能近似地、大体上反映经济事物的运动方向,给人们从事经济活动提供一个指导。比如,最优化分析,能够很好地说明实际的经济决策和活动。因此,在西方经济学中,在讨论企业、消费者以及其他经济部门的活动时,习惯用最优化前提。由于最优化前提是在一系列假定条件下导出的,其结果通常只能粗略地描述现实世界中的经济行为,因而实际上只是假定这些经济部门的决策近似于优化。这样,经济学实际上仅仅告诉我们一个理智的人在他们的经济活动中将做些什么。

数学方法有着明显的局限性。经济理论的探讨,不仅有经济事物的现象形态,而且有其本质形态。数学分析方法虽然可以较好地描述经济现象的表面联系,但对经济事物的内部联系却基本上是无能为力的。虽然有些分析结果有助于说明经济事物的本质,如新剑桥学派关于经济增长会导致国民收入中归于资本家的份额相对增大,归于工人的份额相对减少,从而可以说明资本家与工人的对立关系,但它并不能说明资本家是通过什么方式获得了这部分收入,因而它只能提供一个间接的说明,而不能直接说明资本家对工人的剥削关系。所以数量分析方法只适用于经济理论的浅层次分析,而不适用于经济理论的深层次分析。但由于西方经济学只是一种现象描述,因此普遍采用数学方法是理所当然的。

四、如何看待西方经济学体系

西方经济学本质上资本主义思想体系,从阶级和政治倾向看有如下特征:首先,西方宏观经济学把探讨国家如何调节资本主义经济,克服资本主义社会经济生活的种种矛盾,实现物价稳定、充分就业和稳定增长作为基本目标。从根本上说,西方经济学不认为资本主义是人剥削人的制度,相反,却认为它是促进社会生产力发展,实现个人自由发展的美好制度。因此,对所有经济问题的探讨,均是在维护资本主义制度这个大前提下来进行的。其次,现代西方经济学是与马克思经济学相对立的理论体系。一般说来,它否定劳动价值论,尤其是剩余价值论。所以西方经济学从本质上看是庸俗的。

但是必须看到,在西方经济学中,也有可以供我们采择利用、批判吸收、参考借鉴的成分。

第一,社会主义与资本主义虽属两种不同的社会制度,但就都是商品经济和社会化大生产而言,又有共同性。西方微观经济学,一方面是资产阶级如何赚钱发财的生意经,另一方面又是商品经济发展规律的反映。如供求理论、成本和收益理论、各种市场结构中企业的价格和产量决定的理论、收入分配理论等,都可为管理社会主义企业作参考。西方宏观经济学,一方面是国家垄断资产阶级维护阶级剥削和阶级统治的经验总结,另一方面也是管理社会化大生产的经验总结,如国民收入核算理论、就业理论、货币理论、需求管理理论、通货膨胀理论、经济周期和增长理论、国际贸易和国际金融理论等,都可以为管理社会化大生产服务。

第二,随着改革开放的深入,我国经济与世界经济的联系越来越密切,国际交往日益扩大和频繁。西方经济学真实地揭示和描述了现代化商品经济的运行机制,因而成为国际经济交往中的通用语言。特别是建立在西方经济学基础上的应用经济学及其他分支学科,如货币银行学、公共财政学、国际经济学、劳动经济学、企业管理学、工业经济学、农业经济学、教育经济学、环境生态经济学、区域经济学、城市经济学、发展经济学、比较经济学、技术经济学等,是对某个具体经济现象和特定领域的专门研究,实用性较强,具有较高的参考价值。熟练地掌握西方经济学基本原理,可以使我们在国际经济竞争中立于不败之地;可以通过了解西方国家对经济活动进行干预的成功经验和失败教训,在深化我国经济体制改革中少走弯路;可以提高经济理论素养,开阔视野,丰富和发展社会主义经济理论,更好地为社会主义现代化建设服务。

必须强调的是,我们说西方经济学可以为社会主义市场经济建设服务,并不是说西方经济学可以解决我国改革和发展中的一切问题,可以照搬照套,特别是其中的政策措施。比如,微观经济学认为,自由竞争的价格机制可以实现资源的合理配置,但这一境界的实现是有条件的:买卖双方完全竞争的格局,产品和资源在地区部门间完全的信息等,企业是完全独立的商品生产者,买卖双方对市场具有完全的信息。我国的国情是:企业还未成为真正的商品生产者,统一市场还未形成,没有完全竞争的市场格局,信息不灵,产品和资源都还不能自由流动等。如果不顾我国的国情,照搬西方经济学这一套来进行资源配置,必然造成市场的混乱,导致严重的投机倒把。再如,凯恩斯刺激需求的政策对战后西方经济发展起了很大作用,但这一效果的获得是以资本主义需求不足为前提的。

我国宏观经济结构具有自身的特点,总体看是人口多,底子薄。人口多决定了我国市场经济具有规模经济和范围经济的特征;底子薄决定了我国经济运行方式的多元化趋势。所以在借鉴、吸收、利用西方经济学的过程中,必须十分注意我国的国情,不能完全照搬照套。我们应当根据我国的经济结构、经济制度的本质特征来运用宏观经济学的基本原理。

本章参考文献

1. 马克思:《资本论(第二卷)》,人民出版社,1975
2. 劳埃德·雷诺兹:《宏观经济学》,商务印书馆,1983
3. 爱德华·夏皮罗:《宏观经济分析》,中国社会科学出版社,1985
4. 曼昆:《经济学原理》,北京大学出版社,1998
5. 刘厚俊:《现代西方经济学原理》,南京大学出版社,2002

问题与练习

1. 名词解释：

计划经济；市场经济；混合经济；宏观经济学；实证经济学；规范经济学；均衡；理性人。

2. 宏观经济学是怎样形成和发展的？
3. 宏观经济学说史上的重大变革有哪些？
4. 西方经济学家提出经济模型的主要原因是什么？
5. 宏观经济学研究的基本目标是什么？
6. 宏观经济学研究的主要问题是什么？
7. 什么是经济理性主义？区分经济行为的理性与非理性的标准是什么？
8. 什么是经济均衡？研究经济均衡的目的是什么？
9. 我们对西方经济学应持什么态度？

第二章 国民收入的核算

宏观经济学的研究对象是经济资源总量的充分利用问题,比如失业和资源闲置等。宏观经济学考察一个社会一定时期经济总量的大小是由什么决定?怎样决定?并由此引出下列问题:社会经济总量一年又一年地出现波动是由什么决定的?一定时期内的经济增长率是由什么决定的?要研究社会经济总量的决定和变化,首先就必须明确:这种社会经济总量是什么?它的数量和内部构成是什么?为此建立一个系统的国民收入核算的账户体系(the system of national accounts, SNA)是必要的。所谓国民收入的核算(measuring national income)是指对综合反映社会经济活动状况的国民生产总值以及有关的经济总量进行测定,以便了解社会经济活动水平,探讨达到这种水平的原因,为经济发展作出正确的决策。

第一节 国民经济运行的循环流动

一、简单的国民经济运行的循环流动

西方经济学者认为,要进行国民收入的核算,首先要弄清楚国民经济运行中商品、劳务与货币的连续不断的循环运动,现在通过下述国民经济活动循环流动图加以说明。

简单的国民经济循环模型假设:一个社会只有两个经济部门,即企业和居民户;居民户当年的收入全部用于个人消费,没有储蓄和投资。在这种简单的经济模型中,一年内的生产(或收入)与消费(或支出)之间的循环流动如图2-1所示。

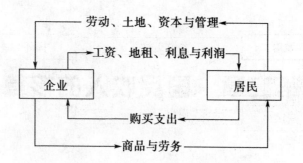

图 2-1 简单的国民经济循环流动

在图 2-1 中,外圈表示实物(生产要素以及消费品与劳动)的流向。劳动、土地、资本作为生产要素,由居民卖给企业,向企业流去;消费品和劳务是企业使用生产要素生产出来的,卖给居民户,向居民流动。内圈表示与实物相对应的货币流向,即企业向居民(生产要素的所有者)买进劳动、借入资本、租进土地的同时,支付出相应的工资、利息和地租,所有这些构成企业的生产成本;企业向居民出卖产品和劳务的销售总额扣除成本的余额即为企业利润,构成企业所有者的收入。图形的上半部计量的是产品流量和消费开支总额。图的下半部计量的是产品成本或要素收入的年流动量。假定人们当年的收入全部用于个人消费,那么,企业的产品和劳务的销售总额(也即居民的销售总开支)与居民的总收入(包括企业主的利润收入)总是相等的。

这里,有一个必须说明的问题:以上我们指出企业销售产品总额正好等于居民的总收入即工资、利润、利息和地租之和,那么,企业在生产中所消耗的能源、机器、设备、原材料等又是如何补偿呢?对于这个问题,最简单的回答是,居民户向企业购买的是最终产品而不是中间产品,而能源、原材料等作为中间产品是不计入国民收入的。中间产品的流动只在企业内部进行;至于机器设备等的补偿,则是用投资来解决的。这一点在进一步引入储蓄与投资以后再加以分析。以后,尽管我们不断在上述循环图中引入新的经济因素和部门,但上述收入循环流动的原理依然成立。

二、完整的国民经济运行循环流动

现在我们进一步设想,如果居民不把全部收入都用于消费,而以一部分用于储蓄,一部分以税收形式交给政府,一部分用来购买由国外进口的消费品,这时上述简单的国民收入循环流量原理依然成立。现在,参与国民经济活动的有居民户、企业、政府、对外贸易部门4个经济部门,反映4个经济部门经济活动的循环流量图叫做复杂的国民经济循环流量图。如图 2-2 所示。

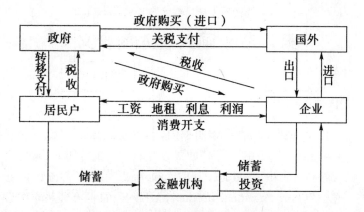

图 2-2 完整的国民经济运行循环流量

图 2-2 表示：居民户不把全部收入用于消费，而是将其中的一部分用于储蓄。这就减少了对商品与劳务的需求量，企业将有一部分商品与劳务销售不出去。企业将会减少，减少对生产要素的购买。最后引起居民户收入的减少。所以储蓄是收入循环渠道中的循环流量的漏出（leakage）。但是，如果企业可以通过金融机构获得贷款，把剩余下来的产品购买下来，则社会的总支出仍等于总产出。因此，企业投资是对国民经济循环流量的注入（injection）。总之，如果企业进行的投资正好等于储蓄，则生产和收入可在原有水平上保持平衡。在现实经济活动中，储蓄能否与投资相等，或两者在什么条件下才能相等，我们将在第十三章加以分析。

如果列入政府的作用，两部门经济就扩大为三部门经济。政府一般是通过税收和开支影响社会经济活动。政府税收来自居民户和企业。这会减少居民户和企业的消费和储蓄以及对商品和劳务的购买，使生产和收入下降。所以，政府税收也是对国民经济循环流量的漏出。政府的开支分为两大类：一类是政府的商品与劳务的购买，这是政府的直接购买；另一类是政府的转移支付，如失业救济、社会保险等。政府的直接购买和转移支付，均会增大商品与劳务的循环流量。因此，政府开支也是对国民经济循环流量的注入。

最后，引入对外贸易。其中进口（import）是本国居民和企业用收入购买外国的商品和劳务，这会减少对本国的商品和劳务的需求，导致社会总产出的减少，因而进口属于漏出。出口（export）是外国用其收入购买本国产品，促使本国生产的增加。因此，出口属于注入。如果进口等于出口，则意味着国民经济的外贸平衡。

复杂的国民经济循环流量图反映了上述总注入与总漏出之间的关系以及它们各自对国民经济总产出水平的影响。

第二节 国民收入的含义

一、GDP 与 GNP

国民收入,广义地讲是指在一定时期内(一年或一季),一国所创造的最终产品及劳务价值的总和。这里的"一国"如果以"国土"为统计边界,被称之为"国内生产总值"(gross domestic product,GDP)。如果以"国民"为统计依据,则被称作"国民生产总值"(gross national product,GNP)。在西方经济学中,广义的国民收入包括 5 个层次的经济总量指标:国民(或者国内)生产总值,国民生产净值,国民收入,个人收入和个人可支配收入。国民收入的狭义概念只指上述第三个即"国民收入"指标(national income,NI)。为了弄清楚国民收入核算的一般方法,我们首先以国民生总值为例,弄清它的含义。

二、国民生产总值(GNP)

国民生产总值是指一个国家在一定时期内(通常为一年),所生产的各种最终产品和劳务,依照市场价格计算的价值之和。它包括以下 5 层含义:

1. 国民生产总值仅指一个会计年度内所生产的最终产品和劳务价值

凡是当年生产的最终产品与劳务,或市场上购买的本年度所生产的产品与劳务的支出,均应计入国民总产值。本年购买的上年度生产的产品与劳务则不计入本年的国民总产值。即 GNP＝当年售卖最终产品价格总额－上年库存价格额＋当年库存价格额。

2. 国民生产总值只计算当年生产的最终产品和劳务的价值

为了避免重复计算,计算国民总产值的产品只应是最终产品而不应是中间产品。所谓最终产品,就是买来供直接使用,不再经过任何进一步加工或出售的产品。而中间产品是指还要再出售供生产别种物品用的产品。区分最终产品和中间产品不是看产品本身的物质属性,而是看它们在再生产的循环流转中的功能。根据最终产品不再进一步加工或重复出售的标准,西方经济学把用于个人消费(C)、投资(I)、政府购买(G)和出口(X)的产品,称为最终产品。作为投资用的产品,例如一台机器,卖给企业作为设备,看起来似乎是生产别种产品的中间产品,但因它不再进一步出售,从而属于最终产品(这和作为原材料的中间产品不同的)。此外,企业年终盘存时的库存货物可看作是企业自己最终卖给自己的最终产品,应计入国民生产总值。

在实践中,区分最终产品与中间产品有时是很难判定的,遇有这种情况,为避免重复计算可采用增加值法(value-added method),就是只计算各部门、企业在生产的不同阶段新增加的价值,也就是从各部门生产的产品和劳务的价值总量中减去在生产过程中购买来的产品与劳力的价值。从理论上说,社会各部门的增加值的总和最终产品的价值总和是相等的。

3. 国民生产总值是以货币为计算尺度的市场价值

一个社会生产的各种物品与劳力在质上是各不相同的,所以无法按实物量来统计加总。为了使国民生产总值可以计量加总,只能用货币作为计量尺度来确定国民收入的总水平。每种最终产品和劳力的单位价格乘以产量就可以得到该种产品的市场价值,再把所有最终产品的市场价值加总起来就是国民生产总值。

在以货币计量国民生产总值时,应注意到产量和价格的变动对国民生产总值的影响。如果货币的币值发生变化,从而产品价格发生变化,应该区别名义国民生产总值和实际国民生产总值。

名义国民生产总值(nominal GNP),也叫当年的货币 GNP,它是用生产物品和劳务的那个时期的价格计算出来的价值。比如,1991 年的国民生产总值就是指 1991 年生产的全部最终产品和劳务以当年价格计算出来的市场价值。实际国民生产总值(real GNP)是用以某一年作为基年的价格计算出来的价值。把名义国民生产总值调整为实际国民生产总值的做法是:先计算出国民生产总值的物价指数(price index)。物价指数=(计算期的价格/基期价格)×100。整个社会的物价总指数可由下列公式表示:

$$物价总指数 = \sum P_1 Q_0 \div \sum P_0 Q_0 \times 100$$

上式中的 P_1 为计算期的价格。P_0 为基期价格。Q_0 为基期销售量,所以上式可以反映价格变化的情况,把货币 GNP 调整为实际 GNP,其公式为:

$$实际 GNP = 计算期名义 GNP / 计算期的物价指数$$

上式可反映名义 GNP,实际 GNP 和物价总指数三者的关系。

4. 国民生产总值不包括非市场性的交易和非生产性的交易

所谓非市场交易是指那些不经市场交易的产品和劳务。这些活动虽然能增进人们的福利,但不计入国民生产总值。例如,家庭主妇的家务活动,自给自足的生产,慈善机构的活动等。

所谓非生产性的交易是指纯粹的金融交易。纯粹的金融交易主要是指公共转移支付、私人转移支付和证券买卖。这些交易支出并无任何物品和劳务与之相交换,不会引起现行产量的变化,而仅仅是资金、货币、证券的转移,所以不计入国民总产值。

5. 国民生产总值是一具有相应时间的概念

这就是说,国民收入总是指一定时间(某一年)所生产的最终产品的价值。当我们表述国民生产总值时,必须指明它是某一年的国民生产总值。

三、其他国民收入的概念

在国民收入核算账户中,除了 GNP 之外,还有其他 4 个核算总量。其含义如下:

国民生产净值(net national product, NNP)。指一国在一定时期内(通常为一年)新增加的产值。它等于国民生产总值减去资本消耗(折旧)以后的价值。计算 NNP 的公式为:NNP=GNP-折旧。

国民收入(national income, NI)。这就是狭义的国民收入,是一国生产要素在一定时期内在国内外提供服务所获得的报酬的总和,即工资、利息、租金和利润的总和。

GNP、NNP、NI 三者的关系如下:

因为:C+I+G+(X-M)=要素收入+折旧+间接税。

所以:GNP-折旧=要素收入+间接税。

NNP=要素收入+间接税。

NNP-间接税=要素收入

NI=要素收入。

这表明,国民收入(NI)是一国生产要素的收入,是以要素成本为基础的国民收入的计量的结果。由于政府补贴是对某一产品的市场售价低于"要素成本"而作出的,因此政府补贴实际上是对生产要素的弥补。这样政府补贴应计入 NI 中。NI 的计算公式为:

$$NI = GNP-折旧-企业间接税+政府补贴$$
$$= NNP-间接税+政府补贴$$
$$= 工资+利润+利息+租金+政府补贴$$

个人收入(personal income, PI)是个人在一定时期从各种来源所得到的收入总和。国民收入并不等于个人收入,在国民收入中有三个主要项目没有分配到个人手中,这就是社会保险税、公司所得税和公司未分配利润。再者,个人从政府和企业等机构得到的转移支付(公债利息、救济金、退役金、企业对个人捐款等)与生产产品提供劳务无关,不属于国民收入,但属于再分配给个人的收入。计算个人收入的公式如下:

个人收入 PI=NI-(社会保险费+公司所得税+公司未分配利润)+政府转移支付

个人可支配收入(personal disposable income，PDI)是指一国的所有个人，在一定时期内可以支配的能用于个人消费支出和储蓄的收入，其计算公式如下：

$$PDI = PI - 个人所得税$$

个人可支配收入用于两个方面：

$$个人可支配收入 = 个人消费支出 + 个人储蓄$$

以上各个账户之间的关系可用表 2-1 说明。

表 2-1 1981 年美国国民收入核算表　　　　（单位：10 亿美元）

国民生产总值 GNP＝GNI	2 922
折旧	－321
国民生产净值 NNP 间接税（包括企业转移支付、政府补贴等小项目）	2 601
国民收入 NI	－257
公司环境污染分配利润	2 344
社会保险税公司所得税	－273
政府转移支付个人收入	＋333
PI	2 404
个人所得税	－389
个人可支配收入 DPI	20.15

资料来源：《总统经济报告》，1982 年。

第三节　国民收入的核算方法

一、用支出法(expenditure approach)核算国民收入

由上述收入（实物与货币）的循环流量图可以得知，一国一定时期内所创造的物品和劳务的总销售价值等于一国的总收入。因此，计算一年内新创造的产品和劳务的总价值，可以从两个不同的角度出发，一是从生产角度出发，即从产出的物品和劳务的销售价值来衡量该年生产活动的总成果。二是从投入的生产要素所取得的收入角度出发，利用要素的收入水平来衡量该年生产活动的全部成果。

支出法是从一年内生产出来的产品与劳务在销售过程中实现的价值角度出发，利用按产品的使用途径进行分类所取得的资料来计算一年内新生产的产品和劳务的总价值。企业的销售收益从购买者方面看就是购买人支出其收入以购得的物品和劳务。所以，这种核算方法被称为支出法。按这一方法，只要把一年

内消费者所购买的最终产品和劳务的各项支出加总起来,就可以计算出当年所生产的全部最终产品和劳务的市场价值,即当年的以货币计算的国民生产总值。

依照最终产品的定义,最终产品为个人消费C+投资I+政府购买G+出口X等4个方面的产品。所以,按支出法核算的国民生产总值是C、I、G、X四个基本项目的支出之总和。

1. 个人消费C(personal consumption expenditure)。这是指居民户购买的耐用消费品,如小汽车、电视机等(购买新房子除外,它算在固定投资中);非耐用品,如食物、衣服等、劳务等支出。

2. 私人国内总投资I(gross private domestic investment)。这是指企业在国内购买最终产品和劳务的总支出。这一项目包括三个部分:(1)企业最终购买的机器设备和工具支出。(2)所有房屋建设。这又包括两种情况,厂房、仓库建设和住宅建设,由于出租住宅可以获得租金收入,因此住宅建设也是一种投资。(3)企业库存,即把当年变动增加的库存量计入国民生产总值。存货或库存是企业为应付生产和销售中临时的不能够预期的波动而准备的产品,所以这是企业经营活动费用之一,也是投资的一种形式。当产量超过销售量时,则发生存货积累(或存货投资为正数),这些新增加的存货投资应计入GNP。当产量小于销售量时,消费量大于当年生产量,则存货下降(或存货投资为负数),这时应从GNP中扣除。上述分析的投资总额也叫做总投资。用支出法计算的当年GNP中的投资,指的是总投资。在数量上所谓总投资指当年增加到资本存量中的新的资本流量。其中包括补偿旧资本消耗的重置投资(折旧)。总投资减去折旧(重置投资)的部分为净投资。总投资等于净投资加重置投资。净投资指标能够表示经济的发展情况,如果总投资超过折旧,净投资为正数,这表明社会经济在扩张。如果总投资等于折旧,没有净投资,这表明社会经济维持原有水平。如果总投资小于折旧,总投资连补偿资本消耗都不够,这说明社会经济水平在下降。

3. 政府购买产品与劳务G(government purchases of goods and services)。这是指一国各级政府购买商品和劳务的支出。需要明确的是,政府购买不等于政府开支。政府开支包括购买和公共转移支付两部分。只有政府购买才计入GNP,而转移支付只是从一个人到另一个人的价值转移,不能计入GNP,因为它没有相应的产品与劳务的交换。例如,政府对残废人发放的救济金,这并不是残废人因提供了某种生产要素而获得的收入。

4. 净出口(net export)。在计算GNP时,我们使用净出口这个概念。净出口是指出口产品与进口产品的差额,用X表示出口,M表示进口,则净出口为$X-M$。在存在对外贸易的情况下,一国的居民、企业、政府在购买最终产品时的支出与该国的总支出不一定相等,即本国购买的产品有些是外国产品,这些进口产品应从总支出减去。反之,本国产品卖到上国的部分应计入总支出。这样应把净出口计入总支出中,净出口可能是正值,也可能是负值。

把上述 4 个项目加总,用支出法计量的国民生产总值的公式就是:

$$C+I+G+(X-M)=GNP$$

二、用收入法(income approach)核算国民收入

核算 GNP,还可以利用投入的生产要素(劳动、资本、土地和管理)所取得的收入(从企业角度看就是企业支付的工资、利息、地租和企业利润)来计算。这种计算方法叫做收入法或成本法(cost approach),按这一方法计算出来的最终产品的价值叫国民收入总值(gross national income,GNI)。这种广义的国民收入的数值与国民生产总值是相同的。

用收入法核算的国民生产总值包括以下几个项目:

1. 工资。这里的工资为广义的雇用劳动者的报酬,它包括企业和政府支付给工人的工资以及工资的补充,如工作补助费、福利费、养老费、保健费等。其中,还应包括工资收入者应交纳的所得税及社会保险税。

租金:租金包括个人出租土地、房屋等租赁收入,个人居住自己房子的"估算租金",生产者的专利权,版权的收入等。利息:指个人储蓄所提供的货币资金在本期的净利息收入。政府发行债券而支付的利息不计入国民生产总值,在性质上,它属于转移支付。

2. 公司税前利润。这项收入包括三部分:一是公司所得税、社会保险税为政府征收;二是股东红利,支付给股东;三是公司未分配的利润。

3. 非公司企业收入。这是指各种类别的非公司型的企业纯收入。如律师、医生、农民、店铺主等的收入。他们自己雇用自己,使用自有资金。因此,他们的工资、利息、利润、租金混在一起作为非公司企业收入。

4. 企业间接税。指企业缴纳的货物税或销售税、财产税、牌照税、关税等。这些税收虽然不是生产要素创造的收入,但是要以成本形式计入产品价格而转嫁给购买者,所以要计入 GNP。与直接税不同,直接税已包含在工资、利润、租金中,为避免重复计算,不应再计入 GNP。

5. 资本折旧。这是资本消耗,不是生产要素的收入,但是折旧在支出法中计入总投资,所以在收入法中也应计入 GNP。

把上述各项列成公式,按收入法核算的国民收入为:

$$国民生产总值\ GNP=工资+利息+利润+间接税+折旧$$

其中工资、利息、利润、租金为生产要素的收入。

以上所述支出法和收入法分别核算的国民生产总值可用表 2-2 表示

表 2-2　1981 年美国国民生产总值核算表　　（单位：10 亿美元）

支出法		收入法	
项　目		项　目	
个人消费支出	1 958	雇员报酬（工资）	1.772
私人国内总投资	450	租金	34
政府购买	590	净利息	215
净出口	24	非公司企业收入	134
		公司税前利润	189
		间接税和其他	257
		折旧	322
		国民总收入 GNI	
国民生产总值 GNP	2.922	＝国民生产总值 GNP	2.922

资料来源：《总统经济报告》，1982 年。

第四节　国民收入核算恒等式

一、两部门经济的国民收入恒等式

从国民收入核算的账目表中，可以从支出和收入两个角度寻找到国民收入核算的恒等式，即在国民收入的核算账目上，不论考察何种经济部门，其总支出总是等于总收入。国民收入的核算恒等式是根据国民收入的定义得出的，它是同一事物或事后实际生产的国民收入的两种不同表达方式的恒等式。

为宏观分析的方便，在以后展开国民收入决定的理论时，首先从最简单的假设——两部门经济出发，在两部门经济条件下，从总支出角度看，国民收入的构成为：

$$Y(国民收入) = C + I$$

从总收入角度看，国民收入的构成为：

$$Y(国民收入) = C + S$$

国民收入恒等式为：

$$C + I \equiv C + S$$

两边消去 C，则得到两部门经济的储蓄与投资的恒等式：

$$I \equiv S$$

上述恒等式的含义是：根据国民收入的定义，未用于购买消费服务的收入（储蓄）等于未归于消费者之手的产品（投资）。

西方宏观经济学依照以上所述国民收入账户体系结构，从最简单的两部门经济的 $I \equiv S$ 公式开始，逐步达到最复杂的 $S+I+G+(X-M) \equiv C+I+T+R_f$ 公式。上述恒等式中的 Y 若为国民生产总值 GNP，则公式两边的 I 和 S 分别表示总投资和总储蓄，即包括折旧在内，如果 Y 为国民生产净值 NNP，则公式两边的 I 和 S 分别表示净投资和净储蓄，即不包括折旧。如果 Y 为国民收入 NI，则 C、I、G 均按最终产品的市场价格计算，并在等式两边减去一个相同的等于间接税的数值。

还应指出恒等式与等式的区别。上述储蓄与投资的恒等式是事后的国民收入核算恒等式，即等式两边是同一事物的两种不同的定义方式。但这并不意味着人们意愿的储蓄总是等于企业想要有的投资。在实际经济活动中，引起储蓄与投资的动机是不相同的，所以计划储蓄与计划投资并不一定相等，它们只是在一定条件下即社会经济总需求与总供给相等时才能相等。这种只有在某种特定条件下的储蓄与投资相等的情况可使用等式加以表示。在以后的国民收入决定理论的分析中所讲的储蓄与投资相等，指的是计划投资与计划储蓄相等，它表示均衡的国民收入形成的条件。另外本章及以后各章所讲的储蓄与投资的相等是指社会的投资与储蓄相等，至于企业、个人、某一部门的储蓄与投资相等属微观经济学的范畴。

一国的国民生产和国民收入的度量，依照联合国的分类，分为"市场经济国家"的"国民账户体系"(system of national accounting, SNA)，和"中央计划经济国家"的"物质产品平衡表体系"(material product syetem, MPS)。后者的理论依据是：生产是物质产品的生产，只有物质生产领域才创造国民收入；非物质生产部门不生产任何物质财富，因而不创造国民收入。非物质生产部门的收入由物质生产部门创造的国民收入通过流通过程再分配形成，只是一种派生收入。西方经济学中的国民收入核算理论依据是：(1)生产要素服务论，即劳动(包括服务)、资本、土地以及企业家的才能均作为独立的生产要素，所有这些要素在生产中共同创造价值，这些价值作为收入分配，表现为工资、利息、租金和利润。(2)三方面等值原则，即生产创造收入，收入则是支出的源泉，而支出又决定生产的规模。因此一国的生产总额、支出总额、收入总额三者相等。

从上述第一个理论依据可知，西方经济学中的国民收入核算理论认为任何劳动和劳务甚至资本、土地等都参与国民收入的创造。从上述第二个理论依据可知，国民收入账户体系实质上是一种复式会计的方法。SNA 体系的核算方法能够较明确地从生产、分配、使用三个角度理解和分析国民经济的总体状况。最后,SNA 体系核算的国民生产总值指的是最终产品的市场价值,避免了重复计算,作为国民收入核算的方法,可以为我们吸收和利用。

长期以来,我国一直采用 MPS 体系分析和核算国民收入。当前,在经济体制改革和对外开放的条件下,为了社会经济建设的需要,便于与其他国家进行经济实力的比较,也开始使用国民生产总值的指标,但仍以 MPS 体系为主。MPS 核算方法的主要缺陷是不能全国反映一国经济活动各方面情况,因而不能真实地反映一国的经济实力。因此,建立正确合理的国民收入核算体系,必须在 MPS 体系的基础上吸收 SNA 体系的合理成分。当然,也应该充分地认识到其中的难度是很大的。

二、四部门和三部门经济的国民收入恒等式

总括所有四部门经济的国民收入核算账户,一国国民收入从支出角度看,其构成为:Y(国民收入)$=C+I+G+(X-M)$。从收入角度看,其构成为:Y(国民收入)$=C+S+T+R_f$。这样,国民收入恒等式为:

$$C+I+G+(X-M)\equiv C+S+T+R_f$$

其中 C 为个人消费支出,S 为个人储蓄与企业储蓄之和,T 为税收净额(社会保险税、间接税、公司和个人所得税之总和再减去政府转移支付等政府购买之外的所有支出部分)。G 为政府购买支出,$(X-M)$ 为净出口,R_f 为对外国的转移支付。

从等式两边消去 C 可得:

$$I+G+(X-M)\equiv S+T+R_f$$

恒等式左边之和是除了归于消费者之上的支出总量,右边之和是除了归于消费者之外的收入总量。这一恒等式的含义是:在一定时期内,国民经济体系中,每储蓄或征税一元钱,就有一元钱的投资、政府购买和净出口额与之相对等。这个恒等式将为以后的国民收入决定的一般原理提供一个基本的结构。

如果把上述四部门经济中的对外贸易抽掉,仅考察一国内部经济时,则上述恒等式可改为三部门经济之恒等式:

$$C+I+G\equiv C+S+T$$

等式两边消去 C,则有:

$$I+G\equiv S+T$$

上述三部门经济或四部门经济的收入恒等式,实质上反映的是储蓄与投资

的恒等关系式。

从三部门的经济看,储蓄与投资恒等式为:

$$I+G\equiv S+T$$

或:
$$I\equiv S+(T-G)$$

其中$(T-G)i$为政府储蓄,当财政盈余时,它为正数,财政赤字时为负数。

从四部门经济看,储蓄与投资恒等式为:

$$I+G+(X-M)\equiv S+T+R_f$$

或:
$$I\equiv S+(T-G)+(R_f-X+M)$$

其中,(R_f-x+M)国外储蓄。这样,在四部门经济,投资总是等于储蓄的,即不论从几个部门看,从定义出发,储蓄恒等于投资。

本章参考文献

1. 马克思:《资本论(第二卷)》,人民出版社,1975
2. 多恩布什,费希尔等:《宏观经济学》,第7版,麦格劳—希尔公司,1998
3. 爱德华·夏皮罗:《宏观经济分析》,中国社会科学出版社,1985
4. 曼昆:《经济学原理》,北京大学出版社,1998
5. 刘厚俊:《现代西方经济学原理》,南京大学出版社,2002
6. 高鸿业:《西方经济学》,第3版(宏观部分),中国人民大学出版社,2004

问题与练习

1. 名词解释:

国民生产总值;名义国民生产总值和实际国民生产总值;最终产品;总投资和净投资;存货投资;政府购买和政府转移支付;净出口;国民生产净值;国民收入;个人收入;个人可支配收入;储蓄—投资恒等式。

2. 用图示说明国民经济运行的循环流动的方向和作用。
3. 如何用支出法计量四部门经济的国民生产总值?
4. 如何用收入法计量四部门经济的国民生产总值?
5. GNP、NNP、NI、PI、DI、等项指标之间的关系是怎样的?
6. 储蓄—投资恒等式为什么并不意味着计划储蓄总等于计划投资?

第三章 简单的国民收入决定理论

在上一章讨论国民收入核算的基础上,本章对国民收入的决定,即经济社会的生产或收入水平怎样决定的问题进行分析。分析经济问题的理论逻辑和科学方法,是从简单到复杂。因此,本章主要讨论简单的国民收入决定理论,而在下一章再对复杂的国民收入决定理论进行模型分析。

简单国民收入决定理论,一般可以看作是凯恩斯宏观经济理论,其核心是国民收入的决定,其分析方法则是总需求决定论。而在其总需求分析中,总是隐含着两个假定,一是经济中存在着闲置的生产能力,二是经济中的价格水平保持不变,也就是说,经济中的总供给可以不受约束地持续增加。这样,国民收入水平就单方面地由总需求的大小决定。正是基于这样的认识,总需求分析也就被认为是研究在既定的价格水平情况下的总需求水平,并进而确定均衡的国民收入。

第一节 均衡产出

一、最简单的经济关系及其假设条件

说明一个国家的生产或收入如何决定,要从分析最简单的经济关系开始。为此,需要先作些假设:

1. 所分析的经济中不存在政府和对外贸易,只有家庭和企业两个部门。消费行为和储蓄行为都发生在家庭,生产和投资行为都发生在企业,这样简单的经济关系称为二部门经济;
2. 企业投资是自发的或外生的,即不随利率和产量而变动;
3. 不论需求量为多少,经济制度均能以不变的价格提供相应的供应量;
4. 折旧和公司未分配利润为零,GDP、NNP、NI、PI、DPI 都相等。

二、两部门经济的均衡产出

在假设条件下,经济社会的产量(国民收入)就决定于总需求。与总需求相

等的产出称为均衡产出或均衡收入。也就是说,一个社会的产出取决于总需求。企业根据总需求(产品销路)来安排生产,当企业产出大于总需求时,企业非计划(非意愿)存货增加,则减少生产;当企业产出小于总需求时,企业库存减少,则增加生产;当企业产出等于总需求时,企业生产稳定下来,此时的产出叫做均衡产出。

如果没有政府和对外贸易,二部门经济的总需求只有居民消费和企业投资需求。均衡产出可表示为:

$$y=c+i$$

这里的 y、c、i 都是用小写字母表示,分别代表剔除价格变动的实际产出或收入、实际消费和实际投资,而不是用大写字母表示的名义产出、消费和投资。c 和 i 代表的是居民和企业想要有的消费和投资,即意愿消费和投资的数量,而不是国民收入构成公式中实际发生的消费和投资。

举例说,假定企业由于错误估计形势,生产了 1 200 万美元的产品,但市场实际需要的只是 1 000 万美元的产品,于是就有 200 万美元产品成为企业中非意愿存货投资或称非计划存货投资。这部分存货投资在国民收入核算中是投资支出的一部分,但不是计划投资的一部分。因此,在国民收入核算中,实际产出总等于计划支出(或称计划需求)加非计划存货投资。但是均衡产出乃是指和计划需求相一致的产出。因此,在均衡产出水平上,非计划存货投资等于零。

三、投资等于储蓄

均衡产出或收入的条件 $e=y$,也可以用 $i=s$ 来表示,因为这里的计划支出等于计划消费加投资,即 $e=c+i$;生产所创造的收入等于计划消费加计划储蓄,即 $y=c+s$。因此 $e=y$ 可写成 $c+i=c+s$,等式两边消去 c,即可得 $i=s$。

需要再次说明的是,这里的投资等于储蓄,是指经济要达到均衡,计划投资必须等于计划储蓄,而国民收入核算中的 $i=s$,则是指实际发生的投资(包括计划和非计划存货投资在内)始终等于储蓄。前者为均衡的条件,即计划投资不一定等于计划储蓄,只有二者相等时,收入才处于均衡状态;而后者所指的是实际投资和实际储蓄是根据定义而得到的实际数字,从而必然相等。

四、总需求和均衡产出

如图 3-1 所示,E 点为均衡产出,总需求等于总产出。

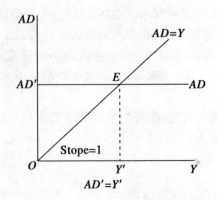

图 3-1 总需求和均衡产出

国民收入恒等式：

$$AD=Y=C+I+G+NX$$

总需求和总产出的差为非计划存货增加量。

$$IU=Y-AD$$

均衡时，非计划的存货变化等于 0。

1. $Y>AD$，存在非计划的库存投资，厂商减少生产直到产出与总需求再度均衡为止。
2. $Y<AD$，库存减少直至均衡再度恢复为止。
3. 总需求决定均衡产出。

第二节 消费函数与消费理论

一、消费函数

本节从讨论影响消费的因素入手说明消费与储蓄函数的决定。为了分析的方便，首先假定我们所考察的经济体只有家庭和厂商两个部门。

影响消费数量的因素有许多。就单个家庭而言，消费者收入、商品价格、预期收入、偏好、环境以及家庭成员构成等一系列因素，都制约着消费者消费支出的数量。就宏观经济而言，整个经济的制度、环境、消费者偏好等因素可以认为是不变的。进一步，假定经济中的价格总水平保持不变，那么，家庭部门的消费数量主要由经济的总收入即国民收入所决定。

以 C 表示消费水平，Y 表示国民收入，则在两部门经济中，消费与收入之间的关系可以用函数形式表示为：

$$C=C(Y)$$

这一函数被称为消费函数。

为了刻画消费函数的性质，凯恩斯主义理论提出了一条消费心理规律。一般来说，消费水平的高低会随着收入大小的变动而变动，收入越高，消费就越高；但是，随着人们收入的增加，消费数量的增加赶不上收入的增加。例如，当一个家庭收入为 200 美元时，其消费数量为 200 美元；当收入增加到 300 美元时，该家庭会储蓄一定数量的收入，比如 20 美元，这时消费数量 280 美元；如果这一家庭的收入上升到 400 美元，则该家庭的消费数量上升到 350 美元。由此可见，尽管随着收入水平的提高，家庭的消费数量也相应增加，但是，当收入从 200 美元增加到 300 美元时，家庭消费的增加量为 80 美元，而当收入由 300 美元增加到 400 美元时，消费只增加了 70 美元。

消费和收入之间的关系，也可以由平均消费倾向（APC）和边际消费倾向（MPC）加以说明。

平均消费倾向是指消费在收入中所占的比重，即每单位收入的消费数量，用公式表示为：

$$APC=\frac{C}{Y}$$

它说明了家庭既定收入在消费和储蓄之间分配的状况。例如，若 100 美元中 80 美元用于消费，则平均消费倾向为 80%。由于消费水平总大于零，因而平均消费倾向为正数。在收入偏低时，为了保证基本的生活需要，消费有可能大于收入，平均消费倾向大于 1；随着收入的增加，消费逐渐小于 1，平均消费倾向的数值逐渐降低。

边际消费倾向是指家庭在增加的收入中消费所占的比重，用公式表示为：

$$MPC=\frac{\Delta C}{\Delta Y}$$

式中，ΔY 表示家庭收入的增加量；ΔC 则表示增加的收入中消费的增加量。边际消费倾向说明了收入变动量在消费变动和储蓄变动之间分配的情况。若在增加的 100 美元中，家庭用于消费的增加量为 85 美元，那么边际消费倾向为 85%。一般来说，边际消费倾向总是大于 0 而小于 1 的，即 $0<MPC<1$。

根据以上提到的消费心理规律，随着收入的增加，消费增加，但消费增加的速度慢于收入增加的速度。用边际消费倾向的语言来说，这意味着边际消费倾向随着收入的增加而呈现递减的趋势。因此,凯恩斯主义的这一消费心理规律也被称为边际消费倾向递减规律。

消费与收入之间的关系,即消费函数也可以由消费曲线加以说明。消费曲线是表示家庭消费数量与收入之间关系的一条曲线。对应于不同的收入水平,家庭决定相应的消费数量,把消费与收入之间的对应关系描绘在由收入和消费构成的坐标平面内,即可得到家庭部门的消费曲线,如图3-2所示。

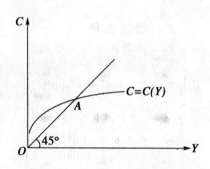

图3-2 家庭部门的消费曲线

在图3-2中,随着收入的增加,消费逐渐增加,因而消费曲线是一条向右上方倾斜的曲线。同时,由于边际消费倾向递减规律的作用,随着收入的增加,消费增加的速度越来越慢,因而消费曲线随着收入的增加越来越趋向于平缓。特别的,在图中消费曲线与两条坐标轴之间的45°线相交于A点。在A点左边,消费大于收入;而在A点的右边,消费小于收入;在A点,消费等于收入,即全部收入都用于消费。

在分析短期消费与收入之间的关系时,尤其是在不考虑边际消费倾向作用的条件下,消费函数可以由线性消费函数表示为:

$$C=a+bY$$

式中,a被称为自主性消费,它不受收入变动的影响;bY是收入引致的消费,它随着收入的增加而增加。线性消费函数表明,随着收入的增加,消费按固定不变的一个比例b增加,因而消费曲线是一条水平的直线,如图3-3所示。

在家庭的消费函数是线性的情况下,根据上述定义,消费者的平均消费倾向为:

$$APC=\frac{a}{y}+b$$

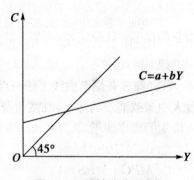

图3-3 线性消费函数

边际消费倾向为:

$$MPC=b$$

即在线性消费函数中,边际消费倾向就等于引致消费的系数。比较以上两式可以发现,由于自主消费量a大于零,因而平均消费倾向大于边际消费倾向,但随着收入增加,两者趋向于相等。因而,消费函数也主要由边际消费倾向得到说明。

二、储蓄函数

储蓄与决定储蓄的各种因素之间的依存关系,是现代西方经济学的基本分析工具之一。由于在研究国民收入决定时,假定储蓄只受收入的影响,故储蓄函数又可定义为储蓄与收入之间的依存关系。一般说来,在其他条件不变的情况下,储蓄随收入的变化而同方向变化,即收入增加,储蓄也增加;收入减少,储蓄也减少。但二者之间并不按同一比例变动。设 s 代表储蓄,y 代表收入,则储蓄函数的公式为:

$$s=s(y)$$

西方经济学家认为,储蓄函数不是单独存在的,而是依赖于消费函数。储蓄可定义为收入减消费,即收入中未被消费的部分。所以,储蓄函数又可以由消费函数推导出来。其计算公式为:

$$s=y-c=y-(a+by)=-a+(1-b)y \quad (0<1-b<1)$$

式中:s 代表实际储蓄量;y 代表实际收入量;$1-b$ 代表边际储蓄倾向,其值一般为正数值,但小于1,即 $0<1-b<1$;$-a$ 代表收入为零时的储蓄量。

1. 边际储蓄倾向 MPS(marginal propensity save)

(1) 定义:指收入增加引起的储蓄增量,即储蓄曲线上某点储蓄增量对收入增量的比率。其公式为 $MPS=\dfrac{\Delta s}{\Delta y}=\dfrac{\mathrm{d}s}{\mathrm{d}y}$。

(2) 特点:

① MPS 是储蓄曲线上任一点的斜率,随收入增加而递增(原因在于储蓄是收入中未被消费的部分,既然消费随收入增加的比率是递减的,则可知储蓄随收入增加的比率递增)。

② $0<MPS<1$。

③ $MPC+MPS=1$。

证明:

$$\frac{\Delta c}{\Delta y}+\frac{\Delta s}{\Delta y}=1$$

∵ $\Delta y=\Delta c+\Delta s$

∴ $MPC+MPS=1$

2. 平均储蓄倾向 APS(average propensity save)

(1) 定义:任意收入水平上储蓄总量在收入总量中所占比例,其公式为

$$APS=\frac{s}{y}$$

(2) 特点：它是储蓄曲线上任意一点与原点相连而成射线的斜率。

三、其他关于消费函数的理论

在微观经济学中，消费被认为是收入的函数，即 $C=F(Y)$，但在宏观经济学中，这种情况则需要有所扩充，特别是在凯恩斯提出绝对收入假定理论后，由于这一理论的局限性，后来的经济学家们对消费函数理论提出了较多的修改和补充，使消费函数理论成为宏观经济学分析中最为重要的基础之一。

（一）凯恩斯的绝对收入假定

凯恩斯的消费函数理论通常被称为"绝对收入假定"，其具体内容已在上节中有所论述。凯恩斯认为，消费者的实际支出与实际收入之间有稳定的函数关系，即边际消费倾向是小于1的正数，随着实际收入的增加，消费支出在绝对量上也增加，但增长的幅度却是递减的，这就是前面所介绍的边际消费倾向递减现象。

在凯恩斯理论中，平均消费倾向（APC）是指消费支出占可支配收入的比例，在一般情况下，边际消费倾向小于平均消费倾向。因为：

$$APC=\frac{C}{Y}=\frac{a+bY}{Y}=\frac{a}{Y}+b=\frac{a}{Y}+MPC$$

由于 $\frac{a}{Y}>0$，因此 $APC>MPC$。

由凯恩斯的理论分析，人们不难得出的结论是，消费始终应该小于收入水平，而现实却正好相反，从20世纪60年代开始，社会各类经济主体的消费水平往往大于其收入的数量。因此，这就要寻求另外的理论解释。

（二）杜森贝里的相对收入假定

美国经济学家、哈佛大学教授杜森贝里（James Duesenberry）提出了"相对收入假定"。

杜森贝里认为，消费者会根据自己过去的消费习惯和周围消费水准来决定自己的消费，从而其消费是相对地决定的。其主要论点是：

1. 消费者的消费支出不仅受到其自身收入影响，而且受别人消费支出的影响。这被称为消费的"示范作用"。由于存在着消费的示范作用，因此，随着可支配收入的增加，边际消费倾向不一定是递减的。

2. 消费者的现期消费支出水平不仅受其现期实际收入的影响，而且还受到过去收入和消费的影响，特别是受到过去"高峰期"收入水平的影响。假如消费者的收入水平相对于过去有所下降，消费者并不会立即降低他们现在的消费水平，他们宁肯动用储蓄来维持现有的消费水平，而不愿意改变消费习惯。这样，在社会的收入减少时,消费习惯有可能使消费支出不变或者只有轻微的下降,从而能够使得社会收入的变动对社会需求量的影响很小。这种现象则被称作消费的"棘轮效应"。但是反之,当消费者的收入水平较过去"高峰期"有所提高时,他们便会立即提高消费水平。

可以进一步用图3-4说明由"示范效应"和"棘轮效应"作用引起的相对收入假定消费理论:

图3-4中,通过原点向右上方延伸的曲线是现期收入趋于不断提高情况下的消费曲线,其函数形态为$C=bY$。因此,当现期收入水平比过去高时,消费水平为E点。假如收入水平从Y_2降至Y_1时,消费支出水平调整到E_1点,而不是沿消费线下降到E_1'。这时,消费者高的收入水平Y_2仍然会对其消费支出产生影响,使得其仍试图维持原有的消费水平。因此,在短期内,消费者会动用储蓄尽可能按原来的消费习惯维持消费支出。假如收入水平继而增至Y_3,这表示消费者的收入达到一个新的高峰期水平,这时的消费支出立即提高到E_2点。假如这时的消费者的收入又降至Y_2,消费者的消费支出却不会降到原来高峰期的消费水平E点,而是调整到比E点要高的E_3点,因为新高峰时期的收入和消费水平都对消费者产生影响。

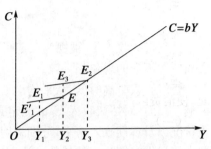

图3-4 相对收入消费假定理论

根据这一理论,可以为长短期消费曲线的差异提供一个解释:消费者长期的消费倾向之所以较高,是因为消费者的消费支出受到他人较高消费支出的影响较大。不仅如此,由于消费习惯的影响,人们的消费水平不大可能从过去收入高时期的消费水平上降下来。故从长期看,消费者的消费倾向比短期高。在图3-4中,$C=bY$就是长期消费曲线,EE_1是收入较低时的短期消费曲线,E_2E_3是收入较高的短期消费曲线。

(三)弗里德曼的持久收入假定

美国经济学家米尔顿·弗里德曼(Milton Friedman)提出了"持久收入假定"。他把消费者的收入分为"暂时收入"与"持久收入";把消费者的消费分为"暂时消费"与"持久消费"。

暂时收入是指临时性、偶然性的收入,比如某天的收入;持久收入是指消费者可以预料到的长期性收入。暂时消费是指非经常性的、不在计划中的消费支出;持久消费是指正常的、计划中的消费支出。

弗里德曼认为,消费者在某一时期的收入等于暂时收入加上持久收入,消费者在某一时期的消费等于暂时消费加上持久消费。他们之间的关系是:暂时收入与暂时消费之间不存在固定的比率,暂时收入和持久收入之间不存在固定的比率,暂时消费和持久消费之间不存在固定的比率,但持久收入和持久消费之间存在着固定比率。

以 C 代表持久消费,Y_P 代表持久收入,c 代表一定的比例,则两者的关系为:

$$C=cY_P$$

由于持久收入 Y_P 被视为长期平均收入,因此上述公式是与长期消费和收入之间比例不变的现象相一致。

暂时收入时高时低,从平均水平看可以相互抵消,从而对消费不产生多大的影响。然而,对持久收入 Y_P 的测定是很复杂的,弗里德曼根据过去若干时期收入状况以及现期收入水平,分别采用不同的加权数进行测量(现期收入的权数一般大于过去时期收入的权数),从而估算出持久收入 Y_P 的数值。

根据持久收入假定的理论,也可以对长短期消费曲线的差距作出解释。在短期情况下,当消费者可支配收入增加时,他们并不能肯定长期中仍会获得这种收入,因此不会对这种增加的收入支出过多。如果消费者预料到这种收入的增加是长期性的,他们便会消费得更多。因此,短期消费曲线的边际消费倾向必低,而长期消费曲线的边际消费倾向必高。

(四)莫迪利安尼的生命周期的消费理论

美国经济学家弗朗科·莫迪利安尼(F. Modigliani)提出了"生命周期的消费理论"。他从整个人生的角度研究消费者如何分配他们的消费,并且强调人们会在更长的时间范围内计划自己的消费开支,以达到其收入在整个生命周期内的最佳消费配置。

生命周期的消费理论又称生命周期假定,这一理论认为,消费者之所以储蓄,主要是为了保障老年消费的需要。这种理论提出了影响社会经济储蓄率的一些不确定因素,认为其中人口的年龄结构是决定消费和储蓄行为的主要因素。基于生命周期的角度,莫迪利安尼对消费函数公式作了如下修改:

$$C=a\frac{W}{P}+cY_d$$

上述公式中,$\frac{W}{P}$ 代表财富,a 为对财富的边际消费倾向,c 为对可支配收入的边际消费倾向,Y_d 为可支配收入。

生产周期假定理论的主要内容如下:
(1) 消费者一生中的消费水平保持平稳;
(2) 消费支出的来源等于人生中的收入加上最初财富;
(3) 以 L 代表消费者死亡年龄,T 代表消费者获得财富的年龄,则消费者每

年的消费支出等于财富的 $1/(L-T)$ 加上预期平均工资收入(没有财富的 T 年以前则没有财富来源的支出);

(4) 现期消费支出水平取决于现期财富状况和生命期收入状况。

现假设某消费者生命周期为 L 年(从开始工作时算起),其中工作有工资收入为 N 年,假设该消费者自参加工作起计划其个人终生消费,则其退休年限为 $L-N$ 年。假定不考虑储蓄利息,并且不考虑该消费者的财产情况,如果其工作年限的平均工资水平为 Z,则整个生命周期的消费等于工作期的总收入,即:

$$C=\frac{N}{L}Z$$

这表明,消费者每年消费支出函数等于其平均工资收入水平的某个比率,该比率为工作年限与生命周期之比。

以图 3-5 加以说明,图中 $ONHZ$ 为整个生命周期的全部工资收入,$OLKC$ 为整个生命周期的消费支出,该消费者在工作年限中所积蓄的储蓄 $CJHZ$ 等于没有工资收入的退休年限消费支出 $NLKJ$。工作年限中的储蓄即为资产,图中储蓄的长方形区域则是假定消费者在其工作年限中一直获得某个不变的工资收入水平。但实际上,收入是随着工作年限的增长不断增加,作为资产的储蓄也是不断积累,在该消费者退休时资产达到最高点,即图中的虚线所示,退休后资产便开始下降。图中通过原点向右上方延伸的曲线是现期收入趋于不断提高情况下的消费曲线,其函数形态为 $C=bY$。

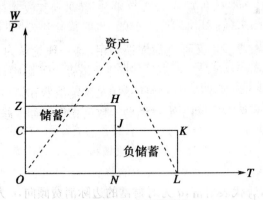

图 3-5 生命周期假定

现在再进一步考虑消费者有财产时的消费情况。从理论上说,消费者在一生中任何时候都有可能获得财产,例如生下来可能继承财产,或在生命周期过程中得到他人给予的财产,当消费者接受财产后,便会把它用于生命周期的消费计划中。假使某消费者在某年接受一笔财产,从这一年开始该消费者就会增加消

费水平,其生命周期剩下的年限的消费函数为:

$$C(L-T)=W/P+(N-T)Z$$

上式中,C 代表消费,L 代表死亡年龄,T 代表接受财产的那一年,W/P 代表财富总量(即过去储蓄加上所获财产),N 代表退休年龄,Z 代表工资收入。该公式表明,消费者自接受财产到死亡时的消费支出 $C(L-T)$ 等于包括以前储蓄和所获财产在内的财富加上剩下工作年限的收入总和。

根据上式,可以得出生命周期内自获得财产起每一年的消费函数如下:

$$C=a\frac{W}{P}+cZ\left(a=\frac{1}{L-T},c=\frac{N-T}{L-T},N\geqslant T\right)$$

上式中,a 为对财富的边际消费倾向,c 为对工资收入的边际消费倾向。从公式中可以得出如下结论:边际消费倾向取决于消费者的生命周期状态,消费者越接近生命周期的终点,对财富的边际消费倾向越高。而消费者对劳动收入的边际消费倾向,既同消费者的还能够继续获得工资收入的年限$(N-T)$有关,也和需要用这些收入支付消费的年限$(L-T)$有关。从上式中还可以清楚地看出,无论增加财富还是增加工资收入,都将提高消费支出。同时,增加相对于退休期年限的劳动期年限也会提高消费支出,因为工资收入将增多。总之,整个生命周期中收入和财富是决定消费支出的根本因素。

(五)跨期选择理论(一个两时期模型)

这是考虑到有未来收入情况下,消费者(家庭)可以有多种不同选择的理论。

1. 跨时消费约束线:在既定收入情况下,消费者在不同时期最大可能消费组合点的运动轨迹。

2. 跨时消费无差异曲线:消费者在两个时期的各种不同消费组合,都能给消费者带来同等满足程度的点的运动轨迹。

3. 跨时期消费者的选择。为了使分析简单,我们考察一个生活在两个时期的消费者面临的决策,第一个时期代表消费者的青年时期,而第二个时期代表消费者的老年时期。在第一个时期消费者赚到收入 Y_1 并消费 C_1,而在第二个时期消费者赚到收入 Y_2 并消费 C_2。由于消费者有机会借贷与储蓄,因此在任何一个时期的消费都可以大于或小于当期的收入。

考虑两个时期消费者的收入如何限制了这两个时期的消费。在第一个时期,储蓄等于收入减消费,即:

$$S=Y_1-C_1$$

在第二个时期,消费等于积累的储蓄,包括储蓄所赚到的利息加第二个时期的收入,这就是:

$$C_2=(1+r)S+Y_2$$

在这里，r 是实际利率。另外，由于没有第三个时期，消费者在第二个时期并不储蓄。要注意的是，变量 S 代表储蓄或借贷，而且这个式子在两种情况下都是成立的。如果第一时期消费小于第一时期的收入，消费者有储蓄，并且 S 大于零。如果第一时期的消费大于第一时期的收入，消费者有借贷，并且 S 小于零。为了简单起见，我们假设借贷的利率和储蓄的利率相同。

如把上述两个方程式结合起来就可以导出该消费者的预算约束，即：

$$C_2=(1+r)(Y_1-C_1)+Y_2$$

进而可得：

$$(1+r)C_1+C_2=(1+r)Y_1+Y_2$$

或：

$$C_1+C_2/(1+r)=Y_1+Y_2/(1+r)$$

这个式子把两个时期的消费与两个时期的收入联系在一起。它是表示消费者跨期预算约束的标准方法。

第三节 两部门经济中国民收入的决定及乘数

现在在假定前述各项条件都存在的前提下，讨论两部门经济中简单国民收入的决定。

根据凯恩斯的分析，两部门经济中简单国民收入的决定一般可以采用三种不同的分析方法。

一、投资—储蓄等式法

投资—储蓄等式法是两部门经济中简单国民收入决定的最为常用的一种分析方法，也是凯恩斯理论分析中的基本内容。

根据总需求方程 $Y=C+I$，可以推出 $Y-C=I$。
根据总供给方程 $Y=C+S$，可以推出 $Y-C=S$。
两式联立，消去 C，即得到产品市场的均衡条件为 $S=I$。
根据 $S=-a+(1-b)Y$，则均衡条件可以写为：

$$-a+(1-b)Y=I$$

在 I 等于 I_0 时,上述方程只有一个未知数 Y,于是就可以求出均衡国民收入。这可以用图 3-6 来表示:

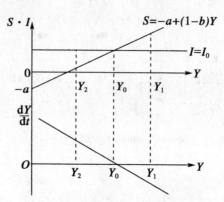

图 3-6　投资—储蓄等式法决定国民收入

在图 3-6 中,有上下两个半面。在上下两个半面中,横轴都代表收入。上半图的纵轴代表投资和储蓄,下半图的纵轴代表收入随着时间变化而变化的变动率。当收入为 Y_0 时,投资等于储蓄,因此 Y_0 就是均衡的国民收入。收入水平为 Y_1,计划投资小于储蓄,厂商的非意愿存货投资为正值,因此厂商就会减少产出水平。国民收入将随着时间的推移而下降,即 $dY/dt<0$,直到收入减少到 Y_0 为止。这时,厂商的非意愿存货减少到零,$dY/dt=0$,国民收入达到均衡水平。反之,如果收入水平为 Y_2,计划投资大于储蓄,厂商的非意愿存货投资为负值,所以,厂商就会增加产出水平。国民收入将随着时间的推移而上升,即 $dY/dt>0$,直到收入增加到 Y_0 为止。这时,厂商的非意愿存货增加到零,国民收入不再随着时间的推移而变动,达到均衡水平。由此可见,厂商的非意愿存货为零是国民收入达到均衡水平的条件。

在其他条件不变的情况下,如果储蓄函数发生变动,均衡国民收入也会发生变动。假定自发储蓄增加,即自发储蓄的绝对值下降,储蓄曲线就会向上平行移动,引起均衡国民收入的减少。储蓄曲线变动后,在原来的均衡收入水平上,储蓄大于计划投资,非意愿存货投资>0,厂商就会进行减少存货的调整,最终将使均衡产出降低。这时,储蓄水平又降低到原来水平。这说明,在投资 I 保持不变时,意愿储蓄的外生增加会导致储蓄 S 保持不变,但是,均衡收入水平降低。这是因为消费支出减少了,引起总需求的减少。如果投资 I 是收入的增函数,这时意愿储蓄的自动增加,不仅引起均衡收入的减少,而且最终也引起实际储蓄 S 由于收入水平的降低而减少。这就是所谓的节俭悖论。

需要强调指出的是,节俭悖论发生的条件是总供给过剩,总需求不足,均衡国民收入由总需求单方面决定。这时,储蓄增加必然要减少消费支出,也就是减少总需求,从而减少均衡国民收入。由于储蓄是收入的增函数,二者同方向变动,收入减少,储蓄必然减少。在现实生活中,鼓励人们进行储蓄,是为经济的长期增长所需要的资本形成创造条件,这与节俭悖论没有任何关系。

计划投资变动也会影响均衡国民收入水平。由于投资是总需求的一部分,因此投资增加会引起总需求增加,从而使均衡国民收入上升。投资减少会引起总需求减少,从而使均衡国民收入下降。换言之,均衡国民收入与投资同方向变动。在图3-7中,纵轴代表投资和储蓄,横轴代表收入。原来的投资是I_0,均衡国民收入是Y_0。现在投资增加到I_1,均衡国民收入就会增加到Y_1。计划投资上升后,在原来的均衡收入水平上,非意愿存货投资<0,厂商的存货调整机制将使均衡收入水平上升,直到收入水平上升到Y_1为止。当然,储蓄曲线的下降也会产生同样的效果。如果储蓄曲线的斜率不同,一定的计划投资增加所引起的均衡国民收入变动也就不同。由投资自发增加引起的收入增加的规模取决于储蓄曲线的斜率。储蓄曲线的斜率小,曲线陡直,投资增加引起的国民收入的增加相对较小,储蓄曲线的斜率大,曲线较平坦,投资增加引起的国民收入的增加则相对较大。由此可见,投资增加对均衡国民收入的影响受到边际储蓄倾向或者说边际消费倾向的制约。

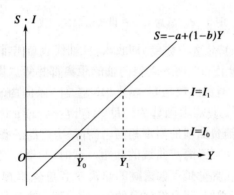

图3-7 储蓄—投资曲线决定国民收入

二、总需求—总供给方法

用总需求—总供给方法也可以确定均衡国民收入。

采用总需求—总供给方法确定均衡国民收入时,总需求代表全社会对产品和劳务的需求,而总供给则代表全社会对产品和劳务的产出。

一般来说,只有当总需求和总供给相等时,企业才能刚好销售出它们想卖掉的产品和劳务,同时居民户刚好买到他们所需要的产品和劳务,这时的国民收入就是均衡的国民收入。

如果总供给超过总需求,意味着厂商部门无法销售出他们的全部产出,结果,非意愿存货增加。于是,厂商部门就会减少他们的产出,直到总供给和总需求相等为止。

如果总供给小于总需求,厂商部门可以销售出多于他们产出的数量,结果,实际存货少于意愿存货。于是,厂商部门就会增加他们的产出,直到总供给和总需求相等为止。

可以用图 3-8 加以说明:

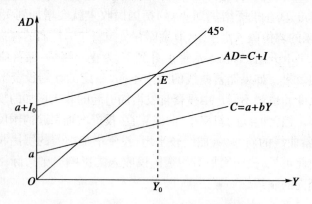

图 3-8　总需求—总供给法决定国民收入

在图 3-8 中,横轴代表总供给,即收入;纵轴代表总需求。从原点出发有一条 45°直线,这条直线上的任何一点到两轴的距离都相等。即在这条直线上,总供给与总需求相等。消费函数是 $C=a+bY$,它是一条向由右上方倾斜的直线。它与纵轴的截距是 a。总需求函数为 $AD=C+I=a+by+I_0=(a+I_0)+by$。显然,总需求曲线和消费曲线的斜率相同,二者是平行的。唯一的区别是总需求曲线的截距是 $a+I_0$,大于消费曲线的截距。这时,总需求曲线和 45°曲线的交点是 E,它对应的收入水平是 Y_0,这时的总需求和总供给相等。Y_0 就是均衡国民收入水平。

如果投资增加,总需求曲线的截距就会上升,总需求曲线同 45°线的交点就会向右移动,均衡国民收入随着增加。反之,如果投资减少,总需求曲线的截距就会下降,总需求曲线同 45°线的交点就会向左移动,均衡国民收入随着减少。如果自发储蓄增加,自发消费就会相应减少,消费曲线就会向下移动,这会使总需求曲线的截距向下移动,总需求曲线同 45°线的交点就会向左移动,均衡国民收入随着减少。如果自发储蓄减少,自发消费就会相应增加,消费曲线就会向上移动这会使总需求曲线的截距向上移动,总需求曲线同 45°线的交点就会向右移动,均衡国民收入随着增加。

应该指出的是,投资—储蓄等式法和总需求—总供给方法实际上是完全一致的。如图3-9所示。

在图3-9中,上半图反映总需求—总供给方法决定国民收入,下半图反映投资—储蓄相等法决定国民收入。显然,当总需求和总供给相等时,投资和储蓄也相等。这时,均衡国民收入都是 Y_0。这是因为,总需求 $AD=C+I$,总供给 $AS=C+S$。当 $AD=AS$ 时,即 $C+I=C+S$,即 $I=S$。假定投资增加 ΔI,均衡国民收入将增加 ΔY。在上半图中,因为消费曲线的斜率是 b,所以,当收入增加 ΔY 后,消费将增加 $b\Delta Y$。再根据45°线的特征,可以得到

$\Delta I+b\Delta Y=\Delta Y$,所以,

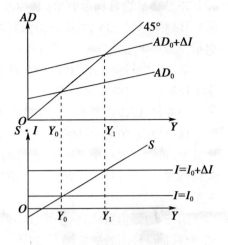

图3-9 总需求—总供给法和投资—储蓄法决定国民收入

$$\Delta Y=\frac{1}{1-b}\Delta I$$

在下半图中,由于储蓄曲线的斜率是 $(1-b)$,因此 $\Delta I/\Delta Y=1-b$,于是 $\Delta Y=\frac{1}{1-b}\Delta I$。这说明投资—储蓄等式法和总需求—总供给方法是完全一致的。

三、数学模型法

均衡国民收入也可以通过数学模型来求解,特别是在所处理的问题非常复杂,无法采用几何图形说明时,数学模型法就更加重要。

现在将两部门经济和产品市场均衡条件下的简单国民收入决定的宏观经济模型复制如下:

$$Y=AD$$
$$AD=C+I$$
$$C=a+bY$$
$$I=I_0$$

通过代入,得到:

$$Y=AD=C+I=a+bY+I_0$$
$$Y=\frac{a+I_0}{1-b}$$

这时的 Y 就是均衡的国民收入。

从以上公式不难看出,均衡国民收入的决定实际上要受到以下三个因素的影响:

第一,计划投资 I_0。在其他条件不变的情况下,厂商部门计划投资的增加将会引起均衡国民收入增加;厂商部门计划投资的减少将会引起均衡国民收入减少。因此,计划投资的变动与国民收入的变动有着正相关的关系。

第二,自发消费 a。在其他条件不变的情况下,自发消费增加,或者自发储蓄减少,将会引起均衡国民收入增加;自发消费减少,或者自发储蓄增加,将会引起均衡国民收入减少。因此,自发消费的变动与国民收入的变动有着负相关的关系。

第三,边际消费倾向 b。由于边际消费倾向与边际储蓄倾向之和等于一,因此,在其他条件不变的情况下,边际消费倾向越大,或边际储蓄倾向越小,均衡国民收入将越大,边际消费倾向越小,或边际储蓄倾向越大,均衡国民收入将越大。因此,边际消费倾向的变动与国民收入的变动有着负相关的关系,而边际储蓄倾向的变动则与国民收入的变动有着正相关的关系。

四、投资乘数

在上述影响均衡国民收入的三个因素当中,自发消费 a 和边际消费倾向 b 是人们的消费行为参数,是比较稳定的。而计划投资则是厂商部门的行为参数,是比较容易变动的。因此,宏观经济学更关心的是,计划投资的变动对均衡国民收入的影响,并把一个单位计划投资的变动所引起的均衡国民收入的变动量叫做投资乘数。

由方程 $Y = \dfrac{a + I_0}{1 - b}$ 可以得到,当投资变动 ΔI 时,$\Delta Y = \dfrac{1}{1-b} \cdot \Delta I$,这说明一单位投资变动引起的均衡国民收入的变动量是 1 减去边际消费倾向的差的倒数,或者是边际储蓄倾向的倒数。这就是两部门经济中,产品市场均衡条件下的投资乘数。因为边际消费倾向小于 1,1 减去边际消费倾向的差,即边际储蓄倾向也小于 1,所以投资乘数大于 1。

投资乘数的作用过程可以说明如下:当投资增加 ΔI 后,总需求立即就会增加 ΔI,这使收入也增加 ΔI。这是收入的第一轮增加。当收入增加 ΔI 后,又引起消费增加 $b\Delta I$,这又引起收入增加 $b\Delta I$。这是收入的第二轮增加。收入的第一轮增加和第二轮增加的原因是不同的。第一轮增加是由计划投资的外生性增加引起的,而第二轮增加是收入的第一轮增加引起的,是一种内生性变化。同理,收入还会经历第三轮、第四轮……的内生性增加。最后,均衡国民收入的增加量大于初始计划投资的变动,这使得投资乘数大于 1。

投资乘数的动态作用过程可用代数方法描述,即

$$\Delta Y = \Delta I + b \cdot \Delta I + b^2 \cdot \Delta I + b^3 \cdot \Delta I + \cdots\cdots$$
　　　第一轮　　　第二轮　　　第三轮　　　第四轮

$$= (1 + b + b^2 + b^3 + \cdots\cdots)\Delta I = \frac{1}{1-b}\Delta I$$

第四节　三部门经济国民收入的决定及乘数

在明确了两部门简单国民收入决定后,可以将其原理进一步扩充到更多部门经济中的国民收入决定。但是,考虑到政府部门的重要性,本节着重对三部门经济条件下的国民收入决定进行分析。

一、政府的收支行为

现在假定经济中包括三个部门,即除了厂商与居民以外,还有政府部门。

在三部门经济中,政府作为经济主体,其行为包括收入和支出两个方面:

一方面,政府通过征税取得收入。另一方面,政府要进行支出。政府支出包括两项:政府购买支出和转移支付。二者的区别在于,政府购买支出使政府获得产品和劳务,是市场交易行为。而转移支付并不使政府获得产品和劳务,不是市场交易行为,而是政府的馈赠行为。理论上说,政府要量入为出,从而政府支出应该小于政府收入。但是,事实上,政府的支出往往有可能会超过政府的税收。这时候,政府就需要通过发行债券或发行货币来筹集资金。这种政府融资活动也将对三部门经济中均衡国民收入的决定产生重要的影响。

在宏观经济学中,一般假定购买支出 G 是一个外生变量。这意味着政府购买支出水平不受任何其他因素的影响,而是由政府的行政和立法部门单方面决定。如图 3-10 中,横轴代表收入,纵轴代表政府购买支出。政府购买支出曲线是一条平行于横轴的线,表示它是一个常数。

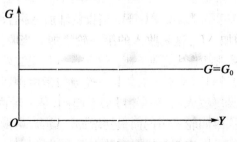

图 3-10　政府购买支出曲线

政府的税收制度有两种基本形式,一种是固定税收制度,即税收是一次性支付的一个固定常数,与收入水平无关。另一种是变动税收制度,即税收是收入水平的函数,随着收入变化而变化。我们先来分析固定税收制度下政府的行为对均衡国民收入决定的影响。

二、三部门产品市场均衡:固定税制

在固定税收制度情况下,三部门产品市场均衡模型就要发生相应的变化。在三部门经济中,决定人们消费支出的收入是可支配收入。可支配收入是人们的税后收入再加上政府的转移支付。即:

$$Y_d = Y - T + TR$$

其中,Y_d代表可支配收入,T代表固定的税收额,TR代表政府的转移支付,它与政府购买支出相类似,也是外生变量。于是,消费函数就可以写成:

$$C = a + bY_d$$
$$= a + b(Y - T + TR)$$

这样,完整的宏观经济模型就可以写为:

$$Y = AD$$
$$AD = C + I + G$$
$$C = a + b(Y - T + TR)$$
$$I = I_0$$
$$G = G_0$$

运用总需求—总供给相等的方法和投资—储蓄相等的方法都可以确定均衡国民收入水平。在图3-11中,上半图反映总需求—总供给方法。横轴代表收入,纵轴代表总需求。在三部门情况下,总需求除了消费支出和投资支出,还要包括政府购买支出。当投资支出为I_0,政府购买支出为G_0时,均衡国民收入为Y_0。在其他条件不变的情况下,政府购买支出增加到G_1,会使均衡国民收入增加到Y_1。下半图反映投资—储蓄相等法的情况。在三部门条件下,由于

$$AD = C + I + G$$
$$AS = C + S + T$$

当$AD = AS$时,即$C + I + G = C + S + T$时,有$I + G = S + T$。这里的"投资"包括私人投资和政府购买支出,"储蓄"包括私人储蓄和政府税收。在政府购买支出增加前,均衡国民收入为Y_0,在政府购买支出增加后,均衡国民收入增加

到 Y_1。两种分析方法得到同样的结果。

运用模型法,可以得出:

$$Y=AD=C+I+G$$

$$Y=a+b(Y-T+TR)+I_0+G_0$$

$$(1-b)Y=a-bT+bTR+I_0+G$$

$$Y=\frac{1}{1-b}(a-bT+bTR+I_0+G_0)$$

这就是固定税制条件下的均衡国民收入。可以看出,这时,均衡国民收入受到以下 7 个因素的影响:

第一,私人部门的投资支出。在其他条件不变的情况下,私人部门投资增加,均衡国民收入就增加。反之,私人部门投资减少,均衡国民收入就减少。在其他条件不变的情况下,私人部门投资支出增加一单位,均衡国民收入增加量是

$$\frac{dY}{dI}=\frac{1}{1-b}$$

这就是投资支出乘数。

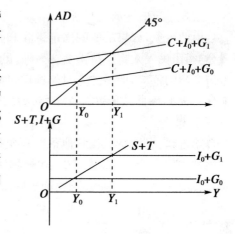

图 3-11 三部门经济中总需求—总供给法和投资—储蓄法决定国民收入

第二,政府购买支出。在其他条件不变的情况下,政府购买支出增加,均衡国民收入就增加。反之,政府购买支出减少,均衡国民收入就减少。在其他条件不变的情况下,政府购买支出增加一单位,均衡国民收入增加量是:

$$\frac{dY}{dG}=\frac{1}{1-b}$$

这就是政府购买支出乘数。

由此可见,如果私人部门投资支出减少某一数量时,政府购买支出增加相同的数量,均衡国民收入水平将保持不变。

第三,政府的固定税收。在其他条件不变的情况下,政府固定税收增加,均衡国民收入就减少,反之,政府固定税收减少,均衡国民收入就增加。在其他条件不变的情况下,政府固定收入增加(减少)一单位,均衡国民收入的减少量(增加量)是:

$$\frac{dY}{dT}=-\frac{b}{1-b}$$

这就是政府固定税收乘数。

第四,政府的转移支付。在其他条件不变的情况下,政府转移支付增加,均衡国民收入就增加。反之,政府转移支付减少,均衡国民收入就减少。在其他条件不变的情况下,政府转移支付增加一单位,均衡国民收入增加量是:

$$\frac{dY}{dTR}=\frac{b}{1-b}$$

这就是政府转移支付乘数。

由此可见,如果政府的固定税收和转移支付同时增加或同时减少相同的数量,均衡国民收入将保持不变。另外,虽然政府购买支出和政府转移支付都属于政府支出的范畴,但是二者对均衡国民收入的影响是不同的。由于边际消费倾向 b 小于1,因此政府购买支出乘数大于政府转移支付乘数,而且二者的差额刚好等于1。

第五,自发消费。在其他条件不变的情况下,自发消费增加,均衡国民收入就增加。反之,自发消费减少,均衡国民收入就减少。在其他条件不变的情况下,自发消费增加一单位,均衡国民收入的增加量是:

$$\frac{dY}{da}=\frac{1}{1-b}$$

这就是自发消费乘数。

由此可见,投资乘数,政府购买支出乘数和自发消费乘数是相同的,都是边际储蓄倾向的倒数。

第六,边际消费倾向。在其他条件不变的条件下,边际消费倾向上升,均衡国民收入就会增加。反之,边际消费倾向下降,均衡国民收入就会下降。均衡国民收入对边际消费倾向的偏导数是:

$$\frac{dY}{db}=\frac{1}{1-b}(TR-T)+\frac{1}{(1-b)^2}(a-bT+bR+I_0+G_0)=\frac{1}{1-b}Y_d$$

这说明,边际消费倾向乘数是原来的边际储蓄倾向的倒数和原来的可支配收入的乘积。

第七,平衡预算乘数。平衡预算是指政府购买支出和固定税收相等的情况。即 $G_0=T$。这时,乘数为:

$$\frac{1}{1-b}-\frac{b}{1-b}=1$$

这说明,平衡预算乘数等于一。换言之,当政府的购买支出和固定税收同时增加一单位时,均衡国民收入也增加一单位。在其他条件不变时,固定税收和政府购买支出等额增加,使政府预算盈余或赤字保持不变,但是,均衡国民收入提高一个与税收或政府购买相同的水平。其中的原因和政府购买支出乘数同转移支付乘数之间的关系的原因类似。

三、三部门产品市场均衡:变动税制

在实际生活中,有些税收是固定税收,但是大多数税收是随着收入变化而变化的。例如,当企业和个人的收入增加时,他们所交的税也要相应上升。税收函数是指政府税收和决定税收的变量之间的关系。为使分析简化起见,我们假定政府实行比例税制,即不论收入水平是多少,都按照收入的某一比例来征收,这样可以把税收函数写成线性方程。由于政府税收是国民收入的增函数,因此税收函数可以一般性地写成:

$$T = T_0 + tY \quad (0 < t < 1)$$

其中,T 代表政府税收的实际值,Y 代表国民收入的实际值,T_0 代表自发税收,也就是不取决于收入多少的固定税收部分。这时的可支配收入是

$$Y_d = Y - T = Y - T_0 - tY$$

于是,消费函数可以写成:

$$C = a + bY_d = a + b(Y - T_0 - tY)$$

这样,当 $I = I_0$,$G = G_0$,政府转移支付为 TR 时,变动税制条件下的三部门产品市场均衡模型就是:

$$Y = C + I + G = a + b(Y - T_0 - tY + TR) + I + G$$
$$= a + b[(1-t)Y - T_0 + TR] + I_0 + G_0$$

或者: $[1 - b(1-t)]Y = a - bT_0 + b \cdot TR + I_0 + G_0$

这就是在变动税制条件下,三部门产品市场均衡时国民收入水平的表达式。可见,均衡国民收入要受到私人部门投资支出,政府购买支出和自发消费的影响,并且三者的乘数都相等,都是 $1/[1-b(1-t)]$。由此可见,在变动税制情况下,这三种乘数都比固定税制情况下减小了。

均衡国民收入还要受到转移支付的影响。转移支付乘数是:

$$\frac{b}{1-b(1-t)}$$

也比固定税制情况下的转移支付乘数有所减小。

均衡国民收入受到自发税收的影响。自发税收乘数是：

$$-\frac{b}{1-b(1-t)}$$

它也比固定税制情况减少了。

均衡国民收入还要受到边际消费倾向的影响。这时的边际消费倾向乘数是：

$$\frac{b}{1-b(1-t)}\cdot Y_d$$

它是税收后边际储蓄倾向的倒数同可支配收入的乘积。同固定税制情况相比，边际消费倾向乘数也下降了。

均衡国民收入还要受到税率的影响。边际税率乘数是：

$$-\frac{b}{1-b(1-t)}\cdot Y$$

由此可见，税率上升，均衡国民收入减少。税率下降，均衡国民收入增加。这是由于税率上升时，人们的可支配收入减少，消费支出下降，引起总需求下降，致使收入减少。在变动税制情况下，各种乘数都要比固定税制情况下要小。换言之，当经济中出现使收入增加的力量时，如税率下降，收入增加的比较少。反之，当经济中出现收入减少力量时，如税率增加，收入减少的也比较少。这意味着变动税制能够引起减小经济波动幅度的作用。变动税制的这种效应被称作税制的自动稳定功能。

第五节　四部门经济国民收入的决定及乘数

一、四部门经济中国民收入

在开放经济中，一国均衡的国民收入不仅取决于国内消费、投资和政府支出，还取决于净出口；国民收入＝消费支出＋投资支出＋政府支出＋出口－进口，即四部门国民收入均衡公式为：

$$Y=C+I+G+(X-M)$$

在四部门经济中，决定收入的有消费 C、投资 I、政府购买 G、税收 T、出口 X 和进口 M 六个变量。

出口 X 是由外国的购买力、国际专业化程度、一国产品价格的相对高低、汇率等因素决定的,本国难以左右,因而一国的出口不受该国收入水平的影响,为自发变量,即出口函数 $X=X_0$。进口则受到本国的国民收入水平高低、国际专业化程度、外国产品的相对价格、汇率等因素影响,本国国民收入水平提高,人们对进口消费品和投资品(机器设备、仪器等)的需求会增加。因此,进口可以写成收入的一个函数:

$$M=M_0+mY$$

M_0 为自发性进口,即和收入没有关系或者说不取决于收入的进口部分。M 为边际进口倾向,即收入增加 1 单位时进口会增加多少。

出口与进口之差就是净出口。显然,净出口是收入的函数,即:$X-M=X_0-M_0-mY$。

有了净出口以后,国民收入决定模型可以表示为:

$$\begin{cases} Y=C+I+G+(X-M) \\ C=a+b(Y-T) \\ T=T_0 \\ I=I_0 \\ G=G_0 \\ X=X_0 \\ M=M_0-mY \end{cases}$$

得到四部门经济中均衡收入为:

$$Y=\frac{1}{1-b+m}(a+I_0+G_0+X_0-bT_0-M_0)$$

二、四部门经济中的乘数

由上述四部门经济中均衡收入决定的公式可以得到:

$$\frac{dY}{dX}=\frac{1}{1-b+m}$$

这是对外贸易乘数,表示出口增加 1 单位引起国民收入变动多少。与在封闭经济中相比,投资、政府支出、税收的乘数发生了变化,在封闭经济中,投资、政府支出的乘数为 $\frac{1}{1-b}$,而现在变成了 $\frac{1}{1-b+m}$,乘数变小了。这主要是由于增加的收入一部分现在要用到进口商品上。

本章参考文献

1. 高鸿业:《西方经济学》,第 3 版(宏观部分),中国人民大学出版社,2004

2. 刘厚俊：《现代西方经济学原理》，南京大学出版社，2002
3. 张一弛：《宏观经济分析》，中国经济出版社，1996
4. 胡希宁：《当代西方经济学概论》，中共中央党校出版社，1998
5. 戈登：《宏观经济学》，第 4 版，利特尔勃朗公司，1987
6. 萨克斯·拉雷思：《全球视角的宏观经济学》，上海三联书店，1997
7. 多恩布什·费希尔·斯塔兹：《宏观经济学》，第 7 版，麦格鲁-希尔公司，1998

问题与练习

1. 名词解释：

均衡产出；消费函数；引致消费；自发投资；边际消费倾向与平均消费倾向；边际储蓄倾向与平均储蓄倾向；投资乘数；政府支出乘数；税收乘数；政府转移支付乘数；平衡预算乘数。

2. 在均衡产出水平上，计划存货投资与非计划存货投资何者为零。为什么？

3. 根据生命周期理论，社会保障系统对你的（可支配）收入的平均消费倾向有何影响？

4. 按照凯恩斯理论，储蓄增加对均衡收入水平有什么影响？什么是"节俭悖论"？试解释之。

5. 假设某经济社会的消费函数为 $c=100+0.8y$，投资为 50（单位：10 亿元）。根据所给的条件，求：(1) 均衡收入水平及消费和储蓄水平。(2) 如果当时实际产出（即收入）为 800，试求企业非自愿存货积累为多少。(3) 若投资增至 100，试求增加的收入。(4) 若消费函数变为 $c=100+0.9y$，投资仍为 50，收入和储蓄各为多少？投资增至 100 时，收入增加多少？(5) 消费函数变动后，乘数有何变化？

6. 假设某经济社会的消费函数 $c=100+0.8Y_d$，意愿投资 $I=50$，政府购买支出 $G=200$，政府转移支付 $TR=62.5$，税率 $t=0.25$，$T_0=0$，试求：(1) 均衡收入；(2) 投资乘数、政府购买乘数、税收乘数、转移支付乘数及平衡预算乘数；(3) 假定该社会达到充分就业所需要的国民收入为 1 200，试问：(a) 增加政府购买；(b) 或减少税收；(c) 或用增加政府购买和税收同一数额（使预算平衡）来实现充分就业，各需要多少数额？（不考虑货币需求变动的作用）

第四章 国民收入的一般均衡

本章将在上一章简单国民收入决定理论的基础上，建立产品市场和货币市场的一般均衡模型，或称 IS-LM 模型，并为下一章分析以货币政策和财政政策为中心的宏观经济政策及其运用的效应分析提供理论基础。作为短期宏观经济学的核心，IS-LM 模型直接得益于 1972 年诺贝尔经济学奖获得者约翰·希克斯在 1937 年发表的一篇论文。但是，由于美国经济学家阿尔文·汉森经常使用显示国民收入水平和利率在商品市场和货币市场同时决定的希克斯 IS-LM 模型，以至 IS-LM 模型从那时起便被称为凯恩斯经济学和古典经济学间的"希克斯-汉森"综合，或称希克斯-汉森模型。

第一节 产品市场的均衡：IS 曲线

IS 曲线是描述产品市场均衡时，利率与国民收入之间关系的曲线，由于在两部门经济中产品市场均衡时 $I=S$，因此该曲线被称为 IS 曲线。

在两部门经济中，IS 曲线的数学表达式为 $I(R)=S(Y)$，它的斜率为负，这表明 IS 曲线一般是一条向右下方倾斜的曲线。一般来说，在产品市场上，位于 IS 曲线右方的收入和利率的组合，都是投资小于储蓄的非均衡组合；位于 IS 曲线左方的收入和利率的组合，都是投资大于储蓄的非均衡组合，只有位于 IS 曲线上的收入和利率的组合，才是投资等于储蓄的均衡组合。

一、IS 曲线及其推导

我们先以两部门经济为出发点，推导并说明 IS 曲线的性质。三部门经济的 IS 曲线只是两部门经济的一个延伸，将在后面讨论。

根据第二章的学习我们知道，两部门经济中的消费函数为：

$$c=\alpha+\beta y \tag{4.1}$$

储蓄函数为：

$$s = y - c = -\alpha + (1-\beta)y \tag{4.2}$$

根据第二章第一节的学习我们知道,投资函数为:

$$i = e - dr \tag{4.3}$$

国民收入实现均衡的条件是:

$$y = AE = c + i$$

或者

$$i = s$$

将(4.1)式、(4.3)式代入 $i=s$,或者将(4.1)式、(4.3)式代入 $y=AE=c+i$,便可以得到两部门经济中均衡国民收入与利率之间的对应关系。

得到:

$$y = \frac{\alpha + e - dr}{1 - \beta} \tag{4.4}$$

或者

$$r = \frac{\alpha + e}{d} - \frac{1 - \beta}{d} y \tag{4.5}$$

上述数学推导过程可以通过图4-1来说明。

首先,我们把图4-1移植到图4-2(a),得到投资函数(4.3)式,它表示在每一个利率水平都有一个投资水平与它相对应。例如,r_0 与 i_0 对应,r_1 与 i_1 对应。

其次,我们通过储蓄函数(4.2)式,并根据 $i=s$ 的条件,得出与每一个投资水平相对应的均衡国民收入。例如,y_0 与 i_0 对应,y_1 与 i_1 对应。

其三,通过图4-1(c)中的45°线,建立利率与均衡国民收入之间的对应关系。

最后,把利率与均衡国民收入之间的对应关系描述在图4-1(d)中,便得 $i=s$ 时国民收入与利率之间的对应关系曲线——IS曲线,即(4.1)式或(4.2)式。

上述数学推导过程还可以通过图4-2来说明。

首先,根据(4.4)式和(4.5)式得到两部门经济中的总支出函数:

$$AE = c + i = \alpha + e - dr + \beta y \tag{4.6}$$

只要我们设定一个利率水平,例如 r_1,我们便可以得到总支出函数 $AE_1 = c + i = \alpha + e - dr_1 + \beta y$,将它代入产品市场均衡的条件式 $y=AE$,便可以得到与 r_1 相对应的均衡国民收入 $y_1 = \frac{\alpha + e - dr_1}{1-\beta}$。

如果我们重新设定一个较低的利率水平,例如 r_0,我们便可以得到一个较高的总支出函数 $AE_0 = c + i = \alpha + e - dr_0 + \beta y$,将它代入产品市场均衡的条件式 $y=AE$,便可以得到与 r_0 相对应的较高的均衡国民收入 $y_0 = \frac{\alpha + e - dr_0}{1-\beta}$。

同样过程可以应用于所有想得到的利率水平,从而得到与各个利率水平相对应的总支出水平和均衡国民收入。

接下来,我们把上述利率水平与均衡国民收入之间的对应关系描述在图4-2(b)中,便可以得到满足产品市场均衡条件的利率与国民收入之间的对应关系曲线,即 IS 曲线。

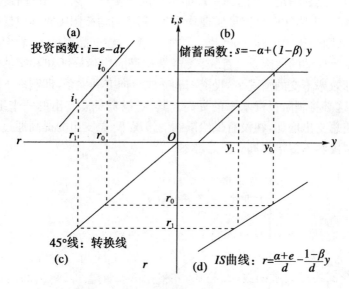

图 4-1　IS 曲线的推导:储蓄—投资模型

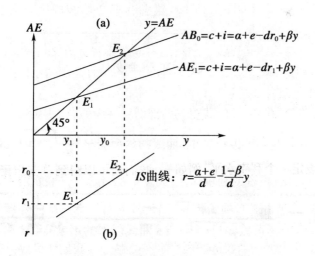

图 4-2　IS 曲线的推导:45°线模型

根据 IS 曲线的推导过程,我们可以得到 IS 曲线的定义,即在两部门经济中,IS 曲线是描述产品市场实现均衡,即 $I=S$ 时,利率与均衡国民收入之间存

在着反向变动关系的曲线,见图4-3。用公式表示为:

$$r=\frac{a+e}{d}-\frac{1-\beta}{d}y \tag{4.7}$$

而根据 IS 曲线的定义,我们可以得到 IS 曲线的如下三个特征:第一,IS 曲线上任何一点都满足 $I=S$,即是产品市场的均衡点。第二,IS 曲线从左上方向右下方倾斜,表明在产品市场实现均衡时,利率与均衡国民收入成反向变动关系,即利率高则均衡国民收入低,反之亦然。第三,在产品市场上,利率与均衡国民收入成反向变动的原因是:首先,投资是投资的边际效率和利率的函数。在投资的边际效率不变的情况下,投资与利率成反向变动关系,即利率下降使投资成本下降,这必将刺激投资水平的提高。其次,投资是总支出的一个组成部分,投资增加使总支出增加,在没有供给限制的情况下,总支出的提高通过乘数效应导致均衡国民收入成倍提高。反之亦然。

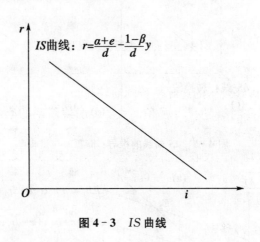

图 4-3　IS 曲线

二、IS 曲线的斜率与截距

根据(4.7)式,我们可以得到 IS 曲线的斜率为$-\frac{1-\beta}{d}$。由于 β(边际消费倾向)大于 0 小于 1,d(投资的利率弹性)大于 0,因此$-\frac{1-\beta}{d}$表示的 IS 曲线的斜率为负值,它表示产品市场实现均衡时,国民收入与利率成反向变动关系。另外,根据(4.7)式,我们还可以知道,影响 IS 曲线斜率的因素有:d 和 β 两个因素。具体表现是:

在 d 不变的情况下,β 的值越大,IS 曲线斜率的绝对值就越小,IS 曲线就越平坦。换句话说,边际消费倾向越大,边际储蓄倾向就越小,投资乘数就越大,利

率变动所引起的投资的轻微变动,都会导致均衡国民收入或总支出的大幅度变动。反之亦然。如图4-4所示:

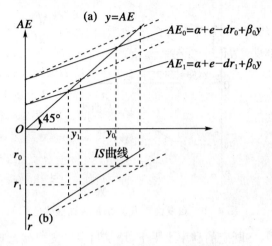

图4-4　IS曲线斜率的乘数效应

显然,图中的边际消费倾向越高,导致总支出曲线越陡峭,IS曲线越平坦。在图4-4(a)中,虚线表示的边际消费倾向较高。

第二,在 β 不变的情况下,d 的值越大,IS曲线斜率的绝对值就越小,IS曲线就越平坦,它表示投资对利率变动的反应越敏感,利率轻微变动都会引起投资的剧烈变动,导致均衡国民收入或总支出的大幅度变动。反之亦然。

综上所述,投资乘数越大,或投资的利率弹性越大,IS曲线越平坦;投资乘数越小,或投资的利率弹性越小,IS曲线越陡峭。

三、IS曲线的移动

(4.7)式除了为我们提供了IS曲线的斜率以外,还为我们提供了IS曲线的位置。在IS曲线斜率不变的情况下,IS曲线的位置就取决于 $\frac{\alpha+e}{d}$ 中的 $\alpha+e$,即自发性消费支出和自发性投资支出,二者之和统称自发性支出 $\bar{A}$,它的任何变动都将导致IS曲线位置的变动。它的经济学含义是,自发性消费支出或投资支出增加,将导致总支出增加,通过乘数效应,最终将导致均衡国民收入或总支出增加 $1/(1-\beta)$ 倍。反之亦然。

可以用图4-5对上述的分析进行说明:

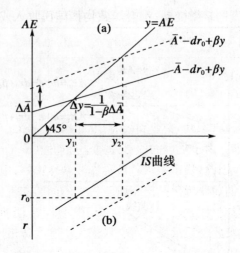

图 4-5　自发性支出变动使 IS 曲线移位

图 4-5 表明，在既定的利率水平下，增加自发性支出就意味着增加总支出，增加总支出就是增加国民收入水平，从而在图中导致 IS 曲线向右移动到虚线的位置所在。在图 4-5(a)中，$\bar{A}-dr_0+\beta y$ 及其虚线则分别表示总支出曲线和自发性支出增加后的总支出曲线。

第二节　利率的决定

产品市场的均衡，或者 IS 曲线重点分析了国民收入的决定，而利息率是如何决定的，产品市场的均衡理论并没有作出回答，而是将其作为一个潜在的假定前提。但事实上，产品市场中利息率始终是在变化之中，因此，这就需要进一步讨论货币市场的均衡，也就是对应于 IS 曲线的 LM 曲线，重点分析利息率的决定，并在此基础上说明均衡利息率与国民收入之间的对应关系。

一、流动性偏好与货币需求动机

在西方宏观经济学中，货币需求是一个金融资产选择的概念，即你愿意把你的金融资产以货币（现金和活期存款）的形式持有，还是以生息证券的形式持有？金融资产的选择行为，也是一种效用最大化的行为，即公众将根据各种金融资产的特征，选择不同的资产组合。

表 4-4 为我们提供了货币和生息证券这两种金融资产的优缺点：

表 4-4 货币与生息证券的特征

	流动性	利息收入
货币	完全的流动性	没有利息收入
生息证券	缺乏流动性	有利息收入

货币需求则是公众(家庭、企业和政府)愿意以货币形式(M_1)持有其拥有其金融资产的一种需求。由于货币的优点是完全流动性(liquidity),即货币转化为其他资产非常容易。因此,货币需求也被称作流动性偏好,用 L 表示。

凯恩斯认为,人们需要货币是出于以下三类不同的动机:

一是交易动机与交易需求。公众为进行正常的交易活动而愿意持有货币的动机,被称为货币需求的交易动机。由交易动机决定的货币需求量,被称为货币的交易需求。货币的交易需求取决于一个社会的交易制度和收入水平。在交易制度既定的情况下,货币的交易需求是收入水平的增函数。

二是预防动机与预防需求。公众为应付非正常情况的交易而愿意持有货币的动机,被称为货币需求的预防动机。由预防动机决定的货币需求量被称为货币的预防需求,也是收入的增函数。因此,凯恩斯把货币的交易需求和预防需求统称为货币的交易需求。用公式表示为:

$$L_1 = L_1(y) \tag{4.8}$$

如果用线性函数来表示货币的交易需求,(4.8)式可表示为:

$$L_1 = ky \tag{4.9}$$

其中,L_1 是货币的交易需求,k 为交易需求占国民收入的比例或称货币的交易倾向。在横轴表示货币量,纵轴表示利率的坐标中,货币的交易需求表现为一条垂线,见图 4-6(a):

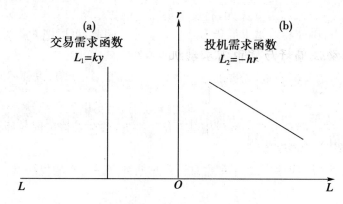

图 4-6 货币的交易需求与投机需求函数

三是投机动机与投机需求。公众为了抓住有利的购买有价证券的机会而持有货币的动机,被称为货币需求的投机动机。由投机动机决定的货币需求被称为货币的投机需求。

投机需求是利息率的反函数。关于投资需求与利率之间的反向关系,凯恩斯是通过有价证券的未来不确定性进行说明的。在证券收益既定的情况下,证券价格=证券收益/利率。所以,当利率越高时,证券的价格就越低,人们若认为这一价格已经降低到正常水平以下,预计马上就要上涨,就会抓住机会及时买进有价证券,于是,人们手中出于投机动机而持有的货币量就会减少。相反,当利率越低,即证券价格越高时,人们若认为这一价格已涨到正常水平以上,预计就要回落,于是人们就会抓住机会及时卖出有价证券,这样一来,人们手中出于投机动机而持有的货币将增加。目前也有一些经济学家例如多恩布什等人把利率看成是持有货币的机会成本,对利率与货币需求之间的反向变动关系加以解释。用 L_2 表示货币的投机需求,r 表示利率,则货币的投机需求与利率之间的反向变动关系可以用公式为表示为:

$$L_2 = L_2(r) \tag{4.10}$$

如果用线性函数来表示货币的投机需求,(4.10)式可表示为:

$$L_2 = -hr \tag{4.11}$$

在(4-11)式中,h 是一个参数。在横轴表示货币量,纵轴表示利率的坐标中,货币的投机需求为一条从左上方向右下方倾斜的曲线,见图 4-10(b)。

根据凯恩斯的货币需求理论,我们可以把货币需求函数一般地表示为:

$$L = L_1 + L_2 = L_1(y) + L_2(r) \tag{4.12}$$

或者

$$L = ky - hr \tag{4.13}$$

其中,参数 k 与 h 分别反映货币需求对收入水平与利率的敏感程度。具体地说,就是实际收入增加 5 美元,将使交易需求的货币增加 $k\times5$ 美元。利率增加 1 个百分点,则使投机需求的货币减少 h 美元。因此,可以把 k 称为货币需求对收入的弹性,把 h 称为货币需求对利率的弹性。

上述分析的几何表现,需要通过合并图 4-6 的(a)与(b),以便得到图 4-7 来加以说明:

图 4-7 需要做如下三个方面的说明,才能更清楚地反映货币需求曲线的形状由 h 的取值所决定的情况:

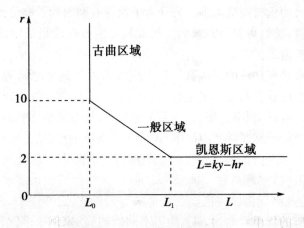

图 4-7 货币需求函数的特征

第一种情况,当 $h \to \infty$ 时,表示货币需求对利息率具有完全弹性。例如,当利率太低(如为 2%)时,人们会认为这时候的利率不大可能再下降,或者说证券价格过高,不可能再上升,因此,人们都愿意抛售证券而持有货币,以免证券价格下跌时遭受损失;或者说持币成本非常低,人们愿意持有所有货币。人们不管有多少货币都愿意持留在手中的情况,被称为凯恩斯陷阱,或流动性偏好陷阱,货币需求表现为一条水平线。

第二种情况,当 $h \to 0$ 时,表示货币需求对利率完全缺乏弹性。例如,当利率太高(如 10%)时,人们会认为这时候的利率不大可能再上涨,或者说证券价格过低,不可能再下降,因此,人们都愿意把投机需求的货币转化成证券,投机需求为零,货币需求曲线表现为一条垂线。此时的货币需求曲线则处于古典区域,因为古典学派认为,货币需求与利率无关,仅与收入有关,即 $L=ky$。

第三种情况,当 $0<h<\infty$ 时,货币需求曲线处于一般区域,即利率与收入成反向变动关系。在不做特殊说明时,我们通常使用货币需求的一般区域。

二、货币需求曲线的移动

交易需求(ky)或货币需求利率弹性的变化,都将会导致货币需求曲线位置的变化。如图 4-8 所示,当国民收入 Y 出现变动时,其所导致的货币需求曲线位置也就会相应地变化:即国民收入增加时,会导致货币的交易需求增加,使货币需求曲线向右边移动;而国民收入减少时,则会导致货币的交易需求减少,从而使货币需求曲线向左边移动。

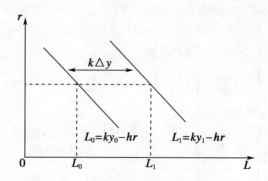

图 4-8 国民收入变动对货币需求函数的影响

还需要指出的是,图 4-8 中货币需求曲线的移动与国民收入不变的情况下利率高引起的实际货币需求量的点移动,具有完全不同的性质。

当然,在讨论货币需求时,也必须注意到名义货币需求与实际货币需求的区分。不考虑货币购买力或物价水平的货币需求被称为名义货币需求,考虑到货币购买力或物价水平的货币需求,则被称为实际(real,或真实)货币需求,其公式为:

$$L=(ky-hr)P \qquad (4.14)$$

其中,P 表示价格水平。显然,根据这一公式,价格水平的增加,将导致名义货币需求增加,反之则反是。而要使名义货币需求与实际货币需求相一致,其潜在的前提必定是通货膨胀水平为零。

三、货币供求均衡及利率的决定

前面分别介绍了货币供给与货币需求的概念,现在,我们需要把它们结合在一起,分析货币市场均衡。

当货币供给与货币需求相等时,货币市场就实现了均衡。用公式表示为:

$$m=L \qquad (4.15)$$

将(4.14)式代入(4.15)式得:

$$m=(ky-hr)P$$

通过整理得到:

$$\frac{m}{P}=ky-hr \qquad (4.16)$$

其中,$\frac{m}{P}$ 为实际货币供给量,m 则成为名义货币供给量。当货币供给量 m、

价格水平 P、国民收入 y、货币需求的收入弹性 k 和利率弹性 h 既定时,我们可以得到货币市场实现均衡时的利率 r_0,即均衡利率。见图 4-9。

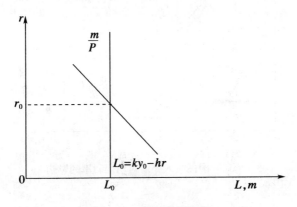

图 4-9　货币市场均衡

显然,图 4-9 说明了货币市场的自动均衡机制——利率机制。如果市场利率低于均衡利率 r_0,则说明货币需求超过货币供给,这时人们感到手中持有的货币太少,就会卖出有价证券,证券价格就要下降,利率上升。对货币的需求将减少,一直持续到货币供给等于货币需求。相反,当利率高于均衡利率 r_0 时,说明货币供给超过货币需求,这时人们感到手中持有的货币太多,就会用多余的货币买进有价证券,证券价格就要上升,利率下降。对货币的需求将增加,一直持续到货币需求等于货币供给为止。只有当货币的供给与货币的需求相等时,利率才不再变动。

根据图 4-10,我们还可以知道,货币供给量 m、价格水平 P、国民收入 y、货币需求的收入弹性 k 和利率弹性 h 中任何一外生变量的变化,都会导致均衡利率的变化。例如,当名义货币供给量 m 或价格水平 P 的变动时,将导致实际货币供给曲线的平行移动,导致均衡利率的变动。具体地说,当名义货币供给量 m 增加时,将导致实际货币供给量增加,均衡利率下降。价格水平增加则会导致实际货币供给量下降,均衡利率上升。反之亦然。

当国民收入的变动时,将导致货币需求变动,使均衡利率相应发生变动。例如,当国民收入增加时,使货币需求曲线向上移动,均衡利率上升,反之亦然。

可以用图 4-10 对上述理论加以说明:

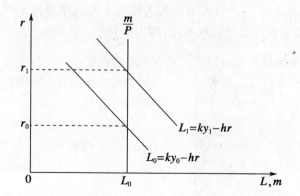

图 4-10 国民收入变动对均衡利率的影响

第三节 货币市场的均衡：LM 曲线

在前面有关货币市场的均衡分析中,研究的重点是货币需求、货币供给与均衡利率三者之间的关系。实际上也隐含着在货币市场实现均衡时利率与国民收入之间的对应关系,即 LM 曲线。

LM 曲线表示在货币市场中,货币供给等于货币需求时收入与利率的各种组合的点的轨迹。LM 曲线的数学表达式为 $M/P=KY-HR$,它的斜率为正,这表明 LM 曲线一般是向右上方倾斜的曲线。一般来说,在货币市场上,位于 LM 曲线右方的收入和利率的组合,都是货币需求大于货币供给的非均衡组合;位于 LM 曲线左方的收入和利率的组合,都是货币需求小于货币供给的非均衡组合;只有位于 LM 曲线上的收入和利率的组合,才是货币需求等于货币供给的均衡组合。

LM 曲线是使得货币市场处于均衡的收入与均衡利息率的不同组合描述出来的一条曲线。换一句话说,在 LM 曲线上,每一点都表示收入与利息率的组合,这些组合点恰好使得货币市场处于均衡。

一、LM 曲线及其推导

根据前面的分析,我们知道,货币市场均衡的条件是(4.16)式,经过整理可以得到：

$$r=-\frac{m}{Ph}+\frac{k}{h}y \tag{4.17}$$

(4.17)式满足 $L=m$,因此,它表示货币需求等于货币供给,即货币市场实现均衡时,国民收入与利率之间的对应关系,故被称为 LM 曲线。

上述数学推导过程也可以通过图 4-11 来说明。

首先,根据(4.11)式,得到图 4-11(a)中的货币的投机需求曲线。在每一个利率水平上,都有一个投机需求的货币量与它相对应。例如,r_0 与 L_2^0 对应,r_1 与 L_2^1 对应。

其次,根据(4.16)式,得到图 4-11(b),表示货币市场实现均衡时,货币的交易需求与投机需求的构成。斜线与纵轴和横轴组成一个等腰直角三角形,该三角形的高表示实际货币供给量 $\frac{m}{P}$。曲线上任意一点,到横轴和纵轴的距离之和恒等于实际货币供给量。因此,只要知道货币的投机需求 L_2^0,就可以求得货币的交易需求 L_1^0。同理,可以求得与投机需求 L_2^1 相对应的交易需求 L_1^1。

其三,根据(4.9)式,可以得到图 4-11(c)中的交易需求曲线,在每一个交易需求量上,都有一个国民收入水平与之相对应。例如,L_1^0 与 y_0 对应,L_1^1 与 y_1 对应。

最后,把货币市场实现均衡,即 $L=m$ 时,利率与国民收入之间的对应关系描述在图 4-11(d)中,便得 LM 曲线,即(4.17)式。

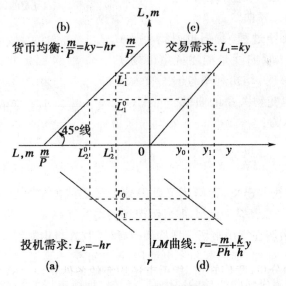

图 4-11 LM 曲线的推导

有关 LM 曲线的上述数学推导过程也可以通过图 4-12 加以说明:

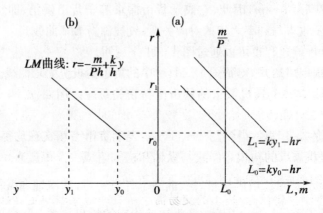

图 4-12 LM 曲线的推导

首先,把图 4-11 移动到图 4-12(a),提供了国民收入变动对均衡利率的影响。例如,当国民收入等于 y_0 时,货币需求曲线为 $L_0 = ky_0 - hr$,均衡利率为 r_0;当国民收入增加到 y_1 时,货币需求增加到 $L_1 = ky_1 - hr$,均衡利率也上升 r_1。根据上述方法,我们可以得到一系列国民收入水平与均衡利率之间的对应关系。

其次,把货币市场实现均衡时,均衡利率与国民收入之间的对应关系描述在图 4-12(b)上,就得到 LM 曲线。

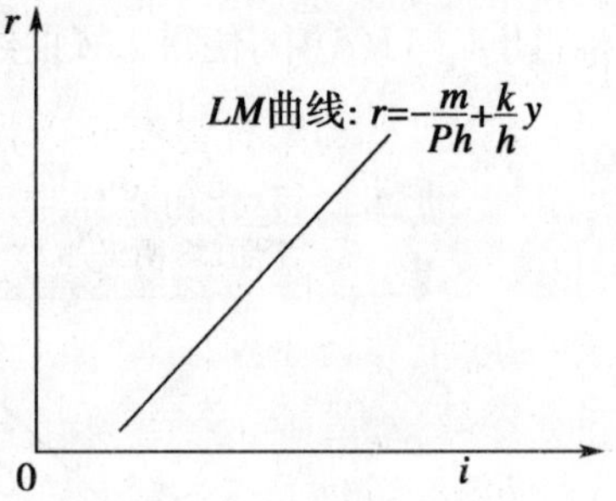

根据上述推导过程,我们可以得到 LM 曲线的定义,即 LM 曲线是描述货币市场实现均衡,即 $L=m$ 时,均衡利率与国民收入之间存在着同方向变动关系的曲线。见图 4-13。用公式表示为:

$$r = -\frac{m}{Ph} + \frac{k}{h}y \quad (4.18)$$

图 4-13 LM 曲线

根据 LM 曲线的定义,我们还可以得到 LM 曲线的如下三个特征:第一,LM 曲线上任何一点都是 $L=M$,即货币市场的均衡点;第二,LM 曲线从左下方向右上方倾斜,表明在货币市场实现均衡时,国民收入与均衡利率呈同方向变动关系,即国民收入增加,则均衡利率也增加;反之亦然。第三,在货币市场上,国民收入与均衡利率成同向变动的原因是:首先,货币市场的均衡条件为:$\frac{m}{P} = ky - hr$。其次,在实际货币供给 $\frac{m}{P}$ 既定的条件下,利率上升将导致投机需求下降,交易需求上升,与较高的国民收入一致,反之亦然。

二、LM 曲线的斜率与截距

根据(4-17)式,我们得到 LM 曲线的斜率为 $+\frac{k}{h}$。由于货币需求的收入弹性 k 和利率弹性 h 都大于零小于 1,因此 LM 曲线的斜率为正值,表明在货币市场处于均衡时,利率与国民收入呈同方向变动关系。另外,根据(4-17)式我们还知道,影响 LM 曲线斜率的因素是货币需求的收入弹性 k 和利率弹性 h,并且,LM 曲线的斜率与收入弹性 k 成正比例,与利率弹性 h 成反比例。因此,k 值越大或 h 值越小时,LM 曲线的斜率越大或越陡峭;反之,k 值越小或 h 值越大时,LM 曲线的斜率越小或越平坦。

西方经济学家还认为,货币的交易需求函数一般比较稳定,因此,LM 曲线的斜率主要取决于货币的投机需求函数,出于投机动机的货币需求是利率的减函数。LM 曲线的斜率或形状由货币需求的利率弹性决定。根据利率弹性 h 的值,我们可以把 LM 曲线划分为三个区间:

第一,当利率降得很低时,h 趋于 ∞ 时,货币需求对利息率具有完全弹性,货币需求曲线进入凯恩斯陷阱区域,或流动性偏好陷阱区域,接近一条水平线。此时的 LM 曲线也接近一条水平线,同样被称为凯恩斯陷阱区域,也称凯恩斯萧条区域。

第二,当利率升得很高时,h 接近于 0 时,货币需求对利息率完全缺乏弹性,货币需求曲线进入古典区域,接近一条垂线。此时的 LM 曲线也进入古典区域,接近于一条垂线。

第三,当 $0<h<\infty$ 时,货币需求曲线处于一般区域,即利率与收入成反向变动关系。此时的 LM 曲线也进入一般区域,表现均衡利率与国民收入

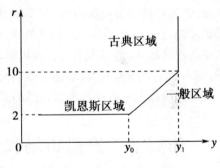

图 4-14 一条完整的 LM 曲线

成同方向的变动关系。在未做特殊说明时,我们使用一般区域的 LM 曲线。

三、LM 曲线的移动

(4-17)式不仅为我们提供了 LM 曲线的斜率,同时也为我们提供了 LM 曲线的位置。在 LM 曲线斜率不变的情况下,LM 曲线的位置就取决于实际货币供给量 $\frac{m}{P}$,其中,名义货币供给 m 增加,在价格水平不变的情况下,将导致实际货币供给量增加,使 LM 曲线向右移动,反之则向左移动;价格水平 P 增加,在

名义货币供给量不变的情况下,将导致实际货币供给量减少,使 LM 曲线向左移动,反之则向右移动。如图 4-15 所示:

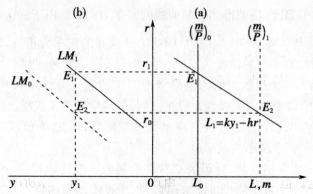

图 4-15 货币供给增加使 LM 曲线向右移位

图 4-15 显示了实际货币供给变动对 LM 曲线的影响。图(a)表明,在收入水平为 y_1 时,实际货币需求 $L_1 = ky_1 - hr$。当初始货币供给为 $\left(\frac{m}{P}\right)_0$,均衡点处于 E_1,对应的均衡利率为 r_1,与图 4-17(b) 中的 LM 曲线上的 E_1 点相对应。

现在假设实际货币供给增加,表现为货币供给曲线向右移动,为了在收入水平 y_1 处实现货币市场的均衡,利率必须降低至 r_0,因此,新均衡点处于 E_2。其意思是说,在图 4-15(b) 中,LM 曲线向左移动到 LM_0。在每一收入水平,均衡利率必须降低,以诱导人们增加投机需求的货币。或者反过来说,在每一利率水平,收入水平必须提高,以增加货币的交易需求,从而吸收更多的货币供给。

上述结论也可以通过考察(4.18)式得到说明。

第四节 产品市场和货币市场的一般均衡: $IS-LM$ 模型

前面各节分别讨论了 IS 曲线与 LM 曲线的形成与意义,同时在各自确定的前提下研究了商品市场与货币市场各自处于均衡状态时的国民收入与利率之间的对应关系。但是,这些分析是相互分开的,并且假定其中的一个可以作为先决条件,而实际的社会经济生活中,商品市场与货币市场却是相互影响并且紧密联系在一起的。因此,这就需要将这两个市场放在一起,考虑其实现均衡时的国民收入与利率之间的互动对应关系。

一、一般均衡点与非均衡区域

只有充分认识到 IS 曲线和 LM 曲线的性质,才能理解把它们结合在一起分析总支出和均衡国民收入决定的重要意义。

根据前面的分析,IS 曲线表示使产品市场实现均衡的各个可能的利率与国民收入组合。在 IS 曲线上,利率是自变量,均衡国民收入是因变量。利率确定后,均衡国民收入才能决定。但是,利率由货币市场的供求关系所决定。因此,IS 曲线所表示的只能是各个可能的均衡国民收入。

LM 曲线表示使货币市场实现均衡的各个可能的利率与国民收入组合。在 LM 曲线上,国民收入是自变量,均衡利率是因变量。国民收入决定后,均衡利率才随之决定。但是,国民收入水平由产品市场的供求关系所决定。因此,LM 曲线所表示的只能是各个可能的均衡利率。

从前面对 IS 曲线和 LM 曲线的回顾不难看出,产品市场与货币市场是相互影响的,其表现在于:从产品市场看,均衡国民收入在没有供给限制的情况下受到总支出的影响,总支出又受到利率的影响,利率由货币市场的供求关系决定;从货币市场看,均衡利率由货币的供求关系决定,货币需求却受到国民收入的影响,国民收入受到产品市场供求关系的决定。为此,可以把产品市场与货币市场之间的相互联系用图 4-16 来说明:

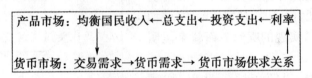

图 4-16 产品市场与货币市场之间的相互联系

根据图 4-16,可以进一步发现,除非使产品市场与货币市场同时实现均衡,否则,产品市场或货币市场都只是一种可能性均衡。

另一方面,产品市场和货币市场实现均衡的利率和国民收入组合只能是 IS 曲线与 LM 曲线的交点。如图 4-17 中的 E 点所示:

图 4-17 中表示的产品市场与货币市场同时实现均衡的国民收入与利率组合点 E,也可以通过求解 (4.19) 式表示的 IS 曲线和 (4.20) 式表示的 LM 曲线的联立方程获得:

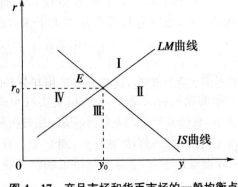

图 4-17 产品市场和货币市场的一般均衡点

$$r = \frac{\alpha + e}{d} - \frac{1-\beta}{d} y \tag{4.19}$$

$$r = -\frac{m}{Ph} + \frac{k}{h} y \tag{4.20}$$

需要注意的是，在宏观经济学教科书中一般都把产品市场和货币市场的非均衡区域划分为四个区域，但由于产品市场与货币市场的一般均衡区域只有一个 E 点，而其他区域就都是产品市场与货币市场的非均衡区域，因此，可以考虑将其划分为八个区域。见表 4-5：

表 4-5　图 4-17 中的均衡与非均衡区域

		产品市场		
		$S>I$（供给大于需求）	$S=I$（供给等于需求）	$S<I$（供给小于需求）
货币市场	$M>L$（供给大于需求）	第 Ⅰ 区	IS 线段	第 Ⅳ 区
	$M=L$（供给大于需求）	LM 线段	E 点	LM 线段
	$M<L$（供给小于需求）	第 Ⅱ 区	IS 线段	第 Ⅲ 区

二、实现一般均衡的机制

上面只是从理论上分析了一般均衡点的确定方法，但是，在现实生活中，该均衡点又是如何实现的呢？下面就来说明这个问题。

图 4-18 说明了这一过程，如图所示：

假设国民经济的初始点是 A。在 A 点，产品市场处于均衡状态，均衡国民收入为 y_1，利率为 r_2。由于 A 点在 LM 曲线的上方，意味着货币市场供大于求，或 $\frac{m}{P} > L_1(y_1) + L_2(r_2)$，为了实现货币市场

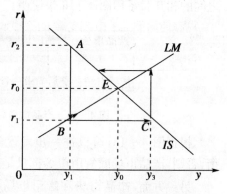

图 4-18　一般均衡的实现过程

的均衡，利率具有下降的趋势。在国民收入不变的情况下，利率下降到 r_1 时，使货币的投机需求增加，货币市场实现均衡，如 B 点。但是，B 点处于 IS 曲线的下方，意味着产品市场供不应求，此时在利率从 r_2 下降到 r_1 和没有供给限制的情况下，国民收入将增加到 y_3，如 C 点。在 C 点，产品市场实现了均衡，但它处于 LM 曲线的下方，意味着货币市场供不应求，利率具有上升的趋势，当利率上升

到 r_0 时，整个经济趋向 E 点，使产品市场与货币市场同时实现均衡。

上面的分析说明，如果利率与国民收入的组合，是处于产品市场与货币市场没有实现一般均衡的情况下，经济就将倾向于不断的变动，直到实现均衡为止。显然，在这个过程中，保证一般均衡的实现至少需要有两个自动调节机制：

第一个自动调节机制是在产品市场中存在着存货调整机制。当产品市场处于非均衡状态时，非计划存货投资将不为零，这说明企业当前的生产决策与社会需求不协调，从而造成企业利润的损失。为了实现利润最大化，企业必将调整当前的生产决策，使产品市场处于均衡状态。

第二个自动调节机制是在货币市场中存在着金融资产的选择机制。当货币市场处于非均衡状态时，意味着居民当前的金融资产结构未能实现利益最大化。这种情况迫使居民调整当前的金融资产结构，以求利益最大化。因此，居民追求利益最大化的金融资产结构选择的行为后果，也就必然会使货币市场处于均衡状态。

由此可见，产品市场和货币市场的一般均衡是微观经济主体追求自身利益的结果。凯恩斯与古典经济学的区别是，古典经济学认为该国民收入 y_0 就是充分就业的国民收入，而凯恩斯则认为国民收入 y_0 通常低于充分就业国民收入。

三、简单的国民收入决定模型与 $IS\text{-}LM$ 模型：一个简单比较

我们使用图 4-19 对简单的国民收入决定模型与 $IS\text{-}LM$ 模型做一个简单比较：

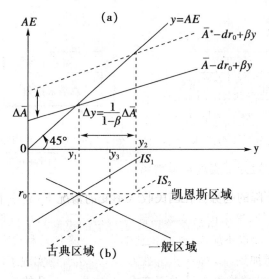

图 4-19 凯恩斯交叉线模型与 $IS\text{-}LM$ 模型

图 4-20(a)说明,在简单国民收入决定的模型中,由于货币市场(以及相关的利率决定的投资)被看作是外生变量,因此,均衡国民收入在没有供给限制的情况下直接取决于总支出。例如,自发性支出增加 $\Delta \overline{A}$,将导致国民收入增加 $\Delta y = \frac{1}{1-\beta} \Delta \overline{A}$。

图 4-20(b)则说明,在 IS-LM 模型中,把货币市场对总支出中投资支出的影响考虑进来以后,它并没有改变简单国民收入决定模型的基本思想,即均衡国民收入在没有供给限制的情况下仍然直接取决于总支出,而总支出中的投资支出要受到货币市场供求关系的影响,反过来,国民收入的变动又会影响到货币市场的供求关系。因此,产品市场与货币市场共同决定均衡国民收入。表现在自发性支出变动对国民收入变动幅度的影响上,则取决于 LM 曲线的形状。例如,自发性支出增加 $\Delta \overline{A}$,将导致 IS_1 线向右移动到 IS_2,国民收入的增加幅度则取决于 LM 曲线的形状。当 LM 曲线处于凯恩斯区域时,国民收入增加幅度为 $\Delta y = \frac{1}{1-\beta} \Delta \overline{A}$,与简单的国民收入决定模型的结论一致,只有产出效应,国民收入从 y_1 增加到 y_2。当 LM 曲线处于古典区域时,自发性支出的增加只会导致利率的上升,不具有产出效应,国民收入保持不变,依然为 y_1。当 LM 曲线处于一般区域时,自发性支出的增加同时具有产出效应与利率效应,国民收入从 y_1 增加到 y_3。

接下来可以把 IS-LM 模型的结构归结为如图 4-20 所示:

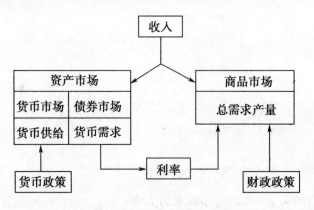

图 4-20　IS-LM 模型的结构

通过图 4-21,可以看出简单国民收入决定的模型与 IS-LM 模型有着以下几点区别:

一是在萧条经济的情况下,均衡国民收入(和就业水平)就是与总支出(或称总需求)相等时的国民收入。总支出包括居民的消费支出(涉及财政政策)、企业的投资支出、政府购买(涉及财政政策)与净出口。

二是企业的投资支出由投资的边际效率与利率共同决定。在投资的边际效率既定的情况下,企业投资与利率成反向变动关系。

三是利率由货币市场的供求关系所决定,其中货币需求取决于国民收入与利率,而货币供给受到货币政策的影响。

当把货币市场作为外生变量时,即宏观经济学只研究第一点内容时,就构成了简单的国民收入决定模型;当在商品市场的基础上,引入货币市场以后,即同时考虑第二、三点内容时,就构成了 IS-LM 模型。正是在这样的意义上,宏观经济学中通常又把 IS-LM 模型称作扩展的国民收入决定模型,或者扩展的凯恩斯宏观经济模型。

本章参考书目

1. 苏剑:《IS-LM 模型中政策效果分析:一个重新表述》,《经济科学》,1998 年第 3 期

2. 陈东琪:《对近两年宏观经济政策操作的思考》,《经济研究》,1998 年第 12 期

3. 宋承先:《现代西方经济学(宏观经济学)》第九章,复旦大学出版社,1997

4. 高鸿业:《西方经济学(宏观部分)》第十五章,中国人民大学出版社,2001

5. 刘厚俊:《现代西方经济学原理》,南京大学出版社,2002

6. 多恩布什·费希尔·斯塔兹:《宏观经济学》第 10 章,中国人民大学出版社,2000

7. 斯蒂格利茨:《经济学》(下册),中国人民大学出版社,1997

问题与练习

1. 若货币交易需求为 $L_1=0.2y$,货币投机需求为 $L_2=2\,000-500r$。试根据已知条件完成:(1)写出货币需求函数。(2)当收入为 10 000,货币供给为 2 500 时,均衡利率为多少?

2. 假设某经济中消费函数为 $c=0.8(1-t)y$,税率 $t=0.25$,投资函数为 $i=900-50r$,政府购买 $g=800$,货币需求为 $L=0.25y-62.5r$,实际货币供给为 $\frac{m}{P}=500$,试求:(1)IS 曲线;(2)LM 曲线;(3)两个市场同时实现均衡时的利率与收入。

3. 假设一两部门经济由下述关系描述:消费函数 $c=100+0.8y$,投资函数 $i=150-6r$,货币需求函数 $L=0.2y-4r$,设 P 为价格水平,货币供给 $m=150$ (单位:亿美元,r 单位:%)。试根据所给条件计算:(1)总需求函数。(2)若 P

=1,均衡国民收入与利率各为多少?(3)若该经济的总供给函数为 $AS=800+1\,500P$,求均衡国民收入与价格水平。

4. 如果在一国经济当中,自发性消费 $\alpha=250$,边际消费倾向 $\beta=0.75$,$i=500$,$g=500$(单位:亿美元)。求:(1)均衡国民收入、消费、储蓄是多少?投资乘数是多少?(2)如果当时的实际产出(即国民收入)为 6 000,均衡国民收入将如何变化?为什么?(3)如果投资 i 是 r 的函数,为 $i=1\,250-50r$(r 单位:%);货币供给是价格水平的函数,为 $\dfrac{m}{P}=\dfrac{1\,000}{P}$,货币需求为国民收入 y 和利率 r 的函数,为 $L=0.5y-100r$。那么:①求价格水平 $P=1$ 时的 IS、LM 曲线及其均衡国民收入与利率。②在价格水平是变动的情况下,导出总需求曲线,并说明其含义。

第五章 货币主义、理性预期与供给学派

第一节 货币主义学派

一、货币主义与货币需求函数

早期的货币数量论大致可分为以费雪为代表的货币数量论和以马歇尔等人为代表的剑桥学派的数量论即现金余额说。弗里德曼是沿着剑桥方程式来重新表述他对货币数量论见解的。认为可以把剑桥方程式 $M=kPT=ky$ 看作是货币需求函数,其中 PT 是货币需求中的两个变量,而把 k 代表所有其他变量,因此,在数值上不能看作是一个常量,把 k 当作包含其他变量的函数。同早期的货币数量论一样,货币主义也承认货币数量在经济生活中起支配作用。区别在于货币主义的货币数量论认为货币供应量的变动,既影响物价水平的变动,也影响总产量或国民收入的变动。

凯恩斯主义并不否认货币的重要作用,认为"货币也重要",但他们更强调的是总需求,尤其是投资需求。而货币主义从现代货币数量论出发,得出的是"货币最重要"的结论,认为经济波动的直接原因是货币供应过快和无规则的变化。至于货币供应,弗里德曼认为货币供应基本上取决于货币制度,即由法律和货币当局决定货币量。

在弗里德曼看来,货币是债券、股票、商品的替代品,货币需求是个人拥有的财富及其他资产相对于货币预期回报率的函数。据此,弗里德曼将他的货币需求公式定义如下:

$$\left(\frac{M}{P}\right)^d = f(Y^P, r^m, r^b, r^e, \eta, \pi^e)$$

其中,$\left(\frac{M}{P}\right)^d$ 表示对真实货币余额的需求;Y^P 表示永久性收入,即理论上的

所有未来预期收入的折现值,也可成为长期平均收入;r^m 表示货币预期回报率;r^b 表示债券预期回报率;η 表示股票预期回报率;π^e 表示预期通货膨胀率。

在弗里德曼看来,货币需求主要取决于总财富,但总财富实际上是无法衡量的,只能用永久性收入而不是用不稳定的现期收入来代替。

对于 Y^p 而言,它是永久性收入,一般而言,随着收入的增加即财富的增加,货币需求增加。弗里德曼认为,人们永久性收入是稳定的,它是人们长期收入的平均预期值,在商业周期扩张阶段,人们的暂时性收入大于永久性收入。收入变动幅度平均来说是比较稳定的,趋于永久性收入,即永久性收入是稳定的。弗里德曼的永久性收入是由非人力财富和人力财富组成的。

永久性收入在弗里德曼的货币函数中起主导作用,在凯恩斯的消费函数中,消费是现期收入的函数,并用消费支出增量和现期收入增量的关系——边际消费倾向递减规律说明消费不足和短期经济波动。而根据永久性收入假说,即使现期收入增加,消费是按永久性收入而稳定变化的,与现期收入关系不大。同时,永久性收入假说的一个必然逻辑是既然收入与货币需求正相关,那么永久性收入的稳定性必然要求货币需求的稳定性,这就是弗里德曼"单一规则"的经济政策的理论基础。

相对而言,凯恩斯认为货币预期回报率是常量,而弗里德曼认为不是常量。当经济中利率上升时,银行可以从贷款中获得更多的利润,从而用更高的利率吸收存款,所以以银行存款形式持有货币回报率随着债券和贷款利率的上升而上升。弗里德曼这种观点意味着利率变动对货币需求影响极小,那么利率的变动在长期中对产量和就业的影响就小,这也使弗里德曼反对将变动利率作为政府调控经济的理论渊源。

取决于持有的商品价格上涨时预期通货膨胀率 π^e,它的值是稳定的。弗里德曼不同于凯恩斯之处之一是弗里德曼将货币和商品视为替代品,商品和货币互为替代品的假设表明,货币数量的变动可能对总产出产生影响。

所以弗里德曼的永久性收入是决定货币需求的主要因素,货币需求对利率不敏感,永久性收入的稳定导致了货币需求的稳定。

二、自然失业率假说

货币主义对当代宏观经济理论发展具有重要意义的另一贡献,是他们在分析劳动力市场失业时提出的自然失业率假说。

在古典经济学关于劳动力市场的供求模型里,当工资无法调整到使供求相等的水平时,就会出现失业,这一类失业为古典失业,也被称为自愿失业(因为工人不愿意降低自己的名义工资要求)。但是在凯恩斯宏观经济模型里,失业的主要原因在于有效需求的下降,因此经济的周期性波动是构成现代经济失业的主要原因,这一类失业被称为凯恩斯失业,或者是周期性失业。但是失业现象的复杂性在于经济周期过去之后,每个经济中总是存在一定比例的失业人口,这些失业并不随着经济的复苏和繁荣而消失。动态地看,尽管有部分失业人口经过一段时期以后能找到工作,但同时又会从就业人口中不断游离出新的失业人口,这一类失业往往是由经济发展过程中的产业结构变动所引起,产业结构的变动要求劳动力在不同部门之间转移。但是在现代经济中,生产技术高度发展,劳动力的专业化程度不断提高,使这种转移不可能一下子完成。因为,这种转移一方面要求信息的畅达,另一方面需要对转移出来的失业者进行培训,使之适应新的岗位。因此,在信息不十分完备、部门之间劳动力供求结构性差异较强、培训劳动力又需要成本的情况下任何经济都会存在一部分结构性的、摩擦性的失业。货币主义的代表人物弗里德曼把这一失业称之为自然失业,其占总劳动力的比例被称之为自然失业率。这种失业率的存在与劳动力市场和商品市场的实际结构性特征有关,也与市场信息不完全性、寻找工作的成本和劳动力的转移成本有关。

三、货币主义的基本观点

弗里德曼在《货币数量论——重新表述》一文中认为,货币数量说这个词语只是表示一项研究方法,而不是一个具有确定意义的理论的名称。它是关于货币需求的理论,而不是产出量或货币收入或价格水平的理论。在这篇论文中,弗里德曼在凯恩斯流动偏好函数基础上作了一些发展补充,建立自己的货币需求函数。

以弗里德曼为代表的货币主义的基本观点,可概括为以下几个命题:

1. 货币需求函数是一个稳定的函数,意指人们平均经常自愿在身边贮存的货币数量与决定它的为数不多的几个自变量(如人们的财富或收入、债券、股票等的预期收益率和预期的通货膨胀率等)之间,存在着一种稳定的并且可以借助统计方法加以估算的函数关系。弗里德曼还在 1963 年出版的《1867~1960 年美国货币史》(与 A. J. 施瓦茨合著)中估算出两个经验数据。其一是货币需求的利率弹性为 -0.15,即利率增(减)1%,人们对货币的需求量减少(增加)0.15%,于是认为利率的变化对货币流通速度的影响是微不足道的。另一个数据是货币的收入弹性为 1.8,即人们的收入增(减)1%,对货币的需求量增(减)1.8%,这就意味着从长期趋势来看,货币的收入流通速度将随着国民收入的增长而有递减的趋势。

2. 引起名义国民收入发生变化的主要(虽然不是唯一)原因,在于货币当局决定的货币供应量的变化。假如货币供应量的变化会引起货币流通速度的反方向变化,那么,货币供应量的变化对于物价和产量会产生什么影响,将是不确定的、无法预测的。弗里德曼突出强调货币需求函数是稳定的函数,正在于尽可能缩小货币流通速度发生变化的可能性及其对产量和物价可能产生的影响,以便在货币供应量与名义国民收入之间建立起一种确定的可以作出理论预测的因果关系。

3. 在短期内,货币供应量的变化主要影响产量,部分影响物价,但在长期内,产出量完全是由非货币因素(如劳动和资本的数量,资源和技术状况等)决定的,货币供应只决定物价水平。货币是微观经济学与宏观经济学分野的标志,有了货币,一切经济行为就大为不同。实际上,很难想象一张100元的人民币可以用来兑换各种商品,只是这个交易行为已经习以为常。而仔细深究起来,却非常可怕,因为这毕竟只是一张纸,但居然整个社会对此毫不怀疑地接受。这其中的关键还在于人们相信政府信誉。不过这一点实际上很脆弱,至少弗里德曼通过对货币史的研究告诉人们,政府的可信度并不高。或者说,政府并不是必要的。

4. 资本主义经济体系本质上是稳定的,只要让市场机制充分发挥其调节经济的作用,资本主义将能在一个可以接受的失业水平条件下稳定发展,凯恩斯主义调节经济的财政政策和货币政策不是减少了经济的不稳定,而是加强了经济的不稳定性。因此,弗里德曼强烈反对国家干预经济,主张实行一种"单一规则"的货币政策。这就是把货币存量作为唯一的政策工具,由政府公开宣布一个在长期内固定不变的货币增长率,这个增长率(如每年增加 3%~5%)应该是在保证物价水平稳定不变的条件下与预计的实际国民收入在长期内会有的平均增长率相一致。

四、货币主义的政策主张

(一) 如何选定货币政策目标

1. 不能把限制利息率作为政策的指南

凯恩斯是把限制利息率作为政策的目标。而弗里德曼认为,增加货币的供给,能在短期内降低利息率,但从长期来看,利息率是上升的。这是因为,由于利息率下降,刺激厂商投资和人们的支出,从而增加货币需求,导致货币供给的增加,使人们手中持有的货币量增加。其次,投资和支出增加,使人们的收入增加。因为厂商扩大投资,也就扩大了就业,就业增加,收入增加。一部分人的消费支出增加,也意味着一部分人的收入增加。由于人们的收入增加,使灵活偏好曲线向上移,即人们手中愿意持有更多的货币,货币需求增加。此外,收入的增加,对商品的需求增加,需求大于供给,造成物价的上涨。物价上涨,意味着人们的真实货币收入减少。由于这三方面的作用,人们对货币需求增加,使利息率倒转过来,即利息率上涨。同时,货币量增加,物价上涨,预期价格是上涨的。贷款的人为了不造成损失会提高利息率,而借款的人也乐意支付更高的利息率,价格预期作用会导致利率恶性上涨。所以,扩大货币量的供给,并不会控制住利息率,反而造成利息率的不断波动。因此,不能把控制利息率作为政策的指南。

2. 限制失业率不应作为政策目标

弗里德曼认为,由于存在自然失业率,即结构性失业和自愿失业。如果政府想把失业率控制在自然失业率之下,把限制失业率作为政府的目标,通过发行更多的货币扩大政府的支出,增加就业。这在短期内能有效,能够减少正常失业率,也就是说使部分自愿失业的人员就业。但从长期来看,这是不能解决问题的。因为随着货币的增加,物价必然上涨,而物价上涨,工人必然要求更多的工资,如果工资增加赶不上物价上涨的速度,自愿失业的人还是不愿提供更多的劳动,还是待业,也就是失业。由于工资和价格均具有刚性,宜升不宜降,这就形成工资和物价的循环上升,从而不断加深通货膨胀,即物价不断地普遍上涨。

3. 控制价格水平,也不应是政府的政策目标

弗里德曼认为,价格水平和货币之间的关系是间接而不是直接的。如果政府想控制价格水平,只有通过货币数量的变化来影响价格的变化。政府的货币政策与价格变化之间还有一个时延,这种时延在不同的情况下,其时间长短也不一样。这样,政府就很难判定通过货币数量的变化能在什么时间使价格水平也发生变化。把控制价格水平作为政策目标,就会引起政策执行者在扩大或收缩货币供应的流量时,难免出现判断上的错误,导致与愿望相反的效果,更加促成经济的不稳定性。

因此,弗里德曼认为不能把控制利息率、失业率、价格水平作为货币政策的目标,而应该以控制货币供应量为货币政策的目标。弗里德曼指出,无论从长期还是短期来看,货币供应和价格水平之间的关系是密切的。货币供应量增加,价格增加,货币供应量减少,价格下降。因此,按单位产量平均的货币存量变化,就会引起价格同方向变化。所以控制了货币存量,也就是说,控制了货币供应量,也就控制了价格水平。根据弗里德曼的统计,每次大的、主要的通货膨胀都伴随着货币供应量的急剧增加,每次大萧条也都是由于货币供应量急剧下降的结果。因此,弗里德曼强调,政府的货币政策目标应该放在控制货币供应量上。

(二) 对通货膨胀和滞胀问题的解释

货币主义强调通货膨胀是一种货币现象。弗里德曼认为,通货膨胀是由货币因素决定的,它表现为稳定的、持续的物价上涨。

弗里德曼是用货币数量论来解释通货膨胀的。他还用统计资料表明,美国每次通货膨胀都伴随着货币供应量的增加。在实行金本位制时,如果发行更多的货币,就必须有商品的增加,否则,一部分货币就会退出流通领域。在纸币流通的情况下,它的发行量由货币当局决定。这种纸币发行量过多,超过了商品量的增长率,也就是说,超过流通中所需要的货币量。纸币是不能兑换黄金或金币

的价值符号,不能退出流通领域。因此就会出现通货过多的现象,即通货膨胀。货币供应量增加得越快,通货膨胀也就越严重。所以弗里德曼把通货膨胀的原因,完全归结为货币存量增加过快而造成的。至于货币供给增加过快,弗里德曼认为原因在于政府支出增加。政府支出增加造成财政赤字,政府通过增加货币供给的办法以弥补赤字,从而造成了通货膨胀。另一方面,中央银行错误地把政策目标放在控制利息率上。当利息率增加时,中央银行就增加货币供应量来降低利息率;利息率下降时,中央银行就减少货币供应量来提高利息率。这样,造成了利息率和货币供给的经常波动,使人们对价格无法预期,加深了通货膨胀。

货币主义用自然失业率和价格预期来解释滞胀问题。弗里德曼认为,经济达到均衡时所出现的失业率为自然失业率,其大小决定于产业结构和劳动市场的信息。如果政府把政策放在减少失业率上,用货币量的增加来刺激就业,工人没有预见到他的实际收入在下降,他们愿意提供更多的劳动,也就是增加劳动供给;货币增加引起物价上涨,厂商也愿意增加投资,由此增加就业。但是从长期看,随着货币量的增加,引起价格上涨,工人实际工资恢复到原来的水平,甚至下降,而且由于人们对于价格的预期还不如价格上涨得快,就更不愿意提供更多的劳动,失业增加。所以货币的增加并不能扩大就业率,反而造成通货膨胀的不断加深,使物价持续上涨。失业加上通货膨胀,这就是人们所说的滞胀。

第二节 理性预期学派

预期是经济学中的一个重要概念。在预期理论的演进过程中,先后出现了静态预期、外推预期、适应性预期和理性预期等预期形成假设。本节从理解预期的一般性概念入手,回顾了预期理论的发展,重点考察了理性预期和理性预期的宏观经济模型。当把理性预期引入对社会总需求和总供给的分析之后,形成了卢卡斯总供给曲线(附加预期的总供给曲线)以及理性预期的宏观经济模型,依据此模型分析了价格水平和国民收入的决定,并得到了不同的政策含义。

一、预期理论的发展

在西方经济学的发展历史中,凯恩斯1936年《就业、利息和货币通论》的发表使预期与不确定性问题逐步进入经济研究的视野,而理性预期学派则使预期成为经济理论中重要的研究范畴。早期西方经济学文献中谈到的预期更多地相当于预测等概念,但早期经济学家已经看到了对未来判断的重要性以及预期对现实经济运行的影响。其中,瑞典学派的事前与事后分析对预期理论作出了很大的贡献。凯恩斯在西方经济学的发展中确立了预期在经济分析中的地位。凯恩斯集中了相当大的注意力来研究一般预期状态对经济活动水平的影响,他分析了不确定环境中的长期预期,指出长期预期的形成涉及未来事件的不确定性,并认为预期本身是不确定的,是一种难以把握的心理现象,这种心理活动与经济变量之间的关系也是不明确的。凯恩斯理论的深刻之处在于提出了预期的概念,但同时又指出了预期的不确定性,他认为,长期预期常常处于无理智的波动中。

理性预期学派把预期作为内生变量来处理,他们认为,理性预期是经济学基本假设的自然推广,因而与最大化假设相关;同时强调理性预期在分析宏观经济的微观基础时的重要性。

在经济学上,预期有狭义与广义之分。一般说来,狭义的预期,是指人们对未来商品市场价格波动的预测;广义的预期是指包括投资者、消费者等经济行为主体在做出行动决策之前对未来经济形势或某一经济变量所作的预测。作为一种心理现象和心理范畴,预期影响着经济主体的现实行为。

预期直接来源于未来的不确定性,正是由于未来的不确定性,人们才有必要对未来进行预期,以确定其经济决策。在市场价格变动的动态市场环境中,作为一个在市场经济中活动的经济行为者会对市场价格的变动趋势形成不同的预期,根据这种预期做出适当的经济决策,以实现其经济效益或效用的最大化。"在一个不确定的世界和历史的时间中,决策是事先做出的,结果是事后得到的。"

在预期理论的演进过程中,先后出现了静态预期、外推性预期、适应性预期和理性预期等预期形成假设。

(一) 静态预期

如果在 $t-1$ 期预期 t 期的价格,认为:

$$P_t^e = P_{t-1} \tag{5.1}$$

其中,P_{t-1} 为 $t-1$ 期的实际价格,P_t^e 为 $t-1$ 期预期的 t 期的价格。这种预期称为静态预期。我们在微观经济学中学习的蛛网模型中的价格预期就是静态预期,生产者认为,本期的实际成交价格就是下一期的预期价格,并据此进行生产。

静态预期最为简单,假定经济主体完全按照过去已经发生过的情况来估计或判断未来的经济形势,进行预期所获取的信息是关于过去的特定时期 $t-1$ 期的,行为主体仅仅考虑了经济变量前期特定方面的信息,其处理信息的方式也是建立在所有行为主体采用同样方式预期和忽略学习效应的基础之上。因而,预期经济变量水平等于经济变量前期水平,在预期中没有随机变量的扰动。

(二) 外推预期

外推预期是指对未来的预期不仅依据经济变量的过去水平,而且还应建立在经济变量的变化方向的基础上。这种预期不仅要依赖于经济变量过去已经达到的水平,而且还依赖于该经济变量所显示出来的变化方向或变化趋势。

以价格预期为例,如果预期 t 期的价格水平:

$$P_t^e = P_{t-1} + \alpha(P_{t-1} - P_{t-2}) \tag{5.2}$$

其中 α 称为预期系数,这种预期就是外推预期。它表明 t 时期的预期价格 P_t^e 等于前一时期的实际成交价格 P_{t-1} 加上(或减去)前两个时期的实际成交价格之差 $(P_{t-1} - P_{t-2})$。即生产者对未来的价格预期不仅应以价格的过去水平 P_{t-1} 为基础,而且还要考虑已经显示出来的价格变化的方向或趋势,即 $t-1$ 期的价格 P_{t-1} 与 $t-2$ 期的价格 P_{t-2} 的变动 $(P_{t-1} - P_{t-2})$。如果 $\alpha > 0$,则预期 t 时期的价格将大于 $t-1$ 时期的实际成交价格,以往的这种价格变化的趋势会继续下去;如果 $\alpha < 0$,则未来时期的价格将下降,价格变动的趋势发生逆转;而 $\alpha = 0$,则意味着 $P_t^e = P_{t-1}$,这就是静态预期。α 的值却决于人们的情绪,乐观的人预期价格上涨的趋势将继续下去,从而 $\alpha > 0$;悲观的人则认为价格上涨只是暂时的,从而 $\alpha < 0$。

在外推预期模型中,行为主体的价格预期是建立在 $t-1$ 期和 $t-2$ 期的价格水平基础之上。因而,在外推预期模型中,$t-1$ 期作出的供给决策是以 $t-1$ 和 $t-2$ 期的实际价格水平作为依据。t 期产品的供给量 Q_t^s 是被假设为前两期的价格 P_{t-1} 和 P_{t-2} 的函数。

在外推预期模型中,行为主体进行预期所获取的信息来源于经济变量过去的特定时期 $t-1$ 期和 $t-2$ 期的特定方面的信息,即仅仅考虑了过去的价格变动方向,通过引进预期系数 α,根据经济变量的变化方向,预测经济变量将要达到的水平。由于行为主体的乐观与悲观程度不同,从而会得到极不相同的预期价格值。

(三) 适应性预期

适应性预期是说经济主体会根据自己过去在作出预期决策时所犯错误的程度来修正在以后每一时期的预期。

同样的,如果预期 t 期的价格为:

$$P_t^e = P_{t-1} + \beta(P_{t-1} - P_{t-2}) \quad 0 < \beta < 1 \tag{5.3}$$

这里,P_t^e、P_{t-1}^e 分别是生产者在 $t-1$、$t-2$ 时期预期的 t 期、$t-1$ 期的产品价格,P_{t-1} 为 $t-1$ 期产品的实际成交价格,而 β 往往被称为适应系数或修正因子,它决定了预期对过去的误差进行修正的速度,这种预期就是适应性预期。

在适应性预期下，对 t 时期产品的价格预期等于对 $t-1$ 期产品的预期价格加上（或减去）$t-1$ 期所揭示的预期误差（$P_{t-1} - P^e_{t-1}$）的一定比例（β）。如果 $t-1$ 期的实际价格水平高于预期，则对本期的预期价格将基于对 $t-1$ 期的预期价格向上调整；如果实际 $t-1$ 期的实际价格水平低于预期，则对本期的预期价格水平将向下修正。在适应性预期条件下，对 t 期的价格预期 P^e_t 是对过去一系列价格的加权平均数，距离现在越远，权数呈几何递减，因而对当前预期价格形成的作用越来越小。

适应系数 β 反映了预期的修正速度。当 β 的值较低时，对 t 期的价格预期修正缓慢，$t-1$ 期的实际价格水平对它几乎没有影响；β 接近于 1，对 t 期的价格预期对 $t-1$ 期的实际价格反应就很迅速；当 $\beta=1$ 时，$P^e_t = P_{t-1}$，可以看出，静态预期是适应性预期的一个特例。很显然，相对于前两种预期的形成机制而言，适应性预期更加复杂，更为接近现实。

适应性预期是由美国经济学家卡甘（Cagan）在 1956 年提出的，后来由美国货币主义经济学家弗里德曼加以推广，成为其货币和通货膨胀理论的一个重要组成部分。其优点在于理论上简洁且易于运用，预期系数 β 的统计估计值也很容易得到。然而，适应性预期也存在着严重缺陷。这种预期机制完全是向后看的，它只是汇集了被预期变量的过去值，仅仅根据过去的经验来预测未来，完全忽略了当前存在的对未来预期可能产生影响的各种可得信息，例如政府的经济政策，因而当前可得的新信息无法在预期形成过程中发挥任何作用。这一点，在理论逻辑上首先是违背了经济分析的一个基本前提，即经济主体的行为是理性的。而且，预期形成机制中的权数是通过引进适应系数 β，呈现几何递减的滞后分布。越是过去的实际水平，所获分配的权数越小。尽管几何权数的优点能使预测变得容易，但不足以证实这种处理信息的方式有效地反映了客观实际。

不管是静态预期、外推预期还是适应性预期，都有一个共同的缺点，即人们只是凭借过去的经验对未来做出判断，没有充分利用与预期相关的其他变量所提供的有用信息，因此又被统称为非理性预期。约翰·穆斯（J. Muth）认为，这些预期是不合乎理性的，所以缺乏说服力。因为在任何经济社会里，人们的经济行为都会是合乎理性的，即他们会利用一切可以利用的资源来寻求最大的利益，包括可以利用的信息资源。上述预期都只是利用了过去的信息，而把当前的一切可供利用的信息和他们对政府政策效用的知识排除在预期形成机制之外，没有达到理性人的行事准则。这也导致了微观分析和宏观分析在内在逻辑上是不一致的。也就是说，在微观经济分析中假定经济主体的行为是理性的，会利用一切信息追求利益最大化，如生产者会在充分信息条件下追求利润最大化，消费者会在充分信息条件下追求效用最大化，而在宏观经济分析中考察通货膨胀、失业等问题时，却假定由各微观主体加总形成的宏观总体的行为是非理性的。

二、理性预期的宏观经济模型

(一) 理性预期

1. 理性预期的定义

所谓理性预期就是指经济当事人面对不确定的未来为避免风险或获得最大收益而运用过去和现在一切可获得的信息,对所关心的经济变量在未来的变动状况做出尽可能准确的预测。

理性预期这一概念最初是由约翰·穆斯于1961年提出的。穆斯指出,"为了完成动态经济模型,人们利用了各种预期公式。但是,没有什么证据可以表明,各种假设关系与经济运动的方式有相似之处"。穆斯认为,由于预期是对未来事件有依据的预测,所以它们在本质上与相关的经济理论的预测是一致的……我们把这种预期称为"理性的"。

仍以价格预期为例,根据理性预期,在 $t-1$ 期预期的 t 期的价格水平为:

$$P_t^e = E(P_t \mid I_{t-1}) = E(P_t) \tag{5.4}$$

式中,P_t^e 是在 $t-1$ 期预期的 t 期的价格水平,I_{t-1} 是在 $t-1$ 期所获的所有信息集合,$E(P_t \mid I_{t-1})$ 是 t 期的价格水平在 $t-1$ 期的信息集合条件下的数学期望。理性预期下的预期价格水平取决于 $t-1$ 期所得到的信息集合 I_{t-1}。

定义预期误差为 $\varepsilon_t = P_t - P_t^e = P_t - E(P_t \mid I_{t-1})$,则(5.4)式又可写为:

$$P_t^e = P_t + \varepsilon_t \tag{5.5}$$

根据理性预期的假设,$E(\varepsilon_t)=0$,即理性预期 P_t^e 是实际价格 P_t 的无偏估计,同时,预期 P_t^e 已充分利用了信息集 I_{t-1} 所提供的信息,过去的预期误差对预期 P_t^e 将不能提供任何有用的信息。

这表明,理性预期假说认为,经济主体会充分有效地利用所有可得的信息来形成一个无系统性偏误的预期。当然,理性预期并不意味着经济主体的主观预测必定与客观实际完全一致。所谓理性预期只是假定,经济主体根据 $t-1$ 时期获得的所有相关信息计算得到的数学期望值将是最好的预测,经济主体在 $t-1$ 时期形成其预期时已经没有任何可得信息可以系统地改善预期错误。如果理性预期之值与实际发生的数值不一致的话,那么这种预期误差只能来自于 $t-1$ 期无法预知的在 t 期发生的随机干扰,所以预期误差只能是随机的、不可改善的。

2. 理性预期学派的三大假说

在理性预期的基础上,理性预期学派提出了理性预期假说、货币中性假说和"自然率"假说。

理性预期假说认为经济主体都是理性人(rational man),而理性人在经济活动中必然会尽力去获得最充分的信息并有效地加以利用。他们在进行理性预期时总是主动的,所做出的决策也是明智的;他们总是寻求最优化目标,即在一定的技术水平和资源条件下,总是力求获得最大收益。这一假设认为人们在做出经济决策之前,由于有以往经验和知识作为参照,并能充分地掌握有关信息,因而他们会经过周密的思考和判断,形成符合实际的理性预期。

理性预期假设包含两方面的内容,一是假定消费者花钱的行为准则是从消费中换得的物品的效用最大化,而生产者以利润最大化为其行为准则。这一假说在理性预期学派看来,也就是一种经济政策是否成功,必须从微观经济学的角度考察该政策是否能增加社会成员的福利。二是所谓"完全预期"假设,也就是假定任何人在进行当前决策时对未来的预测,总是完全符合即将发生的实际情况。这是因为它假定单个经济人在形成预期是使用了一切有关的、可以获得的信息,并且对这些信息进行恰当的处理。信息应被视为一种可以用来参与配置获取最大收益的资源,因而预期需要以信息为依据。"理性预期假设"假定人们在预期形成过程中不仅能够充分掌握一切有用的和可以获得的信息,而且他们还善于按照理性的原则处理这些信息。除非发生非正常的扰动,否则人们可以对未来将要发生的事情做出正确的预测。

理性预期假说有强、弱两种形式。理性预期的强假说形式已由穆斯在其论文中提出。依据穆斯的强假说,人们对经济变量的主观预期将同这些变量的真正或客观数学条件期望相一致。人们实际上了解现实世界的模型结构,并利用这一结构形成他们的预期。穆斯指出,这一假说明确了三个问题:第一,信息是稀缺的,一般来说,经济制度没有浪费信息;第二,预期的方式特殊地依赖于有关的经济制度;第三,公众的预期对于经济制度的运行无重大的影响,公众的预期仅仅反映经济制度的运行趋势。理性预期的弱假说的主要含义是,在形成关于某一变量未来值得预期时,理性的人们在心目中会找到该变量的一些决定因素,会最有效地利用关于这些决定因素的所有可公开获得的信息。

理性预期理论中的预期是建立在行为主体的理性基础之上的,作为追求自身利益最大化的行为主体,不仅要有追求利益的理性的欲望,而且要有追求可能的最大利益的理性的能力。因此,预期是理性的经济主体在追求利益过程中欲望和能力的统一。理性预期理论中形成预期的信息来源于行为主体一切可能所得的信息,这些信息来源包括模型结构的知识、政策规则操作方面的行为信息和经济变量的过去实际水平,这些信息包含了被测变量自身和相关的方方面面的信息,而不仅仅是经济变量有关过去的特定方面的信息。在信息处理方面,经济变量的预期是内生的,预期的形成利用了经济系统运行相关的信息,这样避免了预期形成机制的随意性。理性预期理论对信息获取和处理的方式是基于其理论假设,即信息是稀缺的,信息不会被浪费,预期的形成方式依赖于模型的结构。

所谓货币中性,是指在货币市场上通过实际货币余额效应的作用,随着货币供给量的一定增加,相对应的均衡货币价格也将有同等比例的增加。在理性预期学派看来,只要存在理性预期,货币就是中性的。货币中性假说表明总产量和就业的实际水平与其自然率水平间差别的时间类型同包含对经济周期发展的系统反应的货币行动无关。如果货币数量的变化是规则的、可预期的,那么,它就只会影响名义产出和名义就业量,而对实际量不起作用。因此,规则的货币政策仅仅影响经济的名义变量,而不会或极少会对实际变量产生影响。这就否定了规则的货币政策对经济周期的调节作用。

而自然率假说是卢卡斯在承认"自然失业率"概念的基础上引入理性预期假说后提出的,卢卡斯认为,自然率范畴是与自然(产量、就业量等)水平相对应的概念。所谓自然水平是指在既定的微观经济结构中,私人经济单位根据对通货膨胀率的正确预期而产生的相应行为所形成的特定的总产量、总就业量或总失业水平。一个理性的经济主体会运用所有可支配的信息形成预期,除非在偶然的情况下,是不会发生失误的。这时,即使在短期内,菲利普斯曲线也不存在通货膨胀和失业之间的替代关系。卢卡斯进一步指出,菲利普斯曲线实际上隐含着这样一个意思,即实际产量对于其自然率水平的偏离,是与实际价格与预期价格成正比的。但对于具有理性预期能力的经济主体来说,他们凭借当时所得到的信息就可以预见一切与经济状况有系统关联的政策规则所产生的影响。从而,实际产量和就业量也就不可能偏离其自然率水平。根据"自然率"假说,理性预期学派指出,即使在短期内,政府的宏观经济政策也无法改变自然失业率,菲利普斯曲线(Philips Curve)始终是一条垂直线,无论在长期内或短期内该曲线上所谓的替换关系都不存在;任何旨在使产量、就业和物价水平超出自然率的企图都是徒劳的。

理性预期理论的出现引发了"理性预期革命",随着经济的发展,理性预期理论正发挥着越来越大的作用。然而,这一理论要求经济主体在形成预期时,不仅要了解所有相关变量过去的情况,还要了解"真实"的经济模型的结构参数,而且还要处理大量信息。这些是很不现实的,同时,理性预期理论并没有得到有力的经验证据的支持。对此,理性预期论者认为理性预期并不要求经济主体必须获得所有相关的信息。理性预期假说只是假定,作为追求效用最大化的理性人,经济主体将考虑收集信息和处理信息的成本,并与为此可获得的效益相比较,从而进行决策。换句话说,理性预期只是假定经济主体将最好地最有效地利用其可获得的信息,因而可把理性预期看作是成本—效益问题的最优解,或者说,理性预期是使利润极大化的预期。理性预期假说较优于适应性预期假说之处正是在于,前者考虑到形成预期时所有可获得的有用信息,并且把宏观经济问题的分析建立在微观分析的基本前提上,从而克服了适应性预期假说中宏观经济分析与微观经济分析内在的逻辑不一致或互相矛盾的缺点。

同时,理性预期论者认为,经济分析的理论分析所设定的前提从来是不现实的,因此经济主体具有完全的信息并且是精明的理性人这一假定并不能成为判断理性预期理论是否有效的标准,衡量一个理论是否有效,应该看该理论做出的预测能否为实践所证明。

(二) 理性预期的宏观经济模型

1. 理性预期的宏观经济模型

理性预期学派认为在没有政府干预和对外经济关系的情况下,社会总需求仍然由消费需求和投资需求构成,但理性预期学派将理性预期引入需求决定的分析,提出了前瞻性消费理论和投资理论,更加突出了对社会总需求的微观基础的分析。其社会总需求曲线仍然是一条向右下方倾斜的曲线。

同样,将理性预期引入对社会总供给的分析之后,理性预期学派修正了传统的社会总供给曲线,形成了附加预期变量的总供给曲线,即卢卡斯曲线。在此基础上,理性预期学派建立理性预期的宏观经济模型,分析了价格水平和国民收入的决定和变动问题。

假定经济最初处于自然率的均衡状态 A,该点是垂直线 Y_N、卢卡斯总供给曲线 ES_1 和总需求曲线 AD_1 的交点,此时理性预期下的价格水平 P^e 等于实际价格水平 P_1,即价格水平被完全预期到。

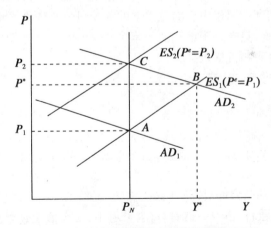

图 5-1 理性预期的宏观经济模型

假定由于某种意料中因素(例如政府实行了扩张性的货币政策)导致总需求曲线发生移动,由 AD_1 增加到 AD_2,与 ES_1 相交于 B 点,对应的价格水平为 P^*,国民收入水平为 Y^*。然而根据理性预期,B 点是不存在的。因为理性 经济主体的预期是理性的,所以经济主体在形成预期时会考虑到这个信息并完全预期到货币供给量的提高对一般价格水平、对总需求曲线的影响,他们对价格的预期

会相应地调整到 $P^e = P_2$，会预期到总需求曲线的移动，同时，货币工资在一个向上的价格预期下提高，使总供给曲线从 ES_1 移动到 ES_2，AD_2 与 ES_2 的交点 C 才是新的均衡点。此时，总产量仍为 Y_N，价格水平为 P_2，均衡点由 A 点沿垂直的长期总供给曲线移动到 C 点。也就是说，意料中的因素造成的总需求的移动只能导致价格水平的上升或下降，并不能导致整个经济的产出和就业量的变化。

如果这种货币供给量的增加是未预期到的变动（如政府在没有公布其货币政策或者违背货币政策的情况下，悄然增发了货币），这时拥有不完全信息的厂商和工人把一般价格水平上升的结果错误地当作相对价格的上升，他们做出的反应是增加产量和劳动供给。换句话说，厂商和工人把这些错误地看作是对他们产品和劳务需求的实际增长，从而增加产品和劳务的供给。在上图中，这种未预期到的变动使总需求曲线从 AD_1 移动到 AD_2。由于这种变动是随机性的，因此，经济主体并没有意识到总需求曲线已经移动到 AD_2，仍然以总需求曲线为 AD_1 这一基础来做出预期，即预期价格水平仍为 P_1，这样，总供给曲线仍然是 ES_1，从而 AD_2 与 ES_1 相交于 B 点，就决定了产量为 Y^*，价格水平为 P^*。此时的产量水平偏离了自然率水平 Y_N，这被认为是经济主体预期误差的结果。然而这种产量和就业偏离自然率水平的变化都只是暂时的，一旦经济主体意识到相对价格并没有变化，产量和就业又会回到自然率水平上去。即一旦经济主体充分调整了他们的预期，总供给曲线就从 ES_1 移动到 ES_2，与 AD_2 相交于 C 点。

总之，能预期到的因素引起的总需求的移动只能改变价格水平，而对实际产量和就业没有影响，只有未预期到的因素的变化所引起的总需求的移动才影响实际产量，当然也影响价格水平。

理性预期的宏观经济模型也可表示如下：

$$Y_t^d = \alpha - \gamma P_t \tag{5.6}$$

$$Y_t^s = Y_N + \beta(P_t - P_t^e) \tag{5.7}$$

$$Y_t^d = Y_t^s \tag{5.8}$$

(5.6)式是 t 期社会的总需求函数。它的含义是，t 期的社会总需求量 Y_t^d 是价格水平 P_t 的函数，价格水平越高，需求量越小。α 是政策或其他外部因素可以改变的参数，γ 是总需求量对价格水平的反应程度。在这一模型中，假定 α 与 γ 都是既定的外生变量。

(5.7)式称之为理性预期学派的总供给函数（卢卡斯总供给方程），它的含义是，t 期的总供给量 Y_t^s 是价格水平 P_t 和对 t 期的价格预期 P_t^e 的函数，而 Y_N 为充分就业时的产量，β 是供给量对价格的反应程度。在其他条件相同的情况下，P_t 与 P_t^e 的差距越大，即实际价格越是高于预期价格，产量就增加越多；P_t 与 P_t^e 的差距越小,即实际价格越是接近于预期价格,产量就增加越小。当实际价格与预期价格一致时,产量就是充分就业水平的产量。而当实际价格小于预期价格时,产量就小于充分就业的产量水平。

(5.8)式是均衡条件,在均衡时总供给和总需求相等。

结合图5-1,根据理性预期的宏观经济模型的三个方程式,分析理性预期条件下价格水平和国民收入的决定,同样可以得到与图形分析相同的结论:

当总需求曲线位于 AD_1 时,定义此时的 $\alpha=\alpha_0$;当总需求曲线变动到 AD_2 时,设此时的 $\alpha=\alpha_1$,则在初始状态 A 点(时期1,$t=1$),

$$Y_1 d = \alpha_0 - \gamma P_1$$

$$Y_1^s = Y_N + \beta(P_1 - P_1^e)$$

$$Y_1 d = Y_1^s$$

$$P_1^e = P_1$$

因此,此时的价格水平 $P_1 = \dfrac{\alpha_0 - Y_N}{\gamma}$,产量为 Y_N。

如果由于某种意料之中的冲击使总需求曲线从 AD_1 移动到 AD_2($t=2$),在理性预期条件下,经济主体正确的预期到 $P_2^e = P_2$,所以

$$Y_2^s = Y_N + \beta(P_2 - P_2^e) = Y_N$$

根据均衡条件(10.8),有 $Y_2^d = \alpha_1 - \gamma P_2 = Y_N$,

因此 $$P_2 = \dfrac{\alpha_1 - Y_N}{\gamma} \tag{5.9}$$

产量仍为 Y_N。

(5.9)式表明,当 γ 与 Y_N 既定时,α 的变动只影响 P。

如果这种变动是由于意料之外的冲击造成的而经济主体并没有预期到,则此时的预期价格仍然为 $P_2^e = P_1 = \dfrac{\alpha_0 - Y_N}{\gamma}$,则此时的理性预期的宏观经济模型为:

$$Y_2^d = \alpha_1 - \gamma P_2$$

$$Y_2^s = Y_N + \beta P_2 - P_2^e$$

$$Y_2^d = Y_2^s$$

从而均衡价格 P_2 为 $P_2 = \dfrac{\alpha_1 - Y_N}{\gamma + \beta} + \dfrac{\beta(\alpha_0 - Y_N)}{\gamma(\gamma + \beta)}$,均衡的产量($Y'$)为 $Y = Y_N +$

$\beta\frac{\alpha_1-\alpha_0}{\gamma+\beta}$。

可以看出,由于 γ 和 β 都是既定的外生变量,所以价格和产量的波动都是由于没有预期到的外生变量的变动($\alpha_1-\alpha_0$)所导致的。

对此的进一步学习还可以阅读华莱士和萨金特著《理性预期和经济政策原理》(1976)。

2. 理性预期的政策主张

基于以上的分析,理性预期学派认为如果经济主体的预期是理性预期,政府的宏观经济决策将失去作用,所以凯恩斯主义需求管理的宏观经济政策是无用的,这种政策干预的结果并不是改变了就业量和产量,而是引起了通货膨胀。

其原因在于,市场经济中的实际变量产量、就业量是由其自然率水平决定的,它对自己自然率的偏离则是由于预期价格与实际价格之间所出现的偏差引起的。换言之,人们之所以要增加或减少自己的产量或就业量,是因为他们把一般价格水平的变化当成了相对价格的变化。宏观经济政策要发生作用是以无法让人们预期到政策的变动为前提的,正是通过混淆人们的预期,造成公众判断失误,从而调整自己的实际变量而实现政府的政策目的,即政策必须是随机的。也就是说,宏观经济政策在本质上是靠突然袭击或欺骗公众才能产生效果,而在公众已经形成理性预期的情况下,他们会据此对政府政策和物价水平的变化做出正确的判断,并对未来可能发生的变化事先采取预防性措施,从而使政府的宏观经济政策失去作用的前提。

正如在分析菲利普斯曲线时所指出的,当失业增加时,工人们根据以往的经验和有关知识,可以判断出政府将要使用扩张性的经济政策来扩大就业,而这将会导致实际工资下降,于是,他们会在物价上涨之前就要求增加工资。雇主则不仅不会在物价上涨后增雇工人,他们甚至会在物价上涨之前就减少工人。这样,通货膨胀率与失业率的交替关系即使在短期内也不存在,宏观经济政策即使在短期内也无法奏效。卢卡斯指出,任何在公众预料之中的政策都很难对实际经济变量产生真正的影响。那些随机的、无规则的政策虽然有可能改变实际的产出或就业,但其实施的后果却会加剧整个经济系统的不稳定性,有违政府一贯坚持的"反周期"宗旨,因而也无法成为宏观经济政策的现实选择。

在此基础上,政府能做的应该是制定长期不变的政策规则,从而为公众确立稳定的行为规则,而不是采取某种相机抉择的政策。在简单、稳定的规则下,市场能够自行地解决它所遇到的问题,自动调节经济活动达到均衡,而这也是最有效率的,即成本最低的。它不仅能够从宏观上增加社会生产总量,而且能够从微观上增加社会成员的福利。政府唯一的政策目标应该是确立最理想的一般物价水平,是防止和减少通货膨胀,而不是同时解决失业和通货膨胀,更不应当是失业。通货膨胀和失业之间即使在短期也存在此消彼长的替代关系，由于理性预期的作用，提高货币供应量只能加剧通货膨胀，产出和就业并不会因此而增长；降低货币供应量，能缓解通货膨胀，却不一定会减少产出和就业。因此，政府应当公开明确地规定一种固定的货币供应量的年增长率，并应当实现财政预算平衡，这样物价就会稳定，失业也不会增加，产量也不会下降。

当然，必须指出，理性预期学派关于（需求管理）政策的无效性命题，是以市场出清、货币中性等假设为前提的。在理性预期的经济模型中，物价和工资是完全可变的，而且是迅速地发生变化的；总供给曲线除了暂时的误差表现为自左向右上升以外，总供求曲线是起自然率水平的一条垂直线。此外，理性预期学派的政策变量仅限于货币政策，并不包括财政政策。因此，当在模型中引入刚性价格、资本市场以及税收这些复杂情况后，就会得出不同的结果。

（三）卢卡斯曲线

理性预期学派在理性预期的基础上修正了传统的总供给曲线。他们同意劳动的供给和需求取决于实际工资（W/P）的观点，但强调，在考虑到人们的预期时，在决定实际工资时劳动供给方所依据的价格和劳动需求方所依据的价格并不一定相等。

劳动者所得到的工资只是货币工资（W）。要得到货币工资所代表的实际工资就要用价格去除货币工资。厂商在决定他所支付的实际工资时，也是用其产品的价格去除货币工资，只要劳动的边际产品大于他为获得这一劳动量所支付的成本（实际工资），他就要增加雇用的劳动量，直到劳动的边际产品与实际工资相等为止。相对于劳动者而言，厂商熟悉自己产品的价格和本行业产品的价格，全体厂商就相当于用实际存在的价格水平去计算实际工资，因此，在决定劳动需求时，计算实际工资的价格就是实际价格（P_t）。由于劳动者不清楚各行业的现行价格，劳动者整体只能用预期价格（P_t^e）来计算实际工资。如果预期的价格与实际价格一致，产量就会实现充分就业的水平。否则，就会与充分就业的产量水平相背离。

如果把影响厂商的实际价格水平和影响劳动者的预期价格水平的差别考虑在内，就可以推导出卢卡斯曲线，又称为附加预期变量的总供给曲线（expectation augment aggregate curve，ES）。对卢卡斯曲线的推导如下：

在图5-2中，(a)是劳动市场均衡图，该图反映了当预期价格不变时，实际价格变动而引起的劳动需求变动，以及劳动市场均衡的不同情况；(b)是总供给曲线图。

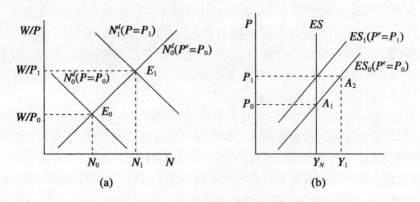

图 5-2 附加预期变量的总供给曲线

图 5-2(a)中,劳动者根据对由预期价格决定的实际工资决定提供多少劳动力,其劳动供给曲线用 N^s 来表示;而生产者根据由实际价格决定的实际工资决定雇用多少劳动力,其劳动需求曲线用 N^d 来表示。

假设劳动市场的初始均衡状态在 E_0 点,此时,实际价格水平为 P_0 且劳动者的预期价格 $P_e=P_0$,相应的劳动需求曲线、劳动供给曲线分别为 N_0^d、N_0^s。这时 N_0^d 与 N_0^s 的交点 E_0,决定了就业量为 N_0,代入总量生产函数后,相应的国民收入(总产出)为 Y_N。如果实际价格由 P_0 上升到 P_1,而预期价格不变,则劳动的供给曲线仍然为 N_0^s,劳动的需求增加,劳动的需求曲线上移到 N_1^d,这时 $P_1>P^e$,N_1^d 与 N_0^s 相交于 E_1,决定了就业量为 N_1,相应地决定了国民收入(总产出)为 Y_1。依次类推,当劳动者的预期价格不变而实际价格发生不同的变化时,劳动的供给曲线不变,需求曲线移动,从而决定了不同的就业量和国民收入(总产出),将这些不同价格水平国民收入的组合点连接起来,就得到了预期价格为 P_0 时的卢卡斯总供给曲线 ES_0,它表示当预期的价格水平为一定数值时,在不同的实际价格下所能提供的产量。当预期的价格与实际价格相等时所决定的产量为 Y_N,这时的产量就是充分就业的产量,即自然产量,通过 E_0 点的垂线 ES 就是预期为合乎理性的预期,从而预期价格与实际价格一致时的总供给曲线,这时处于充分就业状态。

可以看出,如果有不同的价格预期,则可以有不同的附加预期的总供给曲线。如在图 5-2(b)中的 ES_1 就是预期价格水平为 P_1 时的附加预期的总供给曲线,同样的,当预期价格与实际价格一致时,产量就达到了自然率水平。因此,无论有多少预期价格,只要预期价格与实际价格相等,总供给曲线就是垂直的 ES。

卢卡斯曲线的方程为:$Y_t^s = Y_N + \beta(P_t - P_t^e)$,式中,$Y_t^s$ 是当期的产量,P_t 为实际价格水平,P_t^e 是劳动者在 $t-1$ 期对 t 期的价格预期,而 Y_N 为充分就业时的产量,β 是供给量对价格的反应程度。

第三节 供给学派

一、坚持萨伊定律批评凯恩斯定律

供给学派(supply sides)是20世纪70年代中期兴起的学派。他们反对凯恩斯主义的需求管理，代之以供给管理，反对凯恩斯主义对经济的过多干涉，主张充分发挥市场机制的自动调节作用，以谋求社会经济的持续稳定增长。供给学派是一个比较保守的新自由主义派别。供给学派的奠基人是美国哈佛大学教授马丁·费尔德斯坦(Martin S. Feldstein)，主要核心人物是南加利福尼亚大学教授阿瑟·拉弗(Auther B. Laffer)，他以创立"拉弗曲线"而著名。代表人物还有财政部助理部长保罗·罗伯茨(Paul Graig Roberts)和诺尔曼·提尤耳(Norman Ture)等。供给学派内部又有以费尔德斯坦为代表的"温和派"和以拉弗为代表的"激进派"。下面介绍的是"激进派"的经济观点。

供应学派也是反对凯恩斯主义的。认为凯恩斯主义提出的"需求创造自己的供给"的定律只是一种特殊条件下的例外，不成其为规律。因为这一所谓定律是建立在认为社会存在着过剩的生产资源这一前提之上的，而这一前提是违背整个西方经济学的出发点——"稀缺性"原理的。在他们看来，即便社会存在闲置不用的生产资源，那也只是由于市场价格太高，造成供大于求的结果。如果价格机制能够充分发挥作用，这一现象就会消除。

因此，比较正确的规律应当是萨伊定律：即供给能够自动创造自己的需求，生产能够创造出产品购买力。总之，社会不会出现普遍和持久的购买力不足的问题。萨伊定律概括了古典经济学的理论，它强调供给是实际需求的唯一源泉。

二、强调供给效应忽视需求效应

供给学派十分重视研究政府宏观经济政策的供给效应，即它对资本形成和劳动供给所产生的影响。它包括税收的供给效应，转移支付的供给效应，货币政策的供给效应以及政府规章制度的供给效应等等。

凯恩斯主义注重的是政府税收的需求效应。认为减税时，总需求增加，从而引起就业水平和产量的增加；增税时，总需求下降，从而引起就业水平与产量的减少。供给学派的看法是减税时会增加总供给。原因是税率的降低，会提高人们工作、储蓄和投资的积极性，从而提高社会的收入水平，并且不致提高价格水平。在长期内，只要税率的降低是持久的，收入的增加也将是持久的。他们认为减税应具有增加需求和供给两方面的效应，但供给效应大于需求效应。反之，提高税率会产生不利的供给效应,因为税率的提高必然降低纳税后的工资率,纳税后的利润率和利息率。因此,又会减少劳动的供给和资本形成,减少总供给。供应学派认为,凯恩斯主义只注意到需求的增加对国民收入的刺激作用,而没有注意到这种政策对供给方面的破坏作用。

凯恩斯主义认为政府转移支付可产生需求效应,对经济起到自动稳定器的作用。与此相反,供给学派则认为这种转移支付会减少资源的供给,从而使产量和收入下降。

凯恩斯主义只注重货币政策的需求效应,认为货币的扩张性政策可刺激总需求,紧缩性政策可抑制总需求。与此相反,供给学派则重视货币政策的供给效应。他们认为采用凯恩斯主义的货币政策必然导致通货膨胀,导致资源分配不准确,使纳税人进入更高的税率档次,增加纳税负担,从而挫伤人们的工作、储蓄、投资的积极性,从而减少总供给。

最后,供应学派批评了凯恩斯主义需求管理的一系列规章制度。为了制订执行这些规章制度,使政策增加开支,为遵守这些规章制度,厂商增加了费用。这些规章制度还限制了厂商对技术和资源的有效利用。结果是投资下降,增长速度放慢,总供给减少。

三、拉弗曲线(Lafer curve)

所谓"拉弗曲线"是供给学派用来证明税率与税收量之间关系的分析工具,同时又是其经济政策的理论基础。该曲线由供给学派代表人物拉弗提出并由此命名的。

依照供应学派的观点,税率与税收量并不总是同方向运动的,有时可能恰恰相反。他们认为税收量(TR)是国民收入(Y)和税率(t)的函数,用公式表示就是:$TR=tY$。

如果税率降低的百分数小于由此而引起的国民收入增长的百分数,则税收量不仅不会减少,相反还会增加。这是因为边际税率的降低既可防止或减少逃税和漏税的发生,从而减少不向税务当局申报的地下经济,又能促进供给的增加和收入的增加,能够向政府缴纳更多的税收,这些方面都能够增加政府的税收量。

相反,如果实施较高的税率,人们就会设法偷税漏税,大搞地下经济,这样做反而会降低社会经济效率,减少政府的税收。

所谓"拉弗曲线"就是用以说明上述税率与税收量之间的关系的原理的。拉弗曲线的基本内容是:当税率为100%时,政府就无税可收了。因为既然无利可图,谁还愿意从事生产呢! 如果税率为零,或者说,没有税收,那也就没有政府。在这一曲线的两个极端之间存在一个最佳点,它表示按此税率将能得到期望的税收和期望的国民收入。

图 5-2 中,横坐标为税收,纵坐标为税率,阴影部分为表示税率增加后税收量减少的情况。在 E 点,税收与产量达到最大值,如果进一增加税率则税收量下降。所以,阴影部分为增税率的禁区。在 E 点上方的 A 点和 C 点,表示较高的税率和较低的税收。在 E 点下方的 B 点和 D 点,则表示较低的税率,但能使政府取得相同于 A 点的税收量。如果政府把税率从 A 点降至 C 点,其税收量随之增加,这与税率从 B 点增至 D 点的效果相同。这说明,政府的税收应有一个限度,过高的税率不一定有高税收,而较低的税率反倒有可能取得较高的税收。

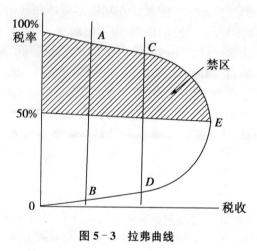

图 5-3　拉弗曲线

四、供给学派的政策主张

依据上述原理,供给学派提出了一套所谓"三减一稳"的政策建议,即减税、削减政府开支、减少限制性规章制度、稳定货币供给。

大幅度减税。这是供给学派政策主张的核心内容。供给学派认为产生"滞胀"的根源不是凯恩斯所讲的"需求不足",而是由凯恩斯主义的经济政策所引起的不利的供给,即"供给不足",其中主要的是"资本供给不足"。由于储蓄率太低,导致利息率的提高,从而引起投资不足,生产萎缩,失业增多,总之,引起了经济的"停滞";另一方面,政府一味扩大总需求,使财政赤字增大,货币发行过多,从而造成供给小于需求所造成的通货膨胀。"滞胀"就是上述两方面原因的共同结果。那么,是什么原因造成储蓄与投资率太低呢?原因就在于政府对私人和企业征税的税率过高,处在拉弗曲线的"禁区",它必然会减弱人们对工作、储蓄和投资的积极性,所以,解决滞胀问题的最好办法是减税。从短期供给效应看,可以增加私人收入和企业利润,提高私人和企业的工作、储蓄和投资的积极性,增加劳动的供给,增加投资和储蓄,从而解决"滞"的问题;从长期看,减税虽暂时使政府税收减少,但它有利于生产,生产发展了,税源和税收面增加了,税收量会随之增加。这会有利于消除财政赤字和抑制通货膨胀。由此可见,减税是医治"滞胀"的最好办法。

应当指出,凯恩斯主义与供给学派所主张的经济政策都有减税的措施。不同的是凯恩斯主义从税收的需求效应出发,主张降低个人所得税的平均税率,用以刺激低收入者消费需求。供给学派从减税的供给效应出发,主张降低个人所得税的边际税率,用以刺激高收入者的投资供给。此外供给学派的减税措施不是凯恩斯主义所主张的根据经济风向与增税交替使用的那种暂时的减税,而是主张大规模的持久的减税。供给学派猛烈攻击累进所得税制的高税率,特别是对每一收入增高部分所征的更高的税率,即边际税率。

削减政府开支。这是供给学派的另一个政策主张。其削减的对象主要是转移支付而不是政府购买。具体说不是指政府的军费开支而是指社会福利费用。他们认为社会福利制度一方面增加政府的支出,从而增加税收,导致不利的供给效应;另一方面会助长对政府的依赖思想,减少劳动供给。比如失业救济会造成更多的自愿失业,社会劳动保险会导致小病大养,家庭困难补助会促使无父家庭的增多。结论是,社会福利越多,穷人愈多。所以,要大幅度削减政府的福利开支。

减少政府限制性的规章、条例,实行企业自由经营。供给学派认为,要促进生产增长,一个重要的方面就是充分发挥企业家的创造性和冒险精神,实行企业自由经营。但是,当前政府限制性规章条例太多。企业为应付这些条例要付出数千亿美元的非生产投资,这会加重企业的负担,增大生产成本,挤占企业对科研和更新设备的生产投资,妨碍生产率的提高,削弱竞争能力,造成生产停滞或下降。因此,他们主张废除一些不必要的限制性的规章条例,使企业能从繁多的条例中解脱出来,发挥生产和投资的积极性。

稳定币值,恢复金本位制。在货币理论和货币政策方面,供应学派的观点与货币主义基本相同,自称是"货币主义者"。他们认为反通货膨胀的紧缩性货币政策会产生不利的供给效应。结果反而引起通货膨胀,因为货币供给量的下降会导致利息率上升、投资减少,最终减少产量,供给下降。与此同时,由于供给小于需求而使物价上涨,通货膨胀。相反,适当的货币供给有着积极的供给效应,它促使利率下降,投资增加,最后导致供给上升。因此,要稳定币值,应在财政政策方面实行减税的同时,在货币政策的实施上应适当增加货币供给量,使货币供给量的增长率与经济增长率保持一致。但在如何控制货币供给量增长问题上供应学派又不同于货币主义,货币主义者认为,货币当局应当严格控制货币供给量的增长,使之适应经济增长的需要。供给学派则认为,货币当局不可能控制货币供给量。因为:首先,大公司、大银行和私人发明了各种各样可作为流通手段的信用工具，以致使人们无法确定货币的定义是什么，按狭义的货币概念进行统计的货币供给增长率可能是下降的，但实际货币数量可能并未减少，甚至反而是上升的；其次，在经济国际化条件下，一国是难以单独控制货币供给量的；再次，货币当局往往是任意地、无根据地确定货币增长率，有时甚至是在政治压力下管理货币。为此，供给学派主张恢复金本位制。他们认为，恢复金本位制，才能使货币当局对货币的发行或控制有所依据，从而保证货币供给量稳定增长，以适应经济增长的需要。同时，还可以消除通货膨胀在人们心理上的影响，重建人们对货币的信心，保证货币、币值和购买力，促使物价稳定，利率下降，保证社会供给的增长。他们认为，在恢复金本位制之前，是不可能制订出真正的反通货膨胀政策的。

以上我们分别论述了20世纪70年代以来三个影响较大的新古典主义的经济学流派：货币主义学派、理性预期学派和供给学派。这三个学派的共同点是反对凯恩斯主义，提倡新自由主义。其理论上的共同前提就是历史上已被事实所否定了的萨伊定律。

从表面看，萨伊定律强调的似乎是供给对需求的决定性作用。但究其实质，它不过是一个流通领域中的供求关系的"销售论"。资产阶级庸俗经济学的创始人萨伊及其后继者，都只注意流通领域而不注意或者有意避开生产领域的经济关系的作用。由此，萨伊及其追随者所阐述的仅仅是资本主义经济的表面现象，对资本主义生产领域的人与人之间的生产关系隐晦莫测，避而不谈。所以，萨伊不可能也无法深入分析资本主义经济，萨伊定律无法解释资本主义的经济危机的原因。这样，英国资产阶级经济学家凯恩斯掀起一场"凯恩斯革命"，提出了"凯恩斯定律"用以代替萨伊定律。凯恩斯从一个极端走到另一极端，认为需求可以自动创造自己的需求。如果讲萨伊定律讲供给决定需求多少还有点意义的话，那么凯恩斯则已把生产决定消费的常识彻底颠倒过来了。同样地，凯恩斯主义不仅不能解决资本主义的经济危机，反而推波助澜，使得本质上是无政府主义的混乱的自由主义的资本主义经济更加混乱，甚至出现了违背资本主义经济学一般原理的"经济滞胀"现象。这种局面使得西方经济学家大伤脑筋，不得不再次回到萨伊定律。这些号称"新自由主义"或者"新古典主义"的经济学家似乎已经忘记了资本主义经济危机的历史是如何导致萨伊定律垮台的，而幻想通过萨伊定律的重新解释来解决"滞胀"问题，甚至幻想通过一只看不见的手，使得资本主义宏观经济运行走向自动的稳定。这就产生了对凯恩斯的"反革命"，产生了新古典主义经济思想。

凯恩斯主义者对萨伊定律非难的理由是荒谬的，然而新古典主义则以更加荒谬的理由宣扬萨伊定律。首先，从萨伊定律的直接翻版"自然率假说"看，萨伊定律认为资本主义无危机，只要社会遵循一只看不见手的作用，社会产品市场、资本货币市场、劳动市场均可自发地实现平衡,如果市场出现不平衡的现象,那也是偶然的、暂时的,甚或是社会自愿的(比如劳动市场上的"自愿失业")。从"自然率假说"看,这一理论把社会存在的失业统统归纳结为"自愿的""摩擦性"的失业,这样资本主义经济就不存在危机,不存在失业现象了,因为人们的心理自愿如此。更令人惊异的是,新古典主义者还以"合理预期"的原理去证明,人们这种"自愿行为"产生于人们的"理性行为"。这表明新古典主义为了鼓吹新自由主义的观点,已不顾任何经济运转的实际情况。这种理论的荒谬性在于其结论比起萨伊定律有过之而无不及。其次,从新古典主义的货币理论看,这也是传统的庸俗的货币数量论的翻版。与传统的货币数量论相比,新货币数量论的公式中增添了一些更加圆通的经济变量,这使得新货币主义者可以较容易地与反对者辩论,但并未改变其货币数量论的本质。新货币主义看到的仅仅是流通领域的货币现象,而没有看到货币运动背后的本质。马克思指出,是商品流通决定货币流通而不是货币流通决定商品流通,任何货币问题的根本解决,都不能离开生产领域的决定性作用。但是新古典主义都幻想脱离生产来谈货币流通问题,他们希望通过货币供给量的一成不变的控制,一劳永逸地起到经济的自动稳定的作用。这也是脱离资本主义实际的,所以货币主义者拿不出具体解决货币问题的办法,而是盲目迷信货币的自发作用。所以对于货币主义者的这种空想,资产阶级政府的决策者们是不能遵奉为指导思想而彻底放弃对社会经济的管理的。

新古典主义经济学尽管从整体上看是资本主义腐朽文化的一种表现,在总体上毫无可取之处。但是这些经济分析的目的是为了医治资本主义的经济病体,因此在治标的许多方法中,仍有一些能反映现代大商品经济条件下可资借鉴的东西。比如,货币主义所强调的抓住货币,放开市场的主张,在生产资料公有制条件下,对于搞活经济是有借鉴作用的。供应学派强调增加供给,解决短缺的主张对我们如何解决供给问题提供了一条思路。合理预期这一概念则给了我们这样一个启示,即社会主义国家在制订和执行有关经济政策时,应当考虑到社会理性预期的影响,国家制订政策执行政策要保持稳定,要取信于民。总之,上述这些局部的、个别的经济观点、政策主张可以为我所用,在运用过程中,还要注意各种技术性工具适用的前提条件及其变化,避免因运用不当而酿成社会主义经济的不必要的损失。

本章参考文献

1. 斯蒂格利茨:《经济学》,中国人民大学出版社,1997
2. 霍尔,泰勒等:《宏观经济学——理论、运行和政策》,中国经济出版社,1988
3. 曼昆:《经济学原理》,北京大学出版社,1999

4. 刘厚俊：《现代西方经济学原理》，南京大学出版社，2002
5. 厉以宁，秦宛顺等：《现代西方经济学概论》，北京大学出版社，1985

问题与练习

1. 名词解释：

永久收入；自然失业率；通货膨胀；滞涨；理性预期；适应性预期；卢卡斯曲线。

2. 货币主义学派的基本观点有哪些？
3. 货币主义学派的政策主张对我国有哪些启示？
4. 解释理性预期学派的三大假说。
5. 供给学派的基本观点和主张有哪些？

第六章 总需求—总供给模型

短期经济波动是宏观经济理论的永恒话题,也是宏观经济政策制定者十分关注的问题。本章将建立一个简单的总需求和总供给模型来分析宏观经济的短期波动与均衡,这个模型是本章以后各章分析的基础和概括。

第一节 总需求曲线

总需求模型表示产品市场和货币市场同时达到均衡时的价格水平与产出水平的组合,是新古典综合派对凯恩斯理论与新古典理论和货币理论又一新的综合,同时在一定意义上还体现了凯恩斯学派与货币学派、供给学派的大融合。

凯恩斯在对总需求分析时,有三点重要的假定:(1)总供给不变。假定各种资源没有得到充分的利用,总供给曲线处于水平线的区域,总需求的增加可以引起均衡国民收入上升,即总供给可以适应总需求的增加而增加(也就是不考虑总供给对国民收入决定的影响)。(2)潜在的国民收入,即充分就业时的国民收入不变。(3)价格水平既定。

凯恩斯所认为的总需求是一种需求与国民收入的变动,这就是现在总需求模型的雏形,但它仅仅是从产品市场来考虑了总需求。而在传统的简单的货币数量论模型,则从货币市场的角度考察了总需求,并建立了描述货币供求相等的均衡方程。现代货币数量论据此认为,货币供应量的变动将直接影响名义国民收入水平的变动。

在这些总需求模型中,有一个强有力的假定就是一般物价水平不变。这在凯恩斯提出问题的 20 世纪 30 年代或许是合理的,然而自从 60 年代后期以来,一般物价水平上涨已经成为一种经常的现象,若再继续假定价格水平不变就有脱离现实之嫌了。于是,随后的新古典综合派将上述两派的理论加以综合,提出理论模型中把物价变动考虑在内,建立了新的总供给—总需求模型。

一、总需求和总需求曲线

总需求(aggregate demand)是指社会在一定价格水平下所愿意购买的产品和服务的总量,也就是对国内生产总值的需求。因此,总需求反映了价格水平和总需求量之间的关系。

按照总需求的定义,用 AD 代表总需求,总需求由以下四个部分构成:

$$AD = C + I + G + NX$$

其中 C 代表消费需求,是指国内居民对产品和服务的需求;I 代表投资需求,是指企业购买资本品的需求;G 表示政府需求,是指政府采购产品和服务的需求;NX 代表净出口需求,是指外国购买本国产品和服务的净需求。总需求的四个构成部分实际上也是总支出的四个部分。

总需求函数是指为产量(收入)和价格水平之间的关系,它表示在某个特定的价格水平下,经济社会需要多少产出(收入)。在价格水平为纵坐标,产出水平为横坐标的坐标系中,总需求函数的几何表示被称为总需求曲线。总需求曲线描述了与每一价格水平相对应的均衡的支出或收入,因此,总需求曲线可以从简单的收入—支出模型中推导出来。

为了理解如何从简单收入决定理论中推导出总需求曲线,需要先分析一下价格水平的变化如何导致总支出水平的变化。这里以价格水平上升为例加以说明。首先,价格水平上升,将导致利率上升,进而导致投资和总支出水平下降。价格水平上升时,人们需要更多的货币从事交易。从通常的意义上看,价格水平越高,商品和劳务越贵,所需交易的现金就越多,支票的金额就越大。可见货币的名义需求是价格水平的增函数。如果货币供给没有变化,价格上升使货币需求增加时,利率就会上升。利率上升,使投资水平下降,因而总支出水平和收入水平下降。其次,价格水平上升,使人们所持有的货币及其他以货币固定价值的资产的实际价值降低,人们会变得相对贫穷,于是人们的消费水平就相应地减少。再次,价格水平上升,会使人们的名义收入增加,名义收入增加会使人们进入更高的纳税档次,从而使人们的税负增加,可支配收入下降,进而使人们的消费水平下降。总之,价格水平上升,将导致总支出水平下降。

根据简单收入决定模型推导总需求曲线的方法可以有两种。

一是直接从 45°线模型中导出。

如图 6-1 所示。图中,当价格水平为 P_0 时,均衡的总支出或收入为 y_0,于是在(b)图中就得到与价格 P_0 相对应的 y_0,即(b)图中的 A 点。A 点即为总需求曲线上的一点。当价格水平发生变动,例如从 P_0 上升到 P_1 时,根据上述说明,在构成总支出的其他因素不发生变动的情况下,价格上升将导致消费支出和投资支出下降,从而使总支出水平下降,表现在(a)图中,总支出从 AE_0 下降到 AE_1,从而使均衡的收入从 y_0 下降为 y_1,于是又得到了(b)图中的 B 点,B 点亦为总需求曲线上的一点。将 A、B 等这类的点用曲线连接起来,便得到(b)图中的总需求曲线 AD。

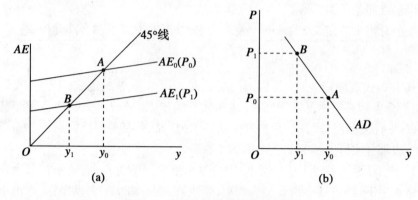

图 6-1 从 45°线模型推导 AD 曲线

从(b)图中可以看出,总需求曲线是向右下方倾斜的,价格水平越高,需求量或者说均衡总支出水平越低。

二是从 $IS-LM$ 图形中导出。

首先,由于总需求函数一般同产品市场与货币市场有关,所以可以从产品市场与货币市场的同时均衡中得到总需求函数。以两部门的经济为例,这时 IS 曲线的方程为:

$$s(y) = i(r) \tag{6.1}$$

LM 曲线的方程为:

$$M/D = L_1(y) + L_2(r) \tag{6.2}$$

在上面两个方程中,如果把 y 和 r 当做未知数,而把其他变量,特别是 P 当做参数来对这两个方程联立求解,则所求得的 y 的解式一般包含 P 这一变量。该解式表示了不同价格(P)与不同的总需求量(y)之间的函数关系,即总需求函数。

在上述情况下,总需求曲线反映的是产品市场和货币市场同时处于均衡价格水平和产出水平的关系。在 $IS-LM$ 模型中,一般价格水平被假定为是一个常数。在价格水平固定不变且货币供给为已知时,IS 曲线和 LM 曲线的交点决定均衡的收入(产量)水平。因此,总需求曲线可以从 $IS-LM$ 图形中求取。

图 6-2 说明了怎样根据 $IS-LM$ 图形推导总需求曲线。

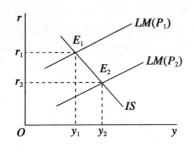 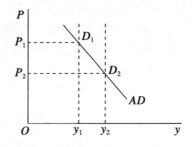

图 6-2　根据 IS-LM 图形推导总需求曲线

图 6-2 分上下两个部分。上图为 IS-LM 图。下图表示价格水平和需求总量之间的关系，即总需求曲线。当价格 P 的数值为 P_1 时，此时的 LM 曲线 $LM(P_1)$ 与 IS 曲线相交于 E_1，E_1 点所表示的国民收入和利率顺次为 y_1 和 r_1。将 P_1 和 y_1 标在下图中便得到总需求曲线上的一点 D_1。现在，假设 P 由 P_1 下降到 P_2。由于 P 的下降，LM 曲线移动到 $LM(P_2)$ 的位置，它与 IS 曲线的交点为 E_2。E_2 点所表示的收入和利率顺次为 y_2 和 r_2。对应于上图的点 E_2，又可在下图中找到 D_2。按照同样的程序，随着 P 的变化，LM 曲线和 IS 曲线可以有许多交点，每一个交点都标志着一个特定的 y 和 r。于是就有许多 P 与 y 的组合，从而构成了下图中的一系列点。把这些点连在一起所得到的曲线便是总需求曲线 AD。

应指出的是，价格水平的变化，对 IS 曲线的位置没有影响。这是因为，决定 IS 曲线的变量被假定是实际量，而不是随价格变化而变动的的名义量。

我们可以用总需求曲线 AD 来表示总价格水平和总需求量之间的关系，如图 6-3 所示。从图中可以发现，总需求曲线向下方倾斜，表示随着价格水平的提高，人们愿意购买的商品总量不断下降；随着价格水平的下降，人们愿意购买的商品总量则不断上升，这一性质和我们在微观经济学中讨论的需求规律相同。但在微观经济学中，我们分析是单个市场的情况，比方说，当猪肉的价格上涨时，牛肉变得相对便宜，消费者就会用牛肉来替代猪肉，从而减少对猪肉的需求量，因而对猪肉的需求曲线是向下倾斜的，在宏观经济领域，这种个别产品间的替代效应已经失去意义。因为，当价格水平发生变动时，产品间的替代效应意味着一种商品需求量的增加势必带来另一种商品需求量的减少，社会需求总量仍然没有发生变化，而仅仅是消费者的需求结构发生了变化。而宏观经济学考察的是商品总需求量的变化，并不是单个商品需求量的变化。那么，是什么原因导致了向下倾斜的总需求曲线？

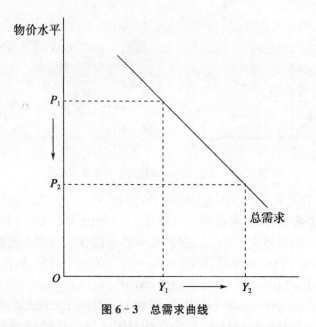

图 6-3　总需求曲线

这就必须考察物价水平是如何影响用于消费、投资和净出口的物品和劳务的求量的。这种影响主要表现在财富效应、利率效应和汇率效应三方面：

（一）物价水平与消费：财富效应（wealth effect）

物价水平下降提高了货币的真实价值，并使消费者变得相对富有，鼓励他们更多地支出。消费者支出增加意味着物品与劳务需求量更大。相反，物价水平上升使人们所持有的货币及其他以货币固定价值的资产的实际价值降低，人们变得相对贫穷，于是人们的消费水平就相应的减少，消费者支出以及物品和劳务的需求量也会减少。

（二）物价水平与投资：利率效应（interest effect）

物价水平是货币需求量的一个决定因素。物价水平降低，家庭为了购买他们想要的物品与劳务需要持有的货币就越少。因此，当物价水平下降时，家庭会通过把一些钱借出去试图减少货币持有量。在这种情况下，由于家庭试图把自己的一些货币换为有利息的资产，因此利率会下降。利率反过来又影响对物品与劳务的支出。由于低利率是借款变得便宜，这就鼓励企业更多地贷款并投资于新工厂和设备，也鼓励家庭借更多的钱，投资于新房。因此，利率增加了物品与劳务的需求量。而价格水平上升，将导致利率上升，进而导致投资和总支出水平下降。价格水平上升时，人们需要更多的货币从事交易。

从通常意义上，价格水平越高，商品和劳务越贵，所需交易的现金就越多，支票的金额就越大。如果货币供给没有变化，价格上升时货币需求增加时，利率就会上升，利率上升，使投资水平下降，因而总支出水平和收入下降。

总之,物价水平下降降低了利率,鼓励更多地用于投资品的支出,从而增加了物品与劳务需求量。相反,物价水平上升提高了利率,减少了投资支出和物品与劳务需求量。利率效应同样也会导致总需求曲线向右下倾斜。

(三) 物价与净出口:汇率效应

汇率是本国货币相对于外国货币的价格。经济学上讲汇率分为名义汇率和实际汇率。名义汇率是指两国间货币的相对比价。实际汇率是指两国间商品的相对价格。实际汇率的计算公式为:

$$实际汇率 = \frac{名义汇率 \times 本国商品价格}{外国商品价格}$$

从公式可以看出,汇率上升意味着本国商品的相对价格上升,外国商品相对价格下降,本国人将扩大对进口的需求,而外国人减少对出口的需求,于是本国将出口减少;汇率下降的作用相反。

真实汇率的变动,导致每一美元购买的外国通货单位减少了,外国物品相对于本国物品变得昂贵了。相对价格变动反过来又影响物品与劳务支出,既影响国内的,也影响国外的。由于外国物品现在变得昂贵了,本国向其他国家购买的东西就少了,这引起本国物品与劳务的进口减少。同时,本国物品现在变得便宜了,外国向本国购买的物品就多了,因此,本国的出口增加。净出口等于出口减进口,因此,这两种变动都引起本国的净出口增加。这样,实际汇率的下降引起了物品与劳务的需求量增加。

总之,当本国物价水平下降引起本国利率下降时,本国货币在外汇市场上的真实价值下降了,而且这种贬值刺激了本国的净出口,从而增加了物品与劳务需求量。相反,当本国物价水上升并引起美国利率上升时,本国货币的真实价值就会上升。而且这种升值减少了本国的净出口以及物品和劳务需求量。

二、总需求曲线的移动

总需求曲线向右下方倾斜表明物价水平下降增加了物品与劳务的总需求量。但是,许多其他因素也会影响物价水平既定时的物品与劳务的需求量。当这些因素中的一种因素变动时,总需求曲线就会移动。从宏观经济的角度来看,造成总需求曲线移动的主要因素有以下几方面。我们用图 6-4 来说明。在图中横轴为产出 Y,纵轴为价格 P,AD_0、AD_1、AD_2 分别代表不同的总需求曲线:

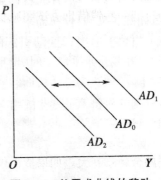

图 6-4 总需求曲线的移动

(一) 消费变动引起的移动

在物价水平既定时,消费减少引起物品和劳务的需求量减少,所以总需求曲线向左方移动,由 AD_0 左移到 AD_2。相反,消费支出增加引起物品和劳务的需求量增加,总需求曲线向右移动,AD_0 右移到 AD_1。具有这种效应的政策变量之一是政府的税收水平。当政府减税时,它鼓励人们更多的支出,因此总需求曲线向右移动,AD_0 右移到 AD_1。当政府增税时,人们削减支出,因此总需求曲线向左移动,AD_0 左移到 AD_2。

(二) 投资变动引起的移动

任何一个改变企业在物价水平既定时想投资多少的时间也都会使总需求曲线移动。如果企业对未来经济持乐观态度,企业就会加大投资,那么在物价水平既定时的物品与劳务的需求量增加,总需求曲线向右移动,AD_0 右移到 AD_1。相反,企业对未来经济状况持悲观态度,他们就会削减投资支出,总需求曲线向左移动,AD_0 左移到 AD_2。

(三) 税收政策引起的变动

税收政策也可以通过投资影响总需求,投资税收优惠增加了企业在利率既定时需求的投资品数量。因此,投资税收优惠使总需求曲线向右移动,AD_0 右移到 AD_1。相反,投资税收优惠的取消减少了投资,使总需求曲线向左移动,AD_0 左移到 AD_2。

(四) 货币供给引起的变动

货币供给也是影响投资和总需求的另一个政策变量,短期中货币供给增加降低了利率,这使得借款成本减少,借款成本减少有刺激了投资支出,从而使总需求曲线向右移动,AD_0 右移到 AD_1。相反,货币供给减少提高了利率,抑制了投资支出,从而使总需求曲线向左移动,AD_0 左移到 AD_2。

(五) 政府购买变动引起的移动

政府对物品和劳务购买的增加(增加对国防或高速公路建设的支出)使总需求曲线向右移动,AD_0 右移到 AD_1。政府对物品与劳务的减少(削减国防或高速公路建设支出)使总需求曲线向左移动,AD_0 左移到 AD_2。

(六) 净出口变动引起的移动

在物价水平既定时,增加净出口支出的事件(国外经济繁荣、投机引起的汇率下降)使需求曲线向右移动,AD_0 右移到 AD_1。相反,减少净出口支出的事件(国外经济衰退、投机引起的汇率上升)使总需求曲线向左移动,AD_0 左移到 AD_2。

第二节 总供给曲线

一、总供给曲线和生产函数

（一）总供给函数与总供给曲线

总供给是指在任一价格水平下，企业所愿意提供的产品和服务的总量（或总产出），它描述了经济社会的基本资源用于生产时可能有的产量。一般而言，总供给主要是由劳动力、生产性资本存量和技术决定的，生产函数就是宏观经济学用于描述总产出与劳动、资本和技术之间的一个合适的工具。因此，总供给函数反映的就是总产量与一般价格水平之间的关系。总供给函数的几何表示即为总供给曲线，总供给曲线就是价格水平和总供给量之间关系的直观反映。

与总是向右下方倾斜的总需求曲线不同，总供给曲线的走势取决于所考察的时间长短。在长期中，总供给曲线是垂直的；而在短期中，总供给曲线向右下方倾斜。

（二）长期和短期在总供给分析中的含义

按照西方经济学的区分标准，长期是指资本存量、人口、生产技术以及一切生产要素都可以改变的情况；而在短期中，除了可变的生产要素以外，其他的因素（如资本存量、人口、生产技术等）均保持不变。可是，在宏观经济学中，研究对象的差别使得上述的区分原则较为复杂。

首先，就长期而论，除了厂房、设备等不变生产要素以外，宏观经济学的长期在很大的程度上还涉及人口、技术水平等因素的变化，而这些因素的变化往往需要数年、数十年的时间。与此同时，微观经济学虽然也假设这些因素为既定的，但是，由于它考察的对象主要是个体（如企业）的行为，所以它着重研究作为不变生产要素的资本存量的改变所导致的后果，如长期成本曲线等。而资本存量的改变所需要的时间显然要比人口、技术水平的改变所需要的时间短。因此，大致说来，宏观经济学的长期所意味着的时间要长于微观经济学的长期。有的西方学者把宏观经济学的长期称为超长期；有的学者则仍然使用原有的长期的名称。本章在分析总供给时仍然使用长期来表示这一新情况。

其次，就短期而论，宏观经济学的总供给曲线涉及的因素主要为货币工资（W）和价格水平（P）的调整所需要的时间长短。调整所需要的时间在极端的事例中可能很长或很短；而在一般的情况下，调整的时间则被认为是介于很长和很短之间。有的西方学者把这种介乎之间的情况称之为"中期"或"中间时期"，但是，他们在"中期"或"中间时期"中所研究的仍然是人口、技术水平、资本存量等要素保持不变的情况,即原有的短期的情况。本章在分析总供给时对此仍然使用短期加以表示。

(三) 短期与长期宏观生产函数

在西方经济学中,生产函数是指投入和产出之间的数量关系。生产函数有微观和宏观之分,宏观生产函数又称总量生产函数,是指整个国民经济的生产函数,它表示总量投入和总产出之间的关系。

假定一个经济社会在一定的技术水平下使用总量意义下的劳动和资本两种要素进行生产,则宏观生产函数可表示为:

$$y = f(N, K) \tag{6.3}$$

式中,y 为总产出;N 为整个社会的就业水平或就业量;K 为整个社会的资本存量;为了避免复杂,技术水平没有被明确地表示出来。(6.3)式表明,经济社会的产出主要取决于整个社会的就业量、资本存量和技术水平。

宏观生产函数可以被区分为短期和长期两种。在短期宏观生产函数中,由于资本存量和技术水平在短期内不可能有较大的改变,所以二者被认为是不变的常数。用表示不变的资本存量,把它代入(6.3)式,有:

$$y = f(N, \overline{K}) \tag{6.4}$$

短期宏观生产函数(6.4)式表示,在一定的技术水平和资本存量条件下,经济社会生产的产出 y 取决于就业量 N,即总产量是经济中就业量的函数,随总就业量的变化而变化。

西方宏观经济学假定宏观生产函数(6.3)式有两条重要的性质,一是总产出随就业量的增加而增加;二是在技术不变和 K 为常数的假设条件下,由于"边际报酬递减规律"的作用,随着总就业量的增加,总产出按递减的比率增加。这样,短期宏观生产函数(6.4)式可以用图 6-5 表示。

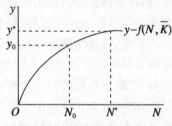

图 6-5 宏观生产函数

图中,横轴 N 表示劳动的总就业量,纵轴 y 表示总产量,曲线 $y=f(N,\overline{K})$ 表示总产量是总就业量的函数。例如,当总就业量为 N_0 时,对应的总产量为 y_0,图中曲线越来越平缓,表示总产量随总就业量的增加,按递减的比率增加。当 N 达到充分就业的 N^* 时,相应的产量为 y^*。

长期生产函数与短期生产函数的不同之处在于:在长期生产函数中,包括生产函数中的三个主要自变量在内的一切自变量都可以改变。首先,技术水平可以有很大进步,存在着足够的改善技术的时间。其次,人口的增长能够影响充分就业的劳动者的数量。最后,资本的存量也会随着积累的增加有着很大的变化。这样,长期生产函数可以用(6.5)式表示出来。

$$y^* = F(N^*, K^*) \tag{6.5}$$

式中,N^* 为各个短期中的充分就业量;K^* 为各期的资本存量;技术水平的变化没有被明确表示出来;y^* 为各期的充分就业时的产量,也被称为潜在产量。

如果我们所涉及的仅仅限于短期生产函数的话,正如(6.4)式所显示的那样,在一定时期和一定条件下,总供给将主要由经济的总就业水平决定。那么,经济中的总就业水平又是由什么决定的呢?为此,有必要引入另一个市场,即劳动市场。

(三) 劳动市场

这里只是想说明经济中的就业水平是如何决定的,故下面只对最简单的劳动市场——完全竞争的劳动市场加以分析,而暂不涉及在西方宏观经济学中关于劳动市场理论方面的诸多理论争议。

完全竞争要素市场的特征可以描述为,要素的供求双方人数都很多、要素之间没有任何区别、要素供求双方都具有完全的信息以及要素可以充分自由地流动。如果劳动市场是竞争性的,而企业只能接受既定的市场工资和其产品的市场价格,则企业将会选择一个使劳动的边际产品等于实际工资的就业水平,因为,只有这一就业水平才能使利润最大化。这里,实际工资等于货币工资 W 除以价格水平 P,即 W/P。如果企业的就业低于这一水平,劳动的边际产品就将超过实际工资,因而存在着增加利润的机会。企业可以以工资 W 雇用一个工人,该工人按劳动的边际产品所给定的量生产更多的产品。企业将这些产品以价格 P 出售,便可从中获利。企业将不断利用这一获利的机会,直到增雇的工人将劳动的边际产品降低到和实际工资相等时为止。图6-6显示了利润最大化点。

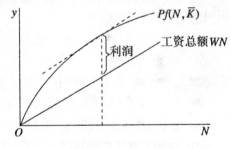

图6-6 利润最大化的就业量

由于劳动的边际产品随劳动投入的增加而降低,所以劳动的需求函数是实际工资的减函数。宏观经济学认为,上述微观经济学意义上的劳动需求与实际工资的关系,对于总量意义上的劳动市场也是成立的。

如果用 N_d 表示劳动需求量,则劳动需求函数可表示为:

$$N_d = N_d(W/P) \tag{6.6}$$

式中,W/P 为实际工资;N_d 与 W/P 成反方向变动关系。实际工资低时,劳动的需求量大；实际工资高时，劳动的需求量小。换句话说，劳动需求函数(6.6)式具有负斜率。这样，劳动需求函数的几何表示，即劳动需求曲线可以表示为图 6-7 中的形状。

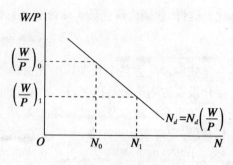

图 6-7 劳动需求曲线

从图中可以看到，当实际工资为 $(W/P)_0$ 时，劳动需求量为 N_0，当实际工资从 $(W/P)_0$ 下降到 $(W/P)_1$ 时，劳动需求量就由 N_0 上升到 N_1。

同劳动的需求类似，总量意义上的劳动供给也被认为是实际工资的函数，劳动供给函数可表示为：

$$N_s = N_s(W/P) \tag{6.7}$$

式中，N_s 为劳动供给总量。而且，劳动供给量是实际工资的增函数。实际工资低时，劳动的供给量小；实际工资高时，劳动的供给量大。劳动供给函数的几何表示，即劳动供给曲线如图 6-8 所示。

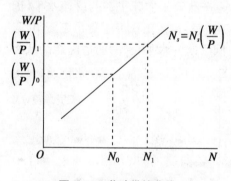

图 6-8 劳动供给曲线

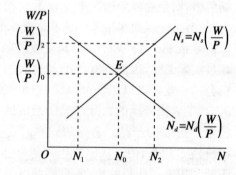

图 6-9 劳动市场的均衡

从图中可知，当实际工资为 $(W/P)_0$ 时，劳动供给量为 N_0，当实际工资从 $(W/P)_0$ 上升到 $(W/P)_1$ 时，劳动供给量就从 N_0 上升到 N_1。

如果工资 W 和价格 P 两者都是可以调整的，那么实际工资 W/P 也是可以调整的。劳动市场的均衡就由劳动的需求曲线和劳动的供给曲线的交点来决定。如图 6-9 所示。

在实际工资 $(W/P)_0$ 的水平上，企业所选择的劳动数量恰好等于公众所提供的劳动数量，即就业水平为 N_0。如果实际工资太高，例如为图中的 $(W/P)_2$，则劳动的供给量为 N_2，而劳动的需求量只为 N_1，这意味着劳动供过于求，表明经济不能为所有愿意工作者提供足够的职位，在价格和工资具有完全伸缩性的情况下,实际工资就会降低,从而刺激企业的劳动需求,抑制劳动者的劳动供给。随着实际工资的不断调整,劳动的供求数量也不断进行调整,直到使劳动市场达到供求相等的均衡状态时为止。读者可以考虑当实际工资低于均衡水平时,劳动市场的调整情况。

总之,在价格和工资具有完全伸缩性的完全竞争的经济中,劳动市场的均衡条件是:

$$N_s(W/P) = N_d(W/P) \tag{6.8}$$

劳动市场的均衡一方面决定了均衡的实际工资,另一方面决定了均衡的就业量。用图6-9来说明就是(W/P)和N_0。

对于上述关于劳动市场的说明,这里还须指出两点:第一,在有伸缩性的工资和价格下,实际工资调整到劳动供求相等的水平,从而使劳动市场处于均衡的状态在宏观经济学中被称为充分就业的状态。宏观经济学所说的充分就业状态并非是每个愿意工作的人都能就业的状态,像摩擦失业、自愿失业等都是在均衡状态下存在失业的例子。第二,根据本节上面的说明,在任一时点上,资本存量K都是由以往的投资决策所决定的。将就业水平N和既定的资本存量$\overline{K}$代入到短期总量生产函数$f(N,\overline{K})$就立刻得出产量水平。这表明:劳动市场在经济的总供给方面处于主导地位,因为它决定经济的总供给或产量。更进一步地,根据上面的第一点说明,在工资和价格具有完全伸缩性的情况下,经济中的产量始终等于充分就业时的产量或潜在产量。

二、长期总供给曲线

为了了解短期经济波动,以及经济的短期行为如何与长期行为的不一致,我们既要考察长期总供给曲线,又要考察短期总供给曲线。首先考察长期总供给曲线。

(一) 长期总供给曲线

在长期中,一个经济的物品与劳务生产(它的真实GDP)取决于它的劳动、资本和自然资源的供给,以及可得到地用于把这些生产要素变为物品与劳务的生产技术。而在任一时期,技术水平是不变的,生产要素的数量也是不变的,因此宏观生产函数可表示为:

$$Y = F(N, K) \tag{6.9}$$

其中Y为总产量,K为整个社会的资本存量,N为整个社会的就业水平或就业量。式(6.9)是表明,经济社会的产出取决于整个社会的就业量和资本存量。在宏观生产函数的两个自变量中,资本存量K的规模和数量被认为是由经

济社会以前各年的投资决定的。因此,在宏观经济波动分析中,一般把资本存量作为外生变量处理。所以宏观生产函数为:

$$Y = F(N, \overline{K}) \tag{6.10}$$

宏观生产函数(6.10)表示,在一定的技术水平和资本存量条件下,经济社会的产出 Y 取决于就业量 N,即总产量是经济中就业量的函数,随就业量的变化而变化。

在古典经济中,由于价格、工资可以灵活变动,所有的生产要素都被充分利用,即资本不存在闲置,劳动达到充分就业,这是经济的产出称为潜在的产量。潜在的产量又称为充分就业的产量,是指在现有资本和技术水平条件下,经济社会的潜在就业量所能生产的产量。它可以用生产函数表示为:

$$Y^* = F(\overline{N}, \overline{K}) \tag{6.11}$$

其中,Y^* 表示潜在的产量,$\overline{N}$ 为潜在就业量。这就是长期总供给。所以长期总供给曲线如图6-10所示,横轴为产出 Y,纵轴为价格 P,长期总供给曲线 LAS,是垂直的。即在长期中,经济的劳动、资本、自然资源和技术决定了物品与劳务的总供给量,而且无论物价水平如何变动,供给量都是相同的。

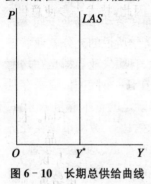

图6-10 长期总供给曲线

(二) 长期总供给曲线的移动

经济中任何改变自然产量率的变动都会使长期总供给曲线移动。因为古典模型中的产量取决于劳动、资本、自然资源和技术知识,所以,我们可以把长期总供给曲线的移动划分为:

1. 劳动变动引起的移动。劳动力的可获得性是经济增长一个重要因素,这也是一国现在所具有的一个重要优势。可得到的劳动量增加(国外移民或自然失业率下降)使总供给曲线向右移动;可得到劳动量减少(国内人口迁出或自然失业率上升)是总供给曲线向左移动。

2. 资本引起的移动。物质资本或人力资本增加是总供给曲线向右移动;物质资本或人力资本减少时总供给曲线向左移动。

3. 自然资源引起的移动。自然环境中与人类社会发展有关的、能被利用来产生使用价值并影响劳动生产率的自然诸要素,通常称为自然资源,可分为有形自然资源(如土地、水体、动植物、矿产等)和无形的自然资源(如光资源、热资源等)。自然资源具有可用性、整体性、变化性、空间分布不均匀性和区域性等特点,是人类生存和发展的物质基础和社会物质财富的源泉,是可持续发展的重要依据之一。自然资源分类如下：生物资源,农业资源,森林资源,国土资源,矿产资源,海洋资源,气候气象,水资源等。因此,自然资源可获得性的增加使总供给曲线向右移动；自然资源可获得性的减少使总供给曲线向左移动。

4. 技术进步引起的移动。狭义上的技术进步主要是指生产工艺、中间投入品以及制造技能等方面的革新和改进。具体表现为对旧设备的改造和采用新设备改进旧工艺,采用新工艺,使用新的原材料和能源,对原有产品进行改进,研究开发新产品,提高工人的劳动技能等。广义的技术进步则不但体现为生产工艺、技能和中间投入品等硬技术的改进,还表现为组织管理效率的提高、决策沟通机制的完备、获得规模经济、融资渠道通畅和生产要素如人力资本质量提高等方面。本章探讨的技术进步,是从其广义的角度来说明的。通常来讲,技术进步可以通过技术创新、技术扩散、技术外溢等方式来实现。因此,技术进步使总供给曲线向右移动；可得到的技术减少使总供给曲线向左移动。

二、短期总供给曲线

(一) 短期总供给曲线

短期中的经济与长期中的经济之间的关键差别是总供给的状况不同。长期总供给曲线是垂直的,因为在长期中,物价总水平并不影响经济生产物品和劳务的能力。与此相反,在短期中,物价水平确实影响经济的产量。也就是说,在一年或两年的时期内,经济中物价总水平上升往往会增加物品与劳务供给量,而物价水平下降会减少物品与劳务供给量。结果,短期供给曲线如图 6-11(a)所示。短期总供给曲线 SAS 向右上方倾斜,表示短期内随着价格水平的上升,企业所愿意提供的产品和劳务总量不断增加；而价格水平下降时则相反。

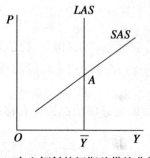

(a) 向上倾斜的短期总供给曲线

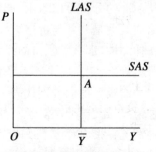

(b) 水平的短期总供给曲线

图 6-11 短期总供给曲线

向右上方倾斜的短期总供给曲线提供理论解释是宏观经济学争论的核心部分。宏观经济学家提出三种说明短期总供给曲线向右上方倾斜的理论,分别是黏性工资理论、黏性价格理论、错觉理论。在每一种理论中,某个市场的不完全性引起经济中供给一方的短期状况与长期不同。虽然每一理论在细节上不同,但他具有一项共同的内容:当经济中的实际物价水平背离了人们预期的物价水平时,供给量就背离了其长期水平或"自然"水平。当物价水平高于人们预期的水平时,产量就高于其自然率;当物价水平低于预期水平时,产量就低于其自然率。我们可以用数学公式表述如下:

产量的供给量 = 自然产量率 + a(实际物价水平 − 预期的物价水平)

其中,a 是决定产量对物价水平为预期到的变动做出多大反应的数字。

总之,短期总供给曲线向右上方倾斜是由于黏性工资、黏性价格还是错觉,这些情况都不会持久存在下去。随着时间的推移,名义工资将变得没有黏性,价格将变得没有黏性,并且对相对价格的错觉也将得到纠正。在长期中,合理的假设是工资和价格具有伸缩性,而不是黏性,而且人们不会被相对价格所迷惑。

因此,总供给曲线向右上方倾斜的原因关键在于决定总供给的价格因素——货币工资在短期内不具备充分的灵活性。只要在价格水平变动时,名义货币工资的变动滞后于价格的变动,实际工资就要发生变动,企业的利润也要发生变动,从而企业就会按照变动的价格来调节生产,短期总产量就有可能发生变动。一个极端的情况是名义工资完全缺乏伸缩性,也就是不论价格如何变动,工人的工资始终保持不变,那么短期总供给曲线 SAS 就是一条与横轴平行或接近于横轴的水平线。如图 6 - 11(b)所示。水平的短期总供给曲线是凯恩斯理论的极端情况,它表明由于名义货币工资保持不变,价格一旦上升,企业就可以在成本完全不变的情况下生产社会所需要的任意水平的产量,或者说,企业在现行工资水平下获得他们所需要的任意数量的劳动力。

从前面的分析可以看出,如果我们假定价格、工资具有完全的伸缩性,那么总供给曲线就是一条与价格无关的垂直的曲线;如果假定价格、工资在一定程度不具备伸缩性,那么总供给曲线就是一条与价格相关的向右上方倾斜的曲线;而如果假定价格、工资完全不具备伸缩性,那么总供给曲线就是一条与价格完全相关的水平曲线。他们分别代表了宏观市场机制完全有效、部分失灵和完全失灵的三种情况。大部分经济学家都认为,第一种情况代表了宏观经济的长期趋势,第二种情况在很大程度上反映了宏观经济的短期行为,而第三种情况在现实生活中较少出现,是一种极短期的现象,但作为一种分析工具,还是具有一定的理论价值。在这一章的分析中,我们主要考察向右上方倾斜的短期总供给曲线。

(二) 短期总供给曲线的移动

短期总供给曲线是在任何既定物价水平上物品与劳务的供给量。这条曲线与长期总供给曲线相似,但由于黏性工资、黏性价格以及错觉的存在,它不是垂直的,而是向右上方倾斜。那么,引起短期总供给曲线的因素,除了考虑引起长期总供给曲线移动的所有变量外,还必须考虑影响黏性工资、黏性价格和对相对价格的错觉的新变量——预期的物价水平。

长期总供给曲线的移动通常是由于劳动、资本、自然资源和技术知识的变动。这些相同的变量也会使短期总供给曲线移动。例如,当经济中的资本存量增加提高了生产率时,这个经济就能生产更多的产品,因此,无论长期还是短期总供给曲线都向右方移动。当最低工资增加从而提高了自然失业率时,经济中就业的工人减少,生产的产品也减少了,因此,无论长期还是短期总供给曲线都向左方移动。

影响短期总供给曲线的重要新变量是人们预期的物价水平。工资、价格和错觉都是根据预期的物价水平确定的,因此,当人们改变他们对物价水平的预期时,短期总供给曲线也将移动。预期物价水平上升就减少了物品和劳务供给量,并使短期总供给曲线向左移动。而预期物价水平下降却增加了物品与劳务供给量,并使短期总供给曲线向右移动。

第三节 宏观经济的短期均衡及其波动

一、宏观经济的短期均衡

总供给—总需求框架是决定均衡产量和价格水平的有用工具。特别是我们可以用此框架来研究具体的经济政策以及外来冲击对 Y 和 P 的均衡水平的影响。把总需求曲线和短期总供给曲线放在一起,就可以考察宏观经济的短期均衡。

在图 6-12 中,总需求曲线 AD 和短期总供给曲线 SAS 在 E 点相交,此时,从短期来看,社会总需求量正好等于这个社会能够提供的总供给量,换句话说,经济将在均衡总需求和总供给给定的产量和价格水平上出清。宏观经济总量达到了短期均衡。此时决定的均衡价格水平是 P^*,均衡总产量是 Y^*。这个均衡点也决定了经济中的就业水平。但是,这个均衡并不表示最佳(最好)产量水平,甚至也不一定适合意愿的产量水平。实际上,在经济的整体均衡水平上,可能会存在很大的

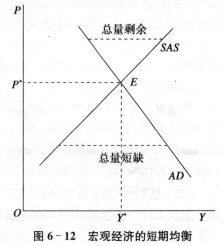

图 6-12 宏观经济的短期均衡

产量缺口和大量的失业。均衡知识一定条件下经济会发生什么的度量,而不是应该发生什么的度量。

从图6-12中可以看出,如果价格水平大于P^*,总供给大于总需求,也就是说,企业所愿意提供的产品和服务的总量要超过社会对这些产品和服务的需求总量,那么,经济会出现总量剩余,于是价格水平会下降。随着价格水平的下降,一方面居民持有的实际资产的数量上升,为了保持实际资产的平衡,居民会用商品来替代名义资产从而增加对商品的需求总量;另一方面,在成本不变的情况下企业的利润会减少,企业就会缩减生产从而减少商品的总供给量,直到总需求量等于总供给量为止。如果价格水平低于P^*,总需求大于总供给,也就说,企业所愿意提供的产品和服务的总量不能满足社会对这些产品和服务的总需求,那么,经济就会出现总量短缺,于是,价格水平上升。随着价格水平的上升,居民会不断减少总需求量,直到总需求量等于总供给量为止。因此,只有在E点,价格水平和总产量不再发生变动,整个经济达到了短期均衡。

二、短期均衡和长期均衡的关系

由于短期总供给曲线会偏离长期总供给曲线,因此从长期均衡的角度出发,宏观经济的短期均衡会出现三种情况:

(一)失业均衡

失业均衡是指短期均衡产量低于长期潜在产量的均衡状态。如图6-13(a)所示,由总需求曲线AD_0和短期总供给曲线SAS_0的交点A决定了宏观经济的短期均衡。在A点,从短期来看,一个社会的总需求量正好等于总供给量,即不存在总量短缺,也没有总量剩余,此时均衡价格水平为P_0,均衡总产量为Y_0。但从长期来看,A点并不在长期总供给曲线上,因此,经济虽处在短期均衡状态,但没有达到长期均衡。从图6-13(a)中可看到,短期均衡点A在长期总供给曲线的左边,由此决定的短期均衡产量Y_0要低于长期的潜在产出水平$\overline{Y}$,这表明整个社会的生产资源没有得到充分利用,劳动和资本出现了闲置,失业率要大于自然失业率,因此,现实的均衡产量低于长期潜在产量的短期均衡也称为失业均衡。

(二)充分就业均衡

充分就业均衡是指短期均衡产量正好等于长期潜在产量的均衡状态。如图6-13(b)所示,总需求曲线AD_1和短期总供给曲线SAS_1的交点B正好在长期总供给曲线上,因此,B点不仅是短期均衡点,也是长期均衡点,这意味着宏观经济在达到短期均衡的同时也达到了长期均衡,此时均衡价格水平为P_1,均衡产量就是长期潜在产量$\overline{Y}$。在长期均衡下整个社会的生产资源得到了充分利用,失业率等于自然失业率,因此,现实的均衡产量等于长期潜在总供给的均衡也成为充分就业均衡。

(三) 超充分就业均衡

超充分就业均衡是指短期均衡产量大于长期潜在产量的均衡状态。如图 6-13(c)所示。从图中可以看出，总需求曲线 AD_2 和短期总供给曲线 SAS_2 在 C 点相交，此时均衡价格水平为 P_2，均衡总产量为 Y_2，由于 C 点并不在长期总供给曲线上，因此，C 点不是长期均衡点。与图 6-13(a)不同的是，短期均衡点 C 在长期总供给曲线的右边，由此短期均衡产量 Y_2 要高于长期潜在的产量 $\bar{Y}$，这表明社会生产资源得到了超充分水平的利用，失业率小于自然失业率，因此，现实均衡产量大于长期潜在总供给的均衡也称之为超充分就业均衡。

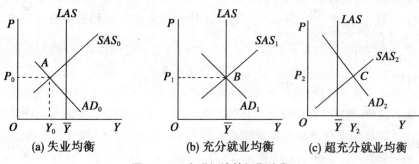

(a) 失业均衡　　(b) 充分就业均衡　　(c) 超充分就业均衡

图 6-13　宏观经济的短期均衡

在现实中，生产资源的超充分使用表现为工人劳动时间的延长、自愿失业者重新加入就业队伍、机器设备的过度使用等。但是，超充分就业均衡对宏观经济来说也不一定是一件好事情。因为，一方面经济过热会刺激总需求，导致通货膨胀的产生，另一方面工人劳动时间的延长和机器设备的过度使用会影响企业生产的正常运行，不利于经济的长期增长。

一个经济可能出现三种短期均衡状态不是一个随机的过程，而是由三种均衡状态依次不断转化构成的、有一定规律的过程。一般来讲，一个社会由失业均衡转为充分就业均衡，再由充分就业均衡转化为超充分就业均衡，这一过程也就构成了经济的扩张时期。超充分就业均衡处在扩张期的繁荣阶段，此时现实的总产量大于潜在的总产量，失业率低于自然失业率，表明了经济的繁荣。

然而，繁荣不可能持久，宏观经济会由超充分就业均衡转为充分就业均衡，再由充分就业均衡转化为失业均衡，这一过程就是经济的收缩时期。失业均衡的 A 点形成了收缩期的谷底阶段。这时现实的总产量小于潜在的总产量、失业率高于自然失业率，反映了经济的衰退。这样，短期均衡围绕着长期均衡波动形成了一个周而复始的过程，这也就是经济周期的扩张、顶峰、收缩和谷底四个阶段。因此，周期经济波动实际上就是短期均衡不断地、有规律地偏离长期潜在均衡的过程，而短期均衡与长期均衡的偏差也就反映了周期经济波动的幅度。

长期总供给可以认为是由一国长期平均增长率所决定的总产出，或者由一国自然失业率决定的总产出,因此,短期均衡围绕着长期均衡的波动在实际中就表现为实际的增长率围绕长期平均增长率波动。资料显示,1960—2000年间,美国GDP的年平均自然增长率约为3%,自然失业率为5%左右。在繁荣年份,实际经济增长率都要高于这一增长率,而在衰退时期,实际经济增长率都要低于这一水平,而实际失业率都要高于这一自然失业率。那么,一个自然而然的问题是,经济是如何由短期均衡偏离长期均衡又从短期均衡调整到长期均衡的呢?这可以从总需求和总供给两个方面作一简单分析。

三、外部冲击与短期均衡变动

(一) 总需求冲击

总需求的冲击往往会使宏观经济的短期均衡偏离长期均衡,导致经济波动的产生。影响总需求变动的因素很多,这里仅考虑预期这一因素。假定认为目前经济可能要转入衰退阶段,或者海外战争爆发,许多人对未来失去信心并改变他们的投资计划,家庭削减他们的支出且延迟了重大购买;企业则放弃了购买新的设备。

为了清楚地考察预期变量对宏观经济的影响,假定在预期改变之前经济处在长期均衡状态。如图6-14所示,由总需求曲线 AD_1 和短期总供给曲线 SAS_1 决定的短期均衡点 A 恰好等于长期总供给,A 点也是长期均衡点,均衡价格水平为 P_1,均衡产量为潜在总产量 Y_1。现在假设预期经济走向衰落,总需求曲线由 AD_1 移动到 AD_2,均衡点将偏离长期均衡从 A 点移动到 B 点,相应的均衡价格水平和均衡总产量分别为 P_2 和 Y_2。B 点和 A 点相比,价格水平下降,实际产出小于潜在产出、失业率要大于自然失业率,整个社会处在失业均衡状态。

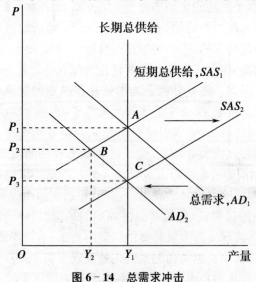

图6-14 总需求冲击

由于总需求减少,物价水平最初从 P_1 下降到 P_2。因此,物价水平低于在总需求减少之前人们的预期水平(P_1)。尽管人们在短期中会感到吃惊,但他们不会一直这样。随着时间的推移,预期也会逐渐适应现实,预期物价水平也下降了。预期物价水平下降改变了工资、价格和错觉,这又影响了短期总供给曲线的位置。预期物价水平下降时短期总供给曲线由 SAS_1 移向 SAS_2。这种移动使经济接近于 C 点,新的总需求曲线(AD_2)与长期总供给曲线在 C 点相交。

在新的长期均衡 C 点,产量回到了其自然率。尽管悲观情绪减少了总需求,但物价水平大大下降(到 P_3)抵消了总需求曲线移动的影响,而且人们也会预期到这种新的低物价水平。因此在长期中,总需求曲线的移动完全反映在物价水平上,而根本没有反映在产量水平上。即总需求移动的长期效应是一种名义变动,而不是真实变动。

通过以上的分析可以发现,负向的总需求冲击在长期内并不能改变社会的潜在产出,而只会降低价格水平,带来通货紧缩。如果政策制定者不能正确地预测到未来经济的走向,宏观经济政策就有可能人为地使经济脱离长期均衡的轨道而引发通货紧缩。在某种情况下,这种决策失误还有可能加剧经济的波动。

(二) 总供给冲击

总供给冲击是造成宏观经济的短期均衡偏离长期均衡的另一因素。影响总供给波动的因素也是相当多的,在这里主要考察短期总供给的波动。短期总供给主要受工资、原材料价格的影响。最典型的也是最具影响力的总供给冲击来自 20 世纪 70 年代初期的石油输出国组织(the Organization of Petroleum Exporting Countries,OPEC)的限产提价政策,这一政策使石油价格大幅度上升,石油价格的上升导致了企业成本增加,使短期总供给曲线向左移动。

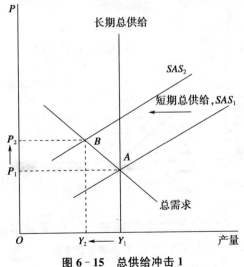

图 6-15 总供给冲击 1

以图 6-15 为例，我们仍然假定在石油提价之前经济处在长期均衡状态，也就是图中的 A 点，此时均衡价格水平和均衡产量分别为 P_1 和 Y_1。现在假设石油价格上升，短期总供给曲线由 SAS_1 移动到 SAS_2。短期均衡点从 A 点移动到 B 点，相应的均衡价格水平和均衡总产量分别变为 P_2 和 Y_2。B 点和 A 点相比，价格水平上升，实际产出下降，失业率大于自然失业率，整个社会处在失业均衡状态。这种通货膨胀与经济衰退并存的现象也称为"滞胀"(stagflation)，而滞胀又影响名义工资。

企业和工人最初对高物价水平的反映是提高他们对物价水平的预期，并确定更高的名义工资，此时，企业的成本进一步上升，短期总供给曲线将进一步向左移动，滞胀问题更加严重。高物价引起高工资，高工资又引起更高的物价水平。但是在某一时刻时，工资和物价上升会放慢。低产量和低就业水平将压低工人的工资，因为当失业率较高时工人的谈判能力小了。当名义工资下降时，生产物品与劳务有利可图，短期总供给曲线向右移动。当短期总供给曲线移动到 SAS_1 时，物价水平下降了，产量也接近于其自然率。在长期中，经济又回到了 A 点。

然而，这种回到最初均衡的转变假设在整个过程中总需求保持不变，且也要经历较长时期的经济衰退。此时政府可以采取扩张性宏观经济政策将总需求曲线从 AD_1 移动到 AD_2——正好足以阻止总供给移动对产量的影响，均衡点将会从 B 点移动到 C 点。在 C 点，均衡产量回到了原来的潜在的水平 Y，但价格水平却进一步上升至 P_3，这样，经济可以避免长期衰退的痛苦，但必须付出通货膨胀的代价。即抵消性政策为了维持较高的产量和就业水平而接受了持久的高物价水平。如图 6-16 所示。

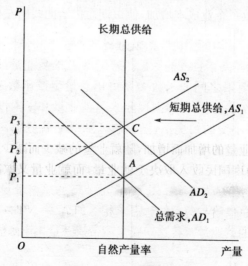

图 6-16　总供给冲击 2

对于治理总供给冲击引起的经济衰退来说,政策制定者就有目标选择问题。如果政策制定者选择的目标是防止通货膨胀,从而采取让市场自动调节的政策,那么社会必须忍受一段时期的经济衰退;而如果选择的目标是避免长期经济衰退,从而采取扩大总需求的措施,那么社会必须付出通货膨胀的代价。由此可见,宏观经济政策不可能面面俱到,任何一个可行的宏观政策在达到某个目标时都存在牺牲其他目标的可能性,在提高社会福利的同时又可能使社会付出一定的代价。

第四节　宏观经济的均衡模型

一、宏观经济均衡的基本模型

宏观经济的均衡模型包括总供给和总需求两个方面,涉及商品市场、货币市场、总量生产函数和劳动市场。商品市场和货币市场的均衡主要是从总需求方面说明国民收入的决定,总量生产函数和劳动市场的均衡则主要是从总供给的角度说明国民收入的决定。

在三部门经济中,从总需求角度看,国民收入是消费需求、投资需求和政府需求的总和,因此,产品市场的均衡条件为:$Y=C(Y)+I(r)+G$。

将产品市场国民收入恒等式稍作改变,可得到货币市场的均衡公式,过程如下:由 $Y=C(Y)+I(r)+G$ 可得:$I(r)=Y-C(Y)-G$。在三部门经济中,总收入减去消费支出和政府购买支出的余额形成储蓄,若以 S 代表储蓄,则 $S=Y-C(Y)-G$。因此,货币市场的均衡条件为:$S=I(r)$。

从总供给角度看,一国的国民收入就是经济的总产出水平,由投入的生产要素决定,因此,总供给是要素投入的函数。若用 N 代表就业量,K 代表资本投入量,则总供给同生产要素之间的函数关系可用总量生产函数表示:$Y=F(N,K)$。在总量生产函数中,总供给即国民收入是就业量和资本投入的增函数,在资本投入和技术水平不变的情况下,国民收入取决于就业量,是就业量的增函数,即国民收入随就业量的增加而增加,随就业量的减少而减少。

由于从总供给角度国民收入取决于就业量,而就业量又取决于劳动市场的均衡,因此,还必须考察劳动市场。用 N^d 表示劳动的总需求量,N^s 表示劳动的总供给量,当劳动的总供给与劳动的总需求相等即 $N^d=N^s$ 时,劳动市场实现均衡,从而决定了均衡的就业量。将这一就业量带入总量生产函数,就可计算出相应的国民收入。

宏观经济的四个基本模型是不可分割的。由于国民收入的均衡条件是总供给与总需求相等,因此,无论是总供给还是总需求都无法单方面决定均衡国民收入,只有将商品市场、货币市场、总量生产函数以及劳动市场结合在一起,才能建立起决定均衡国民收入水平的总供给和总需求的分析框架。

与收入—支出分析不同,总供给和总需求分析引入价格变量,考察价格水平与国民收入之间的关系。由产品市场和货币市场的均衡公式可以看出,价格水平上升,会导致可支配收入的减少和利息率的上升,使消费需求和投资需求减少,并最终导致总需求下降。相反,则总需求增加。因此,总需求与价格水平负相关,价格上升,总需求减少,价格下降,总需求增加。

对总供给的分析要从劳动市场开始。劳动市场的价格即为工资,工资调节劳动的供给和需求,使劳动市场达到均衡状态。由于对决定劳动供求的工资的预期不同,不同经济学家对劳动市场均衡状态的判断也大不相同,并据此推导出不同的总供给曲线。可以说,不同的宏观经济模型的差异主要体现在对总供给的分析上。

二、宏观经济均衡的古典模型

在实际经济生活中,工资有名义工资和实际工资之分。名义工资就是雇主支付给工人的货币工资,实际工资则是指名义工资的实际购买力。在价格水平固定不变时,名义工资与实际工资相等。在价格水平发生变化时,二者发生背离:若价格水平上升而名义工资不变,则实际工资下降;若价格水平下降而名义工资不变,则实际工资增加。

现实经济中,价格并非固定而是处于不断的变化之中,造成名义工资和实际工资的差异。为避免价格波动给自己造成损失,人们会对未来的价格变化进行判断,形成自己的预期,显然,这种价格预期会影响人们对实际工资的看法,并改变劳动的供给和需求,从而改变均衡国民收入水平。

古典学派的宏观经济模型是建立在价格和工资具备充分伸缩性这一判断之上的。古典经济学从经济人假定出发,认为在充分信息的条件下,工人和厂商对价格变动的预期完全准确,因此,劳动的供给和需求完全取决于实际工资。当价格发生变化时,工人和厂商会立即意识到实际工资的变化,从而根据新的实际工资调整自己的劳动供给和需求。例如,当价格水平上升而名义工资不变时,实际工资下降,此时,对于厂商来说意味着其生产成本降低,为追求更多利润,厂商会增雇工人扩大生产,劳动需求增加;对于工人来说,实际工资下降意味着其收益减少,一部分工人会退出劳动力队伍,成为自愿失业者,因此劳动供给减少。

价格水平的变动会打破劳动市场的均衡格局,使劳动市场出现供不应求的局面,但由于价格和工资具有充分伸缩性,因此,供不应求会使实际工资水平上升,并导致劳动需求减少和供给增加,实际工资会一直上升到原有水平,使劳动的供给和需求重新达到均衡。在这一工资水平下,愿意就业的人都会得到工作,因此,整个经济实现了充分就业,社会总产出达到最大值。因此,古典学派的总供给曲线是一条垂直于横轴的直线,其所对应的国民收入为充分就业的国民收入。古典学派的宏观经济模型如图6-17所示。

在图6-17中,横轴代表国民收入,纵轴代表价格,AS为总供给曲线,垂直于横轴,所对应的国民收入Y_0是充分就业的国民收入。AD为总需求曲线,向右下方倾斜,表示总需求随价格的上升而减少。总供给曲线和总需求曲线的交点为均衡点,决定均衡国民收入和均衡价格。由古典学派的宏观经济模型可以得出以下结论:

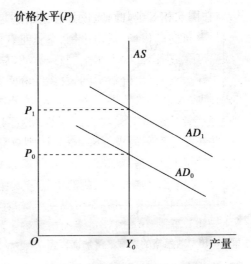

图6-17 古典学派的宏观经济均衡模型

1. 由于社会总供给完全缺乏弹性,总需求的增加或减少对国民收入不会有任何影响,而只会引起价格水平的同比例变动。如在图6-17中,当总需求由AD_0增加至AD_1时,均衡点由E_0移动至E_1,此时,均衡国民收入仍为Y_0,而价格水平由P_0上升至P_1。

2. 由于就业量取决于实际工资,因此当劳动市场达到均衡状态时的就业量必然是充分就业的就业量。这就是说,凡是愿意接受现行实际工资的人都得到了工作,此时,社会经济达到充分就业状态,这意味着国民收入已经达到最大值,在既定条件下,总供给已经没有增长的空间,所以无论价格怎样变动总供给始终不变,完全没有弹性。

3. 既然在市场经济体制下,社会经济能够自发地实现充分就业的均衡,政府就没有必要干预经济。相反,政府所采取的旨在刺激总需求的宏观经济政策,不仅不会使国民收入增加,而且还会引发严重的通货膨胀。因此,古典经济学家反对政府干预经济,主张实行自由放任的市场经济制度。

三、宏观经济均衡的凯恩斯模型

凯恩斯主义模型与古典模型最根本的差别体现在总供给曲线的形状上。与古典经济学垂直于横轴的总供给曲线不同,凯恩斯的总供给曲线是向右上方倾斜的。凯恩斯的宏观经济模型如图6-18所示。

在图 6-18 中，横轴表示国民收入 Y，纵轴表示价格水平 P，总需求曲线 AD 向右下方倾斜，表示总需求与价格反向变动，总供给曲线 AS 向右上方倾斜，表示随价格上升总供给增加。总供给和总需求的交点为均衡点，此时总供给等于总需求，决定了均衡的国民收入和均衡的价格水平。

凯恩斯模型的关键点在于总供给曲线不是垂直而是向右上方倾斜的，其原因在于劳动供给不是取决于实际工资而是名义工资，在宏观层次上即为就业量取决于名义工资。凯恩斯认为与厂商对价格的完全预期

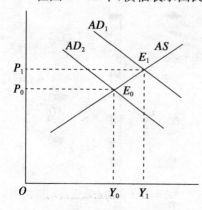

图 6-18 凯恩斯的宏观经济均衡模型

不同，工人在一段时间内会受名义工资的欺骗，认为名义工资就等同于它的实际购买力，名义工资的增加就是实际工资的增加，即所谓的"货币幻觉"。

综上，由于就业量是名义工资的增函数，总供给就不是固定不变而是富于弹性的，总供给随价格水平的上升而增加，因此，总供给曲线是一条向右上方倾斜的线。

凯恩斯模型的经济意义在于只要社会没有达到充分就业，总需求的增加就可以增加国民收入。如图 6-18 所示，如政府增加购买支出，使总需求增加，总需求曲线由 AD_0 向右上方移动至 AD_1，均衡点由 E_0 移动至 E_1，均衡国民收入则由 Y_0 增加至 Y_1。随着均衡国民收入增加，虽然价格水平也相应上升，但其上涨幅度小于国民收入的增加幅度，因此，不会引发通货膨胀，是可以承受的。凯恩斯认为资本主义经济之所以会产生失业，是因为有效需求不足，因此，政府应采取扩张的宏观经济政策对经济进行干预，以提高有效需求，达到消除失业，摆脱经济危机，实现经济持续增长的目的。

四、理性预期学派的宏观经济均衡模型

新古典学派的代表人物之一罗伯特·卢卡斯，强调预期价格和未来市场实现的实际价格之间的关系对总供给曲线的重要性。根据卢卡斯的观点，在短期，如果价格的上涨没有被完全预期到，则随着价格上升，实际工资下降，厂商愿意供给的商品数量增加。因此，短期供给曲线是向上倾斜的。但这个短期仅仅指非常短的时期。

在长期，工人及雇主都能够准确地预期价格的变化，这样，价格的上升便只能导致工资同幅度的上升。由于厂商面对的实际工资保持不变，厂商没有改变生产水平的动力，产出不会增加，因此，长期供给曲线是垂直的。新古典经济学

家从长期总供给曲线得出的一个重要结论是：总供给是无弹性的，总需求变动只能改变价格，而对产出无任何影响，因此，政府试图调节经济运行的宏观经济政策是无效的。理性预期的宏观经济均衡模型如图6-19所示。

在图6-19中长期总供给曲线 AS 是一条垂直于横轴的直线，不管价格怎样变化，其所对应的产出始终为 Y_0。假设初始的总需求曲线为 AD_0，与总供给线相交于 E_0 点，此时，均衡价格为 P_0，均衡国民收入为 Y_0。若政府采取刺激总需求的措施，使总需求曲线由 AD_0 向右上方移动到 AD_1，均衡点则由 E_0 移动至 E_1，此时均衡国民收入仍然是 Y_0，但价格水平却由 P_0 上升至 P_1。可见，刺激总需求只能影响价格水平而不能影响产出水平，因此，政府的宏观经济政策无效。

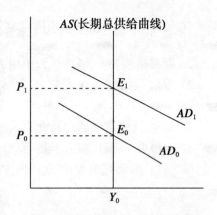

图6-19 理性预期的宏观经济均衡模型

五、新凯恩斯主义宏观经济均衡的模型

与理性预期学派的观点不同，新凯恩斯主义者认为，即使家庭和厂商的最终预期是理性的，对预期的修正也要花费较长时间，因此，短期中总供给曲线是向右上方倾斜而不是垂直的。这样，总需求的增加必然使均衡产出增加。新凯恩斯主义的宏观经济均衡模型如图6-20所示。

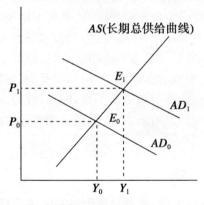

图6-20 新凯恩斯主义的宏观经济均衡模型

在图6-20中，短期总供给曲线向右上方倾斜，表示总供给随价格的上升而增加。此时，总需求的增加不仅能影响价格水平，而且能影响产出水平。假设初始的总需求曲线为 AD_0，与总供给线相交于 E_0 点，此时，均衡价格为 P_0，均衡国民收入为 Y_0。若政府采取刺激总需求的措施，使总需求曲线由 AD_0 向右上方移动到 AD_1，均衡点则由 E_0 移动至 E_1，此时均衡价格由 P_0 上升至 P_1，而均衡国民收入则由 Y_0 增加至 Y_1。因此，刺激总需求能达到提高国民收入的目的，政府的宏观经济政策是有效的。凯恩斯主义者正是以此为基础提出了一系列政府干预经济的宏观经济政策，其中尤以使总需求曲线移动的财政政策为主。

本章参考文献

1. 斯蒂格利茨:《经济学》,中国人民大学出版社,1997
2. 霍尔,泰勒等:《宏观经济学——理论、运行和政策》,中国经济出版社,1988
3. 曼昆:《经济学原理》,北京大学出版社,1999
4. 刘厚俊:《现代西方经济学原理》,南京大学出版社,2002
5. 厉以宁,秦宛顺等:《现代西方经济学概论》,北京大学出版社,1985

问题与练习

1. 名词解释:
   总需求;总供给;短期均衡;长期均衡。
2. 为什么总需求曲线是向下倾斜的?
3. 影响总需求曲线的因素有哪些?这些因素如何影响总需求曲线的移动?
4. 影响长期总供给曲线的因素有哪些?这些因素如何影响总供给曲线的移动?
5. 总需求冲击和总供给冲击如何影响短期均衡?
6. 宏观经济均衡的凯恩斯模型对我国经济发展有哪些重要启示?

第七章 通货膨胀理论

通货膨胀是宏观经济运行中常常出现的一种现象,也是宏观经济运行中的一种病态,而抑制通货膨胀,保持物价的基本稳定,则是宏观经济政策要实现的四大目标之一。因此,本章介绍通货膨胀理论,并且主要从通货膨胀的成因、通货膨胀的经济效应、政府应对通货膨胀的对策以及通货膨胀与失业的关系等几个方面来具体论述。

第一节 通货膨胀的概念和分类

一、通货膨胀的概念

关于通货膨胀的内涵,有多重表述,归纳起来有以下几种:

1. 通货膨胀是货币量的过度增长,货币量的过度增长会引起物价总水平的上涨,但不能说只要是物价总水平的上涨就是通货膨胀。
2. 通货膨胀是物价总水平的上涨,任何原因造成的物价总水平上涨都属于通货膨胀。
3. 通货膨胀是生产成本增加而造成的物价上涨,其中包括因工资的过度增长而引起的生产成本的增加。
4. 通货膨胀是需求过度的一种表现,在这种状态下,过多的货币追逐过少的商品。
5. 通货膨胀是货币总产量、货币总收入或单位货币存量、单位货币收入增长过快的表现。
6. 通货膨胀是货币客观价值的下跌。

以上观点都是从不同的侧面描述了通货膨胀的内涵。概括起来,一般性的表述为:通货膨胀是物价总水平持续上涨的现象。

要正确理解通货膨胀现象,必须理解以下几个问题:

第一,通货膨胀是一种货币现象,它的前提是现代信用货币制度。在足值金属货币流通的条件下,一般不会出现货币过多、物价上涨的现象。因为金属货币本身具有内在价值,它可以通过自身数量的变动,自发地调节流通量,从而控制物价上涨,使货币流通与商品流通相适应,而现代货币没有这种功能。从某种意义上讲,通货膨胀的根源就是现代信用货币制度。

第二,通货膨胀与物价上涨的关系。通货膨胀不是个别商品价格的上涨,而是指总的物价水平,即全部商品(包括劳务这种特殊商品)的加权平均价格的上涨。并且在通货膨胀过程中,商品价格上涨表现出不均衡性:紧俏商品价格上涨快于一般商品;生活必需品的价格上涨快于非生活必需品;垄断产品价格上涨快于非垄断产品;工业品的价格上涨快于农产品;国内商品价格上涨快于出口商品;货币集中投放地区商品价格快于其他地区,等等。

第三,通货膨胀中物价上涨的特征是在一定时期内的物价总水平持续上涨,而不是偶然的一次性、暂时性上涨。

第四,关于物价上涨与货币发行速度问题。通货膨胀初期,物价上涨速度慢于货币发行速度,物价刚开始上涨,人们往往会认为这是物价的暂时波动,一般会等待价格回落后再购买商品,而暂时将货币储存,其结果必然造成市场上货币流通速度减慢,导致对流通中必要的货币需求量增多,从而增加货币发行。

通货膨胀中期,物价上涨速度与货币速度互相接近,随着通货膨胀的发展,物价上涨速度逐渐加快,人们认识到物价上涨可能遭受货币贬值的损失,纷纷抛出手中的货币,购买商品以保值,其结果造成市场货币流通速度加快,从而货币相对过多。

通货膨胀后期,物价上涨速度快于货币发行速度,货币流通速度加快之后,货币流通与商品流通不相适应,出现了过多的货币量,这时又增加货币发行,要使物价急剧上涨。因此在通货膨胀过程中,物价上涨与货币发行速度螺旋上升。

在通货膨胀、物价上涨的三个阶段中,通货膨胀预期发挥了重要作用。通货膨胀预期是指人们根据生活中的实际感受,预期通货膨胀即将发生或将继续发展。这种预测决定人们的经济行为。通货膨胀预期心理往往家具了通货膨胀的速度与幅度。通话膨胀预期的出现与存在,导致投资者不愿持有货币,使货币流通速度加快;导致企业囤积商品,减少对商品的供应,扩大供求矛盾;导致企业提前涨价,推动物价迅速上涨。因此,通货膨胀会导致通货膨胀的预期,通货膨胀预期又加速通货膨胀的发展。

二、通货膨胀的度量

通货膨胀的必然结果是物价总水平上涨,因此通过计量物价水平的变动幅度,就可以大致测定通货膨胀的程度,通常都用物价指数来反映通货膨胀率,一般用的物价指数主要是零售物价指数、批发物价指数、消费物价指数和国民生产总值平减速指数。

(一) 零售物价指数(retail price index, RPI)

零售物价指数是根据全部商品零售价格综合贬值或按照各类商品零售价格分别编制的物价指数。

零售物价指数只计算商品价格的变动,不包括劳务项目,并且是按零售商业企业经营的全部商品的消费总额计算,能够反映零售价格水平变动的趋势和程度,根据它可以研究居民生产水平变动的情况以及消费市场动态。

零售物价指数被很多国家采用,但这种指数有很多缺陷。主要是:在价格上涨中,无法分辨有多少是真正的价格上涨,有多少属于产品质量提高而形成的自然增长;在消费品中,经常有新产品替代老产品,而新产品编入物价指数时有高估现象;消费是社会最终产品的一部分,不能反映整个社会物价总水平变动情况。

(二) 批发物价指数(whole-sale price index, WPI)

批发物价指数又称生产价格指数(producer price index, PPI),是根据大宗商品,包括最终商品、中间产品及进口商品的加权平均批发价格编制的物价指数。它能够反映商品流通的物价变化情况,但不能反映劳务价格情况,对生产资料价格的变动有较为敏感的反映,可用它能反映物资部门生产成本的变化。

但是,这种指数也有一定局限性。主要是:原材料只是社会最终产品的一部分,原材料价格变动,也不能反映整个社会物价总水平变动情况。由于批发价格的变动幅度常常小于零售商品的价格波动幅度,因此,在用批发物价指数来判断总供给与总需求的对比关系时,可能会出现信号失真的现象。

(三) 消费物价指数(consumer price index, CPI)

消费物价指数反映不同时期消费者为购买日常生活所必需的消费品而付出的价格变动情况。这种指数是由各国政府根据国内若干种主要食品、衣服和其他日常消费品的零售价格以及水、电、气、住房、交通、医疗、娱乐等服务费用而计算编制出来的。有些国家还根据不同收入阶层的消费支出结构的不同,编制不同的消费物价指数。消费物价指数能够衡量消费者一定时期内生产费用上升或下降的程度,能够反映消费者商品和劳务价格变动的趋势和程度。

这个指数的主要优点是及时反映消费品供给与需求的对比关系,公布次数较为频繁,能够迅速直接地反映居民生活的价格趋势,缺陷是范围较窄,只包括社会最终产品中的居民消费品这一部分,不包括公共部门的消费、生产资料和资本产品以及进出口商品,从而不足以说明全面的情况。一部分消费品价格的提高,可能是由于品质的改善,消费物价指数不能准确地表现这一点,因而有夸大物价上涨的可能。消费物价指数的另一个缺点是它的调查仅限于城镇居民,因此它不能反映全国居民的生活费用的变化情况。

(四) 国民生产总值平减速指数(the implicit GNP deflator, P GNP)

国民生产总值平减速指数,或称国民生产总值折算指数,是按当年价格计算的国民生产总值与按固定价格或不变价格计算的国民生产总值的比率,实际上就是名义 GNP 与实际 GNP 的比值。

这种指数的特点是包括范围广泛,既包括消费资料,又包括生产资料;既包括商品,也包括劳务,能够较为准确地反映一般物价水平的趋势。但是,由于涉及面太广,资料更难收集,多数国家每年只统计一次,公布次数不如消费物价指数频繁,因而不能迅速准确地反映物价的变动及通货膨胀的程度和发展趋势。

由于上述四种指数都只计算当年生产的商品和劳务的价格变化,并未计算以前生产的实质资产及金融资产,如房地产、古董、名书字画、金银宝石、股票债券等价格的变动,因此不能全面反映通货膨胀的程度。特别是在现代经济条件下,这些资产已深入人们生活。实际上,在通货膨胀期间,人们出于保值需要,往往将货币转化为其他资产,从而导致上述实质性资产及金融资产的价格大幅度上涨。

三、通货膨胀的分类

通货膨胀可以按照不同的角度进行分类,其主要的有:

(一) 按照价格上升的速度进行分类

按照价格上升的速度,西方学者认为存在着三种通货膨胀类型:

第一,温和的通货膨胀,指每年物价上升的比例在 10% 以内。目前,许多国家都存在着这种温和类型的通货膨胀。一些西方经济学家并不十分害怕温和的通货膨胀,甚至有些人还认为这种缓慢而逐步上升的价格对经济和收入的增长有积极的刺激作用。

第二,奔腾的通货膨胀,指年通货膨胀率在 10% 以上和 100% 以内。这时,货币流通速度提高和货币购买力下降,均具有较快的速度。西方学者认为,当奔腾的通货膨胀发生以后,由于价格上涨率高,公众预期价格还会进一步上涨,因而采取各种措施来保卫自己,以免受通货膨胀之害。这使通货膨胀更为加剧。

第三,超级通货膨胀,指通货膨胀率在 100% 以上。发生这种通货膨胀时,价格持续猛涨,人们都尽快地使货币脱手,从而大大加快货币流通速度。其结果,人们对货币完全失去信任,货币的购买力猛烈下降,各种正常的经济联系遭到破坏,以致使货币体系和价格体系最后完全崩溃,在严重的情况下,甚至还会出现社会动乱。

从价格上涨速度角度对通货膨胀的状态进行区别,关键在于说明爬行、温和及恶性三者的具体数量界限。在 20 世纪 60 年代,发达工业国家的公众大都认为年率 6% 以上的通货膨胀就是难以忍受得了,可视为严重通货膨胀;如果年物价上涨率达到两位数,则可认为发生了恶性通货膨胀。70 年代由于石油输出国组织垄断提价等因素的影响所造成的世界范围的通货膨胀,使得人们对恶性通货膨胀度量的标准,在看法上有了一定程度的改变。而进入八九十年代,无论是出于拉美债务危机,还是苏联、东欧的激进式改革,或者是亚洲金融动荡等具体原因,相当一部分国家频频出现 3 位数以上的通货膨胀。在这种情况下,如何确定发展中国家通货膨胀状态的衡量标准,至今仍是一个没有解决的问题。一些经济学家只是对发达国家的通货膨胀上涨速度作了属性界说:如把物价上涨年率不超过 2%~3% 的状态称为爬行通货膨胀;把每月物价上涨速度超过 50% 称为恶性或极度通货膨胀,等等。至于何谓温和通货膨胀,甚至提出一个说法也不容易。

(二) 按照对价格影响的差别分类

按照对不同商品的价格影响的大小加以区分,通货膨胀存在着两种类型:

第一种为平衡的通货膨胀,即每种商品的价格都按相同的比例上升。这里所指的商品价格包括生产要素以及各种劳务的价格,如工资、租金、利率等。

第二种为非平衡的通货膨胀,即各种商品价格上升的比例并不完全相同。例如,甲商品价格大于乙商品的上涨幅度,或者如利率上升的比例大于工资上升的比例,等等。

(三) 按照人们的预期程度分类

按照这种区分方法,通货膨胀也有两种类型:

一种为未能预期到的通货膨胀,即价格上升的速度超出人们的预料,或者人们根本没有想到价格会上涨的问题。例如国际市场原料价格的突然上涨所引起的国内价格的上升,或者在长时期中价格不变的情况下突然出现的价格上涨。

另一种为可以预期或者已经预期到的通货膨胀。例如,当某一国家的物价水平年复一年地按 5% 的速度上升时,人们便会预计到,物价水平将以同一比例继续上升。既然物价按 5% 的比例增长成为意料之中的事,则该国居民在日常生活中进行经济核算时,就会把物价上升的比例考虑在内。例如,银行贷款的利息率肯定会高于 5%,因为 5% 的利率仅能起到补偿通货膨胀的作用。由于每个人都把 5% 的物价上涨考虑在内,因此每个人所索取的价格在每一时期中相应地也就都要上升 5%。每种商品的价格上涨 5%,劳动者所要求的工资、厂商所要求的利率都会以相同的速度上涨,因此,预料之中的通货膨胀具有自我维持的特点,有点像物理学上的运动中的物体的惯性。因此,预期到的通货膨胀有时又被称为惯性的通货膨胀。

(四) 按通货膨胀的表现形式分类

按通货膨胀的表现形式,分为隐蔽型通货膨胀和公开型通货膨胀。

隐蔽型通货膨胀又称为抑制性通货膨胀(repressed inflation),主要特征是,表面上看物价变动不大,国家或政府管理当局对物价进行管制或冻结,对某些商品进行补贴,保持物价平稳,或者采取定量供应的办法,限制消费。但实际上,商品供不应求,消费紧张,黑市活跃,通货膨胀潜伏存在着,政府一旦放松管制,商品价格将大幅度上涨,通货膨胀必然公开化。

公开型通货膨胀(open inflation),指在政府不干预物价的前提条件下,随着货币供给量的增加,物价总水平也自由上涨所导致的通货膨胀。在这种类型下,通货膨胀率和公开的物价上涨率完全相等。

(五) 按通货膨胀的成因分类

按照通货膨胀发生的原因划分:

1. 需求拉动型通货膨胀。是指由于有效需求过多,即过多的货币追逐过少的商品而引起的物价水平的持续上涨。

2. 成本推进型通货膨胀。又称供给型通货膨胀,指由于工会要求提高工资或垄断企业为追求高额垄断利润而提高产品价格,使工资、原材料等生产成本上升而引起的通货膨胀。

3. 结构性通货膨胀。指由于社会公众对某些部门产品的需求过度而使本部门产品的价格水平、人员的工资水平等上涨,并带动其他部门的产品价格和人员工资相继上涨,从而出现物价总水平的持续上涨。

4. 混合型通货膨胀。指由于有效需求过多、生产成本的上涨和社会经济结构共同作用所引发的通货膨胀。

5. 财政赤字型通货膨胀。国家政府由于入不敷出,为了弥补巨额财政赤字而发行大量的货币,从而引起的通货膨胀。

6. 信用膨胀型通货膨胀。商业银行过多的发放贷款,出现信用过度而导致的通货膨胀,是一种信用经济现象。

7. 国际传播型通货膨胀。由于进口商品的物价上涨而引发的物价总水平的持续上涨。如从2001年以来,国际原油价格的上涨而给原油进口国所造成的通货膨胀。

(六) 按其他标准分类

在经济分析过程中,人们还以不同的标准对通货膨胀进行分类。这些具体的分类可以用图7-1表示:

图7-1 通货膨胀的分类表

第二节 通货膨胀的成因

西方宏观经济学认为,通货膨胀的成因可分为三个方面:第一个方面是用总供给与总需求来解释,包括从供给的角度和需求的角度的解释;第二个方面为货币数量的解释,这种解释强调货币在通货膨胀过程中的重要性;第三个方面是从经济结构因素变动来说明通货膨胀的原因。

一、需求拉动说

它是用经济体系存在对产品和服务的过度需求来解释通货膨胀形成的机理。关于这一思路,在前面有关章节,实际上已经多次提到过。其基本要点是当总需求与总供给的对比处于供不应求状态时,过多的需求拉动价格水平上涨。由于在现实生活中,供给表现为市场上的商品和服务,而需求则体现在用于购买和支付的货币上,所以,需求拉动说也有一种更通俗的说法,就是这种通货膨胀是"过多的货币追求过少的商品"。

进一步分析,能对物价水平产生需求拉动作用的有两个方面:实际因素和货币因素。

实际因素主要包括消费和投资,西方经济学主要分析其中的投资。如果由于利率、投资效益的状况有利于扩大投资,则投资需求增加。由于投资需求增加,总供给与总需求的均衡被打破,物价水平就会上升。

从货币因素考察,需求拉动通货膨胀可能通过两个途径产生:(1)经济体系对货币需求大大减少,即使在货币供给无增长的条件下,原有的货币存量也会相对过多;(2)在货币需求量不变时,货币供给增加过快。从货币因素考察,需求拉动的通货膨胀大多数情况是由货币供给增长过快所引起的。

还需要指出的是,货币供给过多所造成的供不应求,与投资需求过多所造成的供不应求,它们的物价水平上涨效果是相同的,但在另外一些方面则会有一定的区别,如投资需求过多必然导致利率上升,而货币供给过多则必然造成利率下降。不过,投资需求过旺和货币供给过多这两者往往又会结合在一起相互影响和作用,即过旺的投资需求往往要求追加货币供给的支持;增加货币供给的政策也往往是为了满足和刺激需求过旺的投资,等等。

特别地,以上的分析是以总供给给定为假定前提的。如果考虑到总供给的变化,则上述情况还必须进行调整。假定投资的增加所引起的总供给增加,与投资的增加规模相当,物价水平可以保持不变;假定投资的增加所引起的总供给不能以同等规模增加,那么,物价水平上升较缓;如果投资的增加对总供给的增加丝毫不起作用,那么,需求的拉动就将完全作用到物价上。

可以用图7-2表示需求拉动型的通货膨胀:

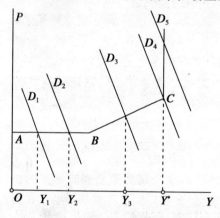

图7-2 需求拉动型通货膨胀

在图7-1中,横轴代表总产出或国民收入(Y),纵轴代表物价水平(P)。社会总供给曲线 AS 可按社会的就业状况而分成 AB、BC 与 CS 三个阶段。

显然,AB 阶段的总供给曲线呈水平状态,这意味着供给弹性无限大。这是因为这时社会上存在着大量的闲置资源或失业,故总供给的增加能力很大。当总需求从 D_1 增至 D_2 时,国民收入便从 Y_1 增至 Y_2 而物价并不上涨。

BC 阶段的总供给曲线表示社会逐渐接近充分就业,这意味着社会上闲置的资源已很少,故总供给的增加能力也较小。此时为扩大产量而增加的需求会促使产量和生产要素资源价格的上涨。因此,当总需求从 D_2 增至 D_3 时,国民收入虽也增加,但增加幅度减缓,同时物价开始上涨。

到了 CS 阶段,由于总供给曲线成为垂直型,意味着社会的生产资源已经达到充分利用的状态,即不存在任何闲置的资源,Y^* 就是充分就业条件下的国民收入。这时的总供给曲线也就成为无弹性的曲线。在这种情况下,当总需求从 D_4 增加至 D_5 时,只会导致物价的上涨。

二、成本推动说

这是一种侧重从供给或成本方面分析通货膨胀形成机理的假说。

成本推动说,又称为成本推进说。这一理论认为,通货膨胀是指在没有过度需求的情况下,由供给方面成本的提高引起的一般价格水平持续和显著的上涨。

至于供给因素的变动,则可以归结为三个原因:一是工会力量对工资的提高要求;二是垄断行业中企业为追求利润制定的垄断价格;三是原材料价格上涨。但一般情况下,成本推动型通货膨胀只考虑工资推进和利润推进的因素。

(一) 工资推进型通货膨胀

这种理论是以存在强大的工会组织,从而存在不完全竞争的劳动市场为假定前提的。在完全竞争的劳动市场条件下,工资率取决于劳动的供求,而当工资是由工会和雇主集体议定时,这种工资则会高于竞争的工资。并且由于工资的增长率超过劳动生产率,企业就会因人力成本的加大而提高产品价格,以维持盈利水平。这就是从工资提高开始而引发的物价上涨。工资提高引起物价上涨,价格上涨又引起工资提高,在西方宏观经济学中,这种现象又被称为工资—价格螺旋上升。需要指出的是,尽管货币工资率的提高有可能成为物价水平上涨的原因,但决不能由此认为,任何货币工资率的提高都会导致工资推进型通货膨胀。如果货币工资率的增长没有超过劳动生产率的增长,那么,工资推进型通货膨胀就不会发生。而且,即使货币工资率的增长超过了劳动生产率的增长,如果这种结果并不是由于工会发挥作用,而是由于市场对劳动力的过度需求,那么,它也不是通货膨胀的推进原因,而是由于需求拉动所致。

(二) 利润推进型通货膨胀

成本推动型通货膨胀的另一成因是利润的推进。其前提条件是存在着物品和服务销售的不完全竞争市场。在完全竞争市场上,商品价格由供求双方共同决定,没有哪一方能任意操纵价格。但在垄断存在的条件下,卖主就有可能操纵价格,使价格上涨速度超过成本支出的增加速度,以赚取垄断利润。如果这种行为的作用大到一定程度,就会形成利润推进型通货膨胀。

无论是工资推进型还是利润推进型的理论模型,目的都在于解释不存在需求拉动的条件下也能产生物价上涨。所以,总需求给定就成为其假设的前提。既然存在这样的前提,当物价水平上涨时,取得供求均衡的条件只能是实际产出的下降,相应的则必然是就业率的降低。因而这种条件下的均衡是非充分就业的均衡。

可以用图 7-3 说明成本推动型的通货膨胀：

在图 7-3 中，横轴同样代表总产出或国民收入(Y)，纵轴代表物价水平(P)，Y_F 为充分就业条件下的国民收入。最初，社会总供给曲线为 A_1S，在总需求不变的条件下，由于生产要素价格提高，生产成本上升，使总供给曲线从 A_1S 上移至 A_2S 和 A_3S，结果在国民收入由 Y^* 下降到了 Y_2 和 Y_1 的同时(国民收入之所以下降是因为生产成本提高以后会导致失业增加，从而引致产量的损失)，物价水平却由 P_0 上升到 P_1 和 P_2。

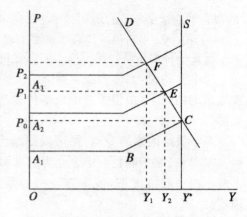

图 7-3 成本推动型通货膨胀

成本推动型通货膨胀旨在说明在整个经济还未达到充分就业的情况下物价上涨的原因，这种理论也试图被用来解释"滞胀"现象及其成因。

(三) 进口成本推进的通货膨胀

造成成本推进的通货膨胀的另一个重要原因是进口商品的价格上升，如果一个国家生产所需要的原材料主要依赖于进口，那么，进口商品的价格上升就会造成成本推进的通货膨胀，其形成过程与工资推进的通货膨胀是一样的，如 20 世纪 70 年代石油危机期间，石油价格急剧上涨，而以进口石油为原料的西方国家的生产成本也大幅度上升，从而引起通货膨胀。

三、供求混合推动说

供求混合推进通货膨胀的论点是将供给和需求两个方面的因素综合起来，认为通货膨胀是由需求拉动和成本推进共同起作用而引发的。这种观点认为，在现实经济社会中，通货膨胀的原因究竟是需求拉动还是成本推进很难分清，而是既有需求因素，又有供给因素，即所谓"拉中有推、推中有拉"。

例如，通货膨胀可能从过度需求开始，但由于需求过度所引起的物价上涨会促使工会要求提高工资，因而转化为成本(工资)推进的因素。另一方面，通货膨胀也可能从成本方面开始，如迫于工会的压力而提高工资等。但如果不存在需求和货币收入的增加，这种通货膨胀过程是不可能持续下去的。因为工资上升会使失业增加或产量减少，结果将会使"成本推进"的通货膨胀过程终止。可见，"成本推进"只有加上"需求拉动"才有可能产生一个持续性的通货膨胀。

现实经济中，这样的论点也得到论证：当非充分就业均衡严重存在时，则往往会引出政府的需求扩张政策，以期缓解矛盾。这样，成本推进与需求拉动并存的混合型通货膨胀就会成为经济生活的现实。

可用图 7-4 对供求混合推进型的通货膨胀加以说明:

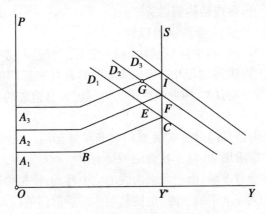

图 7-4 供求混合推进型通货膨胀

显然,图 7-4 实际上是将前面所示的图 7-2 和图 7-3 两图综合在一起所得的结果。由于需求拉动(即需求曲线从 D_1 上升至 D_2、D_3,)和成本推进(即供给曲线从 A_1S 上升至 A_2S、A_3S)的共同作用,物价则沿 CEFGI 呈螺旋式上升。

四、结构性差异说

继需求拉动型通货膨胀理论、成本推进型通货膨胀理论和混合型通货膨胀之后,以 C. 舒尔茨、P. 斯特里顿和 W. 鲍莫尔为代表的经济学家从经济部门的结构方面来分析通货膨胀的成因,形成了结构型通货膨胀理论。他们发现即使一国经济中的总供给和总需求不变,也会由于经济部门结构方面的因素,使一般物价水平持续上涨,产生"结构型通货膨胀"。这个理论的基本观点是,在一国经济中,当一些产业和部门在需求方面或成本方面发生变动时,往往会通过部门之间的相互比较而传导到其他部门,并导致一般物价水平的普遍上升。

(一) 鲍莫尔的不均衡增长模型

该理论的假设为:(1) 经济活动中有两个部门:先进部门(主要指工业部门)和保守部门(主要是服务部门);(2) 两个部门的劳动生产率的增长率不同,且先进部门的劳动生产率的增长率大于保守部门;(3) 两个部门的生产函数都是线性的;(4) 两个部门的货币工资增长率是一致的,且货币工资增长率按先进部门的劳动生产率增长。

由于整个经济的货币工资增长率是按先进部门的劳动生产率决定的,因此,对服务部门而言,其货币工资的增长率大于其劳动生产率的增长率。这样,就会给服务部门带来一定的压力,于是,服务部门就采取涨价措施,提高产品的价格。

由于整个社会对保守部门的产品（服务）的需求弹性小，而对先进部门的产品（制成品）的需求弹性大，因此保守部门可以维持其产品的高价格。结果导致整个社会价格总水平的上升，形成结构型通货膨胀。

（二）希克斯—托宾的劳动供给理论

结构型通货膨胀理论的主要观点有：(1) 实际工资是由劳资之间的长期契约决定的；(2) 在工资谈判过程中，工人通常以其与某些部门的收入差别为标准，并企图保持这种差距；(3) 短期内由于历史等因素所造成的各部门差别是公平的。

希克斯将整个经济部门分为扩展部门和非扩展部门。在经济繁荣时期，扩展部门对劳动力的需求增加，整个社会的劳动力供给相对不足，并打破了劳动力市场的平衡。在劳动力市场，由于需求曲线的向上移动，使扩展部门的工资水平上涨。而扩展部门工资水平的上涨，也使其与非扩展部门的收入差距扩大，引起了非扩展部门工人的不满，要求提高工资水平就会得到同意。于是，整个社会的工资水平和工资成本普遍上涨，导致结构型通货膨胀的形成。

与希克斯不同，托宾从劳动力市场结构解释了结构型通货膨胀理论的观点。托宾认为，劳动力市场是不完全竞争市场，一旦在个别劳动力市场上对劳动力的过度需求，就会导致整个劳动力市场货币工资的普遍上涨，从而产生结构型通货膨胀。

（三）斯堪的纳维亚模型

斯堪的纳维亚模型最初由挪威经济学家 W. 奥克鲁斯特提出，后经瑞典经济学家 G. 埃德格兰、K. 法克森和 C. 奥德纳等人修正和补充而成，被称为北欧模型。该模型在剖析北欧开放型小国通货膨膨胀的形成原因时，不仅以结构性通货膨胀理论作为理论基础，而且将其与通货膨胀的国际传递机制相结合，因此，又称为"小国开放通货膨胀模型"。

斯堪的纳维亚模型假设汇率固定不变，国外价格水平为既定。该理论将整个经济部门分为开放部门（用 E 代表）和保守部门（用 S 代表）。两个部门的价格决定方式和生产率的增长速度不同。由于 E 在世界市场上进行交易，因此其产品价格由世界商品市场的供求关系决定，同时，该部门生产率的增长速度较高；而 S 部门只能在国内市场进行交易，因此其产品价格由国内商品市场的供求关系决定，且其生产率的增长率较低，低于 E 部门生产率的增长率。

设 E 部门的通货膨胀率为 $\prod_e$，世界通货膨胀率为 $\prod_w$，S 部门的通货膨胀率为 $\prod_s$，国内通货膨胀率为 $\prod_n$；E 部门的劳动生产率为 g_e，S 部门的通货膨胀率为 g_s，且 $g_e > g_s$；E 部门在整个经济中所占比例为 a_e，S 部门所占比例为 a_s，且 $a_e + a_s = 1$。

该国国内通货膨胀率 $\prod$ 等于两个部门的通货膨胀率的加权平均值，所以有：

$$\prod = \prod\nolimits_e a_e + \prod\nolimits_s a_s \qquad (7-1)$$

虽然两个部门的货币工资增长率相同，而 S 部门的劳动生产率的增长率小于 E 部门，因此，S 部门的通货膨胀率大于 E 部门的通货膨胀率，其差额等于 $(g_e - g_s)$。所以，S 部门的通货膨胀率为：

$$\prod\nolimits_s = \prod\nolimits_e + (g_e - g_s) \qquad (7-2)$$

将(7-2)式代入(7-1)式得到：

$$\prod = \prod\nolimits_e a_e + \prod\nolimits_s a_s = \prod\nolimits_e a_e + a_s \left[\prod\nolimits_e + (g_e - g_s) \right]$$

而在开放经济条件下，$\prod_e = \prod_w + \prod_s = \prod_n$

所以
$$\prod = \prod\nolimits_e a_e + a_s \left[\prod\nolimits_e + (g_e - g_s) \right]$$
$$= \prod\nolimits_w a_e + a_s \left[\prod\nolimits_w + (g_e - g_s) \right]$$
$$= \prod\nolimits_w + a_s (g_e - g_s) \qquad (7-3)$$

由(7-3)式可以看出，即使社会总需求和总供给是既稳定的，也会由于经济结构原因引起通货膨胀。而该国通货膨胀率的高低取决于世界通货膨胀率、各部门在整个经济中所占比例和两部门劳动生产率的差距。

五、预期理论的解释

该理论主要是从对通货膨胀预期心理作用的角度来分析通货膨胀的形成过程。其基本观点是：在完全竞争的市场条件下，如果社会公众普遍预期一年后的商品价格将高于现在的价格，就会要求提高工资，并竞相购买商品，加快货币的流通速度；同时，为了保证实际利息收入不变，他们就会要求商业银行提高存款利率。这些行动将会引起现期价格水平的提高，直至其大于等于预期价格，最终形成预期的通货膨胀。西方经济学家对预期如何导致通货膨胀持两种不同的观点。一种观点认为，人们主要根据以往的经验来形成对未来物价水平的预期，这种观点形成"适应性预期假说"；另一种观点则认为，人们主要根据现阶段所提供的各种信息，分析有关变量发展变化的趋势，并形成对未来物价的预期，这种观点就是"理性预期假说"。

适应性预期理论的基本观点是人们会根据以往的经验来预期通货膨胀，并根据以往的预期误差来不断修正其预期。与上述几种通货膨胀理论不同,适应性通货膨胀理论解释了通货膨胀得以持续存在的原因,而不是通货膨胀的产生原因。正是由于预期的存在,即使整个社会中没有诱发通货膨胀的因素,也能使通货膨胀持续存在。与第 $t-1$ 期相比较,只有第 t 期的通货膨胀率加速时,适应性预期理论的观点才是正确的。同时,在实际经济中,人们可以得到包括过去实际通货膨胀率在内的一系列信息,并在预期通货膨胀时,总是将这些信息结合起来,综合预期通货膨胀率。而适应性预期理论只考虑了过去实际通货膨胀率这一信息,而忽略了其他信息,这有悖于现实情况。可见,适应性预期理论具有一定的缺陷。

一些经济学家发现了适应性预期理论的这些缺陷,并对其进行修正,形成了理性预期理论。该理论认为,社会公众在预期通货膨胀时,总是充分利用所有可以获得的信息,包括有关的经济理论和模型,理性地预期通货膨胀率;同时,尽管每期的预期值和实际通货膨胀率之间有一定的误差,但长期内,这些预期值的平均值却是稳定的。因此,理性预期学派指出,无论在短期还是长期内,货币供给量的变化只能对通货膨胀率产生影响,而对产量、收入和就业均不会产生任何影响。

对于通货膨胀的形成原因,除了上述五种理论外,一些经济学家还从财政赤字的角度分析通货膨胀的形成原因,形成了财政赤字理论。该理论认为,当一国政府出现入不敷出的现象时,为了弥补赤字,通常会实施积极的财政政策和扩张性的货币政策。政府常常会采取发行债券的财政政策工具方式实施积极的财政政策,发放对象包括商业银行,而商业银行购买政府债券相当于投放基础货币。同时,扩张性的货币政策也增加了基础货币的发行数量。由货币数量理论可知,这一行为必然引起物价的全面上涨,导致通货膨胀。

第三节 通货膨胀的经济效应

考察通货膨胀的经济效应,也就是要弄清楚通货膨胀的影响。通货膨胀是一个到处扩散其影响的经济过程,每一个公民和经济中的其他经济单位都在某种程度上受到它的影响。这里主要从两方面来考察其经济效应。

一、通货膨胀的收入分配效应

在现实经济中,产出和价格水平是一起变动的,通货膨胀常常伴随有扩大的实际产出。只有在较少的一些场合中,通货膨胀的发生伴随着实际产出的收缩。为了独立地观察价格变动对收入分配的影响,假定实际收入是固定的,然后去研究通货膨胀如何影响分得收入的所有者实际得到的收入的大小。在分析之前，还要区分货币收入和实际收入。货币收入就是一个人所获得的货币数量；而实际收入则是一个消费者用他的货币收入所能买到的物品和劳务的数量。

那么，通货膨胀的再分配效应是怎样的呢？

首先，通货膨胀是不利于靠固定的货币收入维持生活的人的。对于固定收入阶层来说，其收入是固定的货币数额，落后于上升的物价水平。其实际收入因通货膨胀而减少，他们接受每一元的收入的购买力将随价格的上升而下降。而且，由于他们接受的货币收入没有变化，因而他们的生活水平必然相应地降低。

哪些人属于固定收入阶层呢？最为明显的就是那些领取救济金、退休金的人，那些白领阶层、公共雇员以及靠福利和其他转移支付维持生活的人。他们在相当长时间内所获得的收入是不变的。特别是那些只获得少量救济金的老人，遇到这种经济灾难，更是苦不堪言。他们是通货膨胀的牺牲品。

相反，那些靠变动收入维持生活的人，则会从通货膨胀中得益，这些人的货币收入会走在价格水平和生活费用上涨之前。例如，在扩张中的行业工作并有强大的工会支持的工人就是这样。他们的工资合同中订有工资随生活费用的上涨而提高的条款，或是有强有力的工会代表他们进行谈判，在每个新合同中都能得到大幅度的工资增长。那些从利润中得到收入的企业主也能从通货膨胀中获利，如果产品价格比资源价格上升得快的话，则企业的收益将比它的成本增长得快。

其次，通货膨胀对储蓄者不利。随着价格上涨，存款的实际价值或购买力就会降低。那些口袋中有闲置货币和存款在银行的人受到严重的打击。同样，像保险金、养老金以及其他固定价值的证券财产等，它们本来是作为未雨绸缪和蓄资防老的，在通货膨胀中，其实际价值也会下降。

再次，通货膨胀还可以在债务人和债权人之间发生收入再分配的作用。具体地说，通货膨胀靠牺牲债权人的利益而使债务人获利。假如甲向乙借款1万元，一年后归还，而这段时间内价格水平上升一倍，那么一年后甲归还给乙的1万元相当于借时的一半。这里假定借贷双方没有预期到通货膨胀的影响。但是，如果一旦预期到通货膨胀，则上述的再分配就会改变。

如果借贷的名义利率为10%，而通货膨胀率为20%，则实际利率为-10%。实际利率为名义利率和通货膨胀率的差额，若名义利率为10%，通货膨胀率为5%，则实际利率为5%，只要通货膨胀率大于名义利率，则实际利率就是负值。

实际研究表明，第二次世界大战以来，通货膨胀从居民户手中把大量再分配的财富带到公共经济部门。原因有两点：第一，政府已经负债累累，而大量的债券是掌握在居民户手中的。也就是说政府是债务人，而居民户是债权人。于是，战后的通货膨胀就经常将财富从居民户那里转移到政府方面。第二，一般而言，个人所得税是累进的。所以,在通货膨胀期间,人们要多缴些税。这不但因为他们的货币收入提高了,而且还由于他们进入较高的纳税级别。因此,要支付他们收入的较大百分比给政府,必然出现这样的收入再分配结果。所以,有些经济学家认为,很难希望政府会努力去制止通货膨胀。

最后,还必须补充两点:一是由于居民户往往同是收入获得者、金融证券的持有者和实际财产(不动产)的所有者,因而通货膨胀对他们的影响可以互相抵消。例如,某家庭既有固定价值的货币资产,如储蓄、债券、保险等,会因通货膨胀而削减其实际价值,但同时这一通货膨胀又会增加他的财富,如增加房产、土地的价值。总之,许多居民同时因通货膨胀得益,又因通货膨胀有所损失。二是通货膨胀的再分配效应是自发的,它本身并未存心从谁手中拿点收入给其他人。

二、通货膨胀的产出效应

上面,假定国民经济的实际产出固定。而实际上,国民经济的产出水平是随着价格水平的变化而变化的。下面考虑可能出现的三种情况。

第一种情况:随着通货膨胀出现,产出增加。这就是需求拉动的通货膨胀的刺激,促进了产出水平的提高。许多经济学家长期以来坚持这样的看法,即认为温和的或爬行的需求拉动通货膨胀对产出和就业将有扩大的效应。假设总需求增加,经济复苏,造成一定程度的需求拉动的通货膨胀。在这种条件下,产品的价格会跑到工资和其他资源的价格的前面,从而扩大了企业的利润。利润的增加就会刺激企业扩大生产,从而产生减少失业,增加国民产出的效果。这种情况意味着通货膨胀的再分配后果会被由于更多的就业、增加产出所获得的收益所抵消。例如,对于一个失业工人来说,如果他唯有在通货膨胀条件之下才能得到就业机会,显然,这受益于通货膨胀。

第二种情况:成本推动通货膨胀引致失业。这里讲的是由通货膨胀引起的产出和就业的下降。假定在原总需求水平下,经济实现了充分就业和物价稳定。如果发生成本推动通货膨胀,则原来总需求所能购买的实际产品的数量将会减少。也就是说,当成本推动的压力抬高物价水平时,既定的总需求只能在市场上支持一个较小的实际产出。所以,实际产出会下降,失业会上升。美国20世纪70年代的情况就证实了这一点。1973年末,石油输出国组织把石油价格翻了两番,成本推动通货膨胀的后果使1973—1975年的物价水平迅速上升,与此同时,美国失业率从1973年的不到5%上升到1975年的8.5%。

第三种情况:超级通货膨胀(hyper inflation)导致经济崩溃。首先,随着价格持续上升,居民户和企业会产生通货膨胀预期,即估计物价会再度升高。这样,人们就不会让自己的储蓄和现行的收入贬值,而宁愿在价格上升前把它花掉,从而产生过度的消费购买,这样,储蓄和投资都会减少,使经济增长率下降。

第二,随着通货膨胀而来的生活费用的上升,劳动者会要求提高工资,不但会要求增加工资以抵消过去价格水平的上升,而且要求补偿下次工资谈判前可以预料到的通货膨胀带来的损失。于是企业增加生产和扩大就业的积极性就会逐渐丧失。第三,企业在通货膨胀率上升时会力求增加存货,以便在稍后按高价出售以增加利润,这种通货膨胀预期除了会鼓励企业增加存货外,还可能鼓励企业增加新设备。然而,企业这些行为到无法筹措到必需的资金(增加存货和购买设备都需要资金)时就会停止,银行会在适当时机拒绝继续为企业扩大信贷,银行利率也会上升,企业得到贷款会越来越难。企业被迫要减少存货,生产就会收缩。第四,当出现恶性通货膨胀时,情况会变得更糟。当人们完全丧失对货币的信心时,货币就再不能执行它作为交换手段和储藏手段的职能。这时,任何一个有理智的人将不愿再花精力去从事财富的生产和正当的经营,而会把更多的精力用在如何尽快把钱花出去,或进行种种投机活动。等价交换的正常买卖,经济合同的签订和履行,经营单位的经济核算,以及银行的结算和信贷活动等等,都无法再实现,市场经济机制也无法再正常运行,别说经济增长,大规模的经济混乱也不可避免了。

三、通货膨胀的财富分配效应

当通货膨胀出现后,对各阶层所拥有的财富也会有一定的影响。一个家庭的财富或资产由实物资产和金融资产构成,同时多数还有负债,其财产净值是它的资产价值与债务价值之差。一般情况下,实物资产随通货膨胀率的变动而相应升降,而金融资产则比较复杂,在通货膨胀期间,价格固定的资产或者固定面值的资产如金融证券等,其名义价格不变,其实际价值则会随着物价上涨和货币贬值而下跌,比如存款、购买债券等,存单与债券的持有者是债权人,因此在通货膨胀中,往往是受害者。而各种非固定价格的资产或者可变动金融证券等,其名义价格随着物价上涨而上升,从而实际价值不一定下跌。实际价值是否下降,主要取决于名义价格与物价上涨的速度及幅度是否一致。

正是由于以上情况,每个家庭的财产净值,在通货膨胀之下往往会发生很大变化。假设一个家庭有:

存款 20 000 元;债务 60 000 元;货币值可随物价变动而相应变动的资产 25 000 元。

当没有通货膨胀时,其资产净值为 20 000＋25 000－60 000＝－15 000 元,这时的资产净值既是名义值,也是实际值。

当出现通货膨胀时,设定通货膨胀率为 100%。为简化分析,暂时不考虑利息因素:

存款仍为 20 000 元;债务仍为 60 000 元;货币值可变的资产则变为 25 000

×(1+100%)=50 000元；总名义资产净值为 20 000＋50 000－60 000＝10 000元，而实际值为：

存款 20 000÷(1+100%)＝10 000 元；

债务 60 000÷(1+100%)＝30 000 元；

货币值可随着物价而变动的资产其实际值仍为 25 000 元，故实际资产净值只有(25 000＋10 000)－30 000＝5 000 元。

四、通货膨胀的资源分配效应

通货膨胀扰乱了社会对资源的分配与调节秩序，使有限的资源不能高效率、合理地利用。在市场经济条件下，价格机制与各种市场机制共同作用，引起社会资源合理流动。但是，在通货膨胀下，由于价格上涨，特别是由于各种商品价格上涨的时间、速度和幅度不同，表现出时间不均衡、价格不均衡，加之通货膨胀预期的存在，最终会使价格机制发生扭曲，各种市场失去正常的秩序，由此而造成的价格与市场对资源的引导与分配也会变得扭曲，甚至会导致社会资源的浪费。

例如，在通货膨胀到来之前，或者在通货膨胀初期，社会公众会认为房地产是比较理想的保值投资对象，其价格上涨率也很高，因此对房地产业的投入大量增加，但随着通货膨胀的发展，人们就会发现大量的房地产开发超过了市场需求，出现大量闲置的土地、房屋等，这就是通货膨胀造成价格扭曲，导致资源不合理分配与流动的结果。

五、通货膨胀的经济增长效应

关于通货膨胀是否促进经济增长，西方经济学家展开了激烈的争论，形成了三种观点：

(一) 促进论

这种观点认为通货膨胀具有正的产出效应，通过强制储蓄扩大投资，实现就业和促进经济增长。理由是：首先，当政府财政资金匮乏时，常常借助于向中央银行借款以解决财政开支，若政府将膨胀性收入用于实际投资，就会增加资本形成，只要私人投资不降低或者降低幅度低于政府投资，就能提高社会总投资水平，促进实际增长。其次，由于人们通货膨胀的预期调整比较缓慢，会使名义工资的变动滞后于价格的变动，这样通过转移分配，从而增加高收入者阶层的储蓄。由于通货膨胀提高了盈利率，因而还会扩大私人投资，即在通货膨胀过程中，高收入阶层的收入比低收入阶层高。因此，在通货膨胀时期，高收入阶层的储蓄总额增加，转化为投资，导致实质经济增长。这样，一方面增加政府投资，另一方面，刺激私人投资，无疑有利于促进经济增长。

(二）阻碍论

这种观点认为持续通货膨胀会通过降低效率的效应阻碍经济增长，并且带来严重的危害，如物价上涨，社会政治动荡和人心不安等，最严重的后果是对市场机制的破坏。具体地说就是：

1. 通货膨胀会降低借款成本，从而诱发过度的资金需求，而过度的资金需求会迫使金融机构加强信贷配额管理，从而削弱金融体系的运营效率。

2. 较长时期的通货膨胀会增加生产性投资的风险和经营成本，从而资金流向生产性部门的比重下降，流向非生产性部门的比重增加。

3. 通货膨胀持续一段时间后，在公众舆论的压力下，政府可能采取全面价格管制的办法，削弱经济的活力。

(三）中性论

这种观点认为通货膨胀对产出、对经济增长既无正效应也无负效应。因为公众的预期，在一段时间内会对物价上涨做出合理的行为调整，所以通货膨胀各种效应的作用就会相互抵消。

1. 通货膨胀与短期经济增长。通货膨胀对短期经济增长的影响，主要取决于资源配置水平。在一个经济体系中，如果存在资源闲置，此时经济系统中的现实产量低于最大潜在供给，由于需求的增加，使被闲置的资源得以充分利用，产量相应增加，因此保持一定程度的通货膨胀有可能刺激经济的短期增长。当在无闲置资源的情况下，无可调控的闲置资源，不管怎样增加需求，产出也不会增加，意味着市场需求开始膨胀，但总的产出保持不变，这就制约了经济的增长。

2. 通货膨胀与经济增长的动态关系。动态地看，生产能力是不断提高的，通常生产能力的提高先于需求的扩张，企业扩大需求是以其生产能力的提高为前提的，生产能力提高意味着供给的增加，总需求也随之增加，需求增加到一定程度导致通货膨胀，在一定条件下又会导致生产能力的进一步上升，形成一个循环往复的动态作用过程。

3. 经济停滞与通货膨胀。在当前世界经济中，存在着经济发展停滞与物价总水平持续上涨并存的现象，这种现象被统称为"滞涨"。关于"滞涨"的原因，经济学家各有不同的看法。凯恩斯学派认为：滞涨主要来自于供给方面，如能源危机、工资上涨等，导致失业率与物价同时提高。货币学派认为：各国政府不断采取扩张性的财政政策和货币政策，会引起公众对物价上涨的预期，最终使失业率与物价上涨同时存在。供给学派认为，各国政府奉行扩张性财政政策，一方面政府支出增加，总需求增加，导致物价上涨；另一方面增加政府收入，提高税收，使企业投资意愿及个人工作意愿减低，导致失业率提高。

第四节 菲利普斯曲线

一、菲利普斯曲线含义

菲利普斯曲线是用来表示失业与通货膨胀之间替代取舍关系的曲线,由新西兰统计学家威廉·菲利普斯(A. W. Phillips)于1958年在《1861—1957年英国失业和货币工资变动率之间的关系》一文中最先提出。此后,经济学家对此进行了大量的理论解释,尤其是萨缪尔森和索洛将原来表示失业率与货币工资率之间交替关系的菲利普斯曲线发展成为用来表示失业率与通货膨胀率之间交替关系的曲线。

1958年,菲利普斯根据英国1867—1957年间失业率和货币工资变动率的经验统计资料,提出了一条用以表示失业率和货币工资变动率之间交替关系的曲线。这条曲线表明:当失业率较低时,货币工资增长率较高;反之,当失业率较高时,货币工资增长率较低,甚至是负数。根据成本推动的通货膨胀理论,货币工资可以表示通货膨胀率。因此,这条曲线就可以表示失业率与通货膨胀率之间的交替关系。即失业率高表明经济处于萧条阶段,这时工资与物价水平都较低,从而通货膨胀率也就低;反之失业率低,表明经济处于繁荣阶段,这时工资与物价水平都较高,从而通货膨胀率也就高。失业率和通货膨胀率之间存在着反方向变动的关系。

图7-5中,横轴U代表失业率,纵轴G代表通货膨胀率,向右下方倾斜的PC即为菲利普斯曲线。这条曲线表明,当失业率高(d)时通货膨胀率就低(b),当失业率低(c)时通货膨胀率就高(a)。

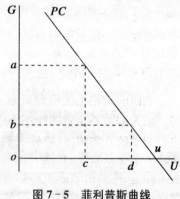

图7-5 菲利普斯曲线

菲利普斯曲线提出了如下几个重要的观点:

第一,通货膨胀是由工资成本推动所引起的,这就是成本推动通货膨胀理论。正是根据这一理论,把货币工资增长率同通货膨胀率联系了起来。

第二,失业率和通货膨胀存在着替代取舍的关系,它们是可能并存的,这是对凯恩斯观点的否定。

第三,当失业率为自然失业率(u)时通货膨胀率为0。因此可以把自然失业率定义为通货膨胀为0时的失业率。

第四,由于失业率和通货膨胀率之间存在着替代取舍关系,因此可以运用扩张性的宏观经济政策,用较高的通货膨胀率来换取较低的失业率,也可以运用紧缩性的宏观经济政策,以较高的失业率来换取较低的通货膨胀率。这就为宏观经济政策的选择提供了理论依据。

二、菲利普斯曲线

原始菲利普斯曲线关注于名义工资,没有考虑通货膨胀预期。首先,工资变化率决定于实际失业率,失业对工资增长具负面影响;其次,通货膨胀率等于工资变化率。即:

$$\hat{W} = W(U) \quad (W_\delta^L < 0) \tag{7-4}$$

$$\hat{P} = \hat{W} \tag{7-5}$$

结合(7-4)式、(7-5)式即得如下原始菲利普斯曲线:

$$\hat{P} = W(U)$$

公式中,$\hat{W}$代表名义工资变化率,u代表失业率,$\hat{P}$代表通货膨胀率。如图7-5所示,通货膨胀率与失业率之间呈替代关系。二战前和50、60年代,这种关系在一些国家中相当稳定,并与经验观察高度吻合。

三、预期扩展的菲利普斯曲线

上面的理论无法解释对雇主和工人来说实际工资才是重要的这样一个事实。工人们关心工资的购买力而不是货币工资本身,雇主也不关心名义工资而关心劳动的真实成本,这使人们对原始菲利普斯曲线的真实性提出质疑。因为实际工资才是真正重要的,所以名义工资变化率必须用通货膨胀率来纠正。工资变化率部分地由预期通货膨胀率决定,部分地由实际失业率决定;通货膨胀率等于工资变化率减去生产率增长率。即:

$$\hat{W} = W(U) + \lambda E\hat{P} \quad ((W_\delta^L < 0), 0 \leqslant \lambda \leqslant 1) \tag{7-6}$$

$$\hat{P} = \hat{W} - \pi \tag{7-7}$$

结合(7-6)式、(7-7)式,得到如下预期扩展的菲利普斯曲线:

$$\hat{P} = W(U) - \pi + \lambda E\hat{P}$$

公式中,$E\hat{P}$代表预期通货膨胀率,π代表生产率增长率,其余符号的含义与上文相同。可以看出,通货膨胀率取决于生产率增长率、失业率和预期通货膨胀率。

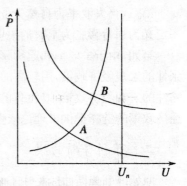

短期里,$0 \leq \lambda \leq 1$,我们得到一条向下方倾斜的菲利普斯曲线。生产率增长率和预期通货膨胀率的变化都会引起这条曲线的移动。

长期里,$E\hat{P} = \hat{P}$,$\lambda = 1$。即:长期里,不仅预期准确,而且通货膨胀预期全部进入工资合同。我们得到一条垂直的菲利普斯曲线:

$$U_n = W^{-1}(\pi)$$

只有生产率的增长率才能使这条垂线移动。这里的长期与短期,不是一个时间概念,而是一个经济概念。看预期是否正确,通货膨胀预期是否能全部进入工资合同。

四、菲利普斯曲线的解释及其发展

菲利普斯曲线的理论解释仍然可以归结为成本推进和需求拉动两个方面的原因。

从成本推进方面看,不管何种原因引起货币总需求的扩大,以致对产品从而对劳动力的需求增加时,工会对于工资议价的力量也相应增强,这样,物价上涨,工资提高,就业减少,出现物价—工资—物价相互推进的通货膨胀。

从需求拉动方面看,货币工资增长率取决于劳动市场上对劳动的超额需求,即如果企业主计划雇用的劳动力大于或者小于劳动的计划供给,并且无论是哪一种情况,都会使工资和就业发生相应的变化,导致菲利普斯曲线发生同样的变化。

但是在实际经济运行中,失业率与通货膨胀之间的关系已经有所变化,传统的菲利普斯曲线已经不能解释新经济现象,因此,菲利普斯曲线本身就需要发展。

根据货币主义和理性预期学派的观点,如果引进适应性预期的概念,并且考虑到人们无法在短期内进行调整,只能根据实际发生的情况在长期中逐步调整

预期,那么菲利普斯曲线的发展就会出现三种情况:

第一种情况,菲利普斯曲线向右上方移动,这表明必须用更高的通货膨胀率才能换取一定的失业率水平,或者必须用更高的失业率换取一定的通货膨胀率水平。

第二种情况,菲利普斯曲线成为一条垂线,这表明通货膨胀率与失业率不再存在着此消彼长的相互关系,即无论通货膨胀率如何上升,失业率也不会下降,既定的失业率成为经济中无法消除的硬核。

第三种情况,菲利普斯曲线成为一条向右上方倾斜的曲线,这表明通货膨胀与失业同方向变动,即通货膨胀越高,失业率也越高,两者同时增加。由于这一情况较现实地反映了滞胀现象,并且是对过去的菲利普斯曲线的否定,因此又被称为菲利普斯曲线的恶化。

第五节 反通货膨胀的政策措施

从宏观经济角度看,通货膨胀是和失业具有同等重要性的难题。在西方,几乎每次总统竞选时,候选人都要抨击通货膨胀并发誓一旦当选就予以控制。经济社会的物价几乎是每个成员都非常关注的问题。物价稳定已成为西方国家宏观经济政策的主要目标之一。本节旨在论述西方国家针对通货膨胀的政策。

在宏观经济学中,主要有两种不同的思路来对付通货膨胀。其分歧在于是否值得治理通货膨胀以及如何治理通货膨胀。

西方学者认为,对付通货膨胀主要有两种方案,或用衰退或使用收入政策来降低通货膨胀。下面依次加以说明。

一、用衰退来降低通货膨胀

从上一节动态总供求模型中可知,要降低通货膨胀,可通过使动态总需求曲线向左移动的办法来达到。在政策上,这可以通过实施紧缩性的财政政策和货币政策来实现。在实践上,存在着两种不同的政策选择:即渐进主义的与激进主义的。

(一) 渐进主义的选择

渐进主义的基本特征是以较小的失业和较长的时间来降低通货膨胀率。图7-6显示了渐近主义降低通货膨胀率的情况。

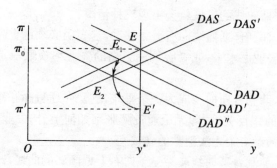

图 7-6 渐进主义的选择

图中,经济最初处于动态总需求曲线 DAD 和总供给曲线 DAS 的交点 E 的状态上,这时通货膨胀率为较高的 π_0,政府用紧缩性的经济政策使总需求曲线由 DAD 下移至 DAD',使经济沿着总供给曲线 DAS 从 E 点移动较小距离至 E_1 点。与 E_1 点较低的通货膨胀率相对应,短期总供给曲线下移到 DAS'。接着随着紧缩性政策的进一步实施使经济运行到 E_2 点,总供给曲线再次下移,这个过程不断持续下去。最后,经济运行到 E' 点时,产量回到其潜在水平。而在该点处,通货膨胀率达到了预期的目标,即为较低的 π'。在这一调整过程中,尽管失业始终处在正常水平之上,但并没有大规模的经济衰退。

渐进主义的策略还可以用图 7-7 来描述。

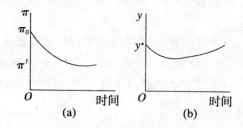

图 7-7 渐进主义策略的说明

图 7-7 中,(a)图表示渐进主义的策略使通化膨胀率缓慢地回落到目标水平上。(b)图则表示,这种策略并没有对经济与自然失业率偏离太远。

(二) 激进主义的选择

与渐进主义的特征相反,激进主义是以较高的失业率和较短的时间来降低通货膨胀率。图 7-8 显示了激进主义降低通货膨胀率的情况。

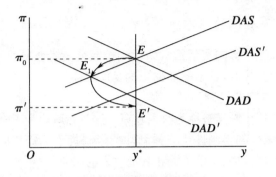

图 7-8 激进主义的选择

图中,经济最初处在 E 点所对应的状态上。这时的通货膨胀率为 π_0,为使通货膨胀率回落到 π' 的目标水平上,政府用力度较大的紧缩性的经济政策使总需求曲线下移到 DAD',经济由 E 点移动到 E_1 点。从图 7-14 中可见,由此造成的迅速衰退程度要远大于渐进主义的情形。

通过比渐进主义政策造成更大程度的通货膨胀的降低,激进主义策略使得短期总供给曲线下移更大的距离。随着这种紧缩性政策的实施,经济较迅速地回落到充分就业及较低的通货膨胀率的 E' 点上。与渐进主义的策略不同,激进主义政策造成了较大规模的经济衰退,但通货膨胀率的下降也迅速得多。图 7-9 进一步说明了这一情况。

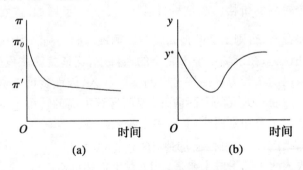

图 7-9 激进主义策略的说明

通货膨胀的降低总会以经济衰退为代价,但这一替代如何衡量呢?为此,宏观经济学引入了牺牲率的概念。所谓牺牲率是指(作为反通货膨胀政策结果的) GDP 损失的累积百分比与实际获得的通货膨胀的降低量之间的比率。假定一项政策在 3 年时间把通货膨胀率从 10% 降至 4%,其代价是第一年产量水平低于潜在水平 10%,第二年低 8%,第三年低 6%。GDP 的总损失是 24%(10%+8%+6%),通货膨胀的降低是 6%(10%—4%),于是牺牲率为 24%÷6%=4。

二、以税收为基础的收入政策

有时政府可以通过影响实际因素来达到控制通货膨胀的目的,这些实际因素包括工资与物价的控制,道德的劝说和改变预期。

(一) 工资与物价的控制

对工资与物价的控制又被称为收入政策。这是指政府为了降低一般价格水平上升的速度,而采取的强制性或非强制性的限制货币工资和价格的政策。其目的在于影响或控制价格、货币工资和其他收入的增长率。

收入政策的理论基础主要是成本推动通货膨胀理论。上面说过,成本推动通货膨胀来自供给方面,是由于供给方面提高了成本,特别是提高了工资,从而引起价格水平的上涨。因为,在一个货币工资率的增长快于劳动生产率增长的经济中,价格水平的趋势是向上调整,其调整数量等于弥补上述差额所需的数量。为进一步说明这一论断,西方学者从微观经济学中的货币工资等于劳动边际产品价值的公式,即 $W = P \cdot MP_L$(式中 W 为货币工资,MP_L 为劳动边际产品,P 表示产品价格)出发。如果在任一年份 W 提高 5%。而该年劳动的边际产品 MP_L 也提高 5%,则 $\dfrac{W}{MP_L}$ 仍然不变,从而没有发生变动的 P 仍然符合最大利润原则。而另一方面,如果 W 增长的百分比大于 MP_L 增长的百分比,这表示最大利润需要一个较高的价格。在这种场合下,$\dfrac{W}{MP_L}$ 有了增加,这意味着价格相应于成本必然要提高,否则工资的提高就会以牺牲厂商的利润为代价。

西方学者还认为,在市场竞争不完全的条件下,当通货膨胀发生时,工会和企业又会利用自己的垄断力量保持自己的实际收入,因而货币工资和价格继续增长。这种增长威胁到他人的实际收入,因而导致更高的货币工资和更高的价格。为了抑制货币工资和价格,有必要采取收入政策。

战后,美国、英国、法国、荷兰、瑞典、加拿大、意大利等国,都实行过收入政策。他们推行收入政策的手段主要是:(1) 对工资和价格进行管制,即企业和工会不经政府有关部门同意,不得提高工资和价格。这是最强硬的措施。(2) 对工资和价格进行指导,即由政府规定工资和价格的指导指标,指令工会和企业参照执行。这类措施与第一类措施相比,较为软弱。在 20 世纪 60 年代和 70 年代,美国政府曾经交替使用过这两种手段。历史上美国政府曾实行过三次收入政策。第一次实行收入政策的是肯尼迪和约翰逊政府。第二次实行收入政策是尼克松政府。第三次实行收入政策是卡特政府。三次的效果都不理想。下面以尼克松政府的收入政策作为例子予以简要说明。

1969 年,尼克松政府执政的第 1 年,消费价格指数上升 6.1%。尼克松政府采用财政政策和货币政策来反通货膨胀,但收效甚微。1971年8月15日,尼克松政府采取了极端形式的收入政策,宣布自即日起全面冻结价格、工资和租金90天,由政府设立的生活费用委员会强制实行。这是尼克松政府收入政策的第一阶段。1971年11月13日进入第二阶段。在这个阶段,将工资和价格冻结改为工资和价格指导指标,这种指导是指令性的。工资由工资委员会管制,价格和租金由价格委员会控制,利息和红利由利息和红利委员会管理。1973年1月11日起为第三阶段。在这个阶段,将指令性的工资和价格指导改为尽可能自愿的但又有必要强制的工资和价格指导。在第三阶段的头几个月,消费价格指数急剧上升。1973年6月,尼克松政府又实行第二次价格冻结。1973年8月12日开始第四阶段。在这一阶段,对成本压力没有增大的行业或能增加国内市场供给以减轻价格压力的行业解除管制,对其他行业则加强工资和价格指导。为期32个月的管制政策至1974年4月30日结束。此后,工资和价格又重新由市场力量决定。

大多数经济学家都反对限价的方法,首先,人为地限制产品和劳务的价格不利于资源的有效配置,因为,市场经济的资源配置依赖价格讯号;其次,这种做法没有触及通货膨胀的深层原因,如对商品的超额需求。再有,这种控制是难以实施的,而且通常会导致不同程度的低效率。比如,工资被控制时,雇主可以通过对职位重新分类而绕过控制。增加秘书的工资也许是违法的,但是,提升秘书到一个"新"的岗位就不违法了,将秘书升为主任助理,就可以增加薪水。

强行限价还存在着另一个困难。因为通货膨胀是所有商品的价格一起上涨,而不是每个商品的价格分别上升。即使价格总水平没有上涨或上涨很少,各种商品的相对价格也在不断地变化着。如果物价控制要持续相当长时间的话,它必须允许这些相对价格的变动。如果不这样的话,低于均衡价格的那些商品就要发生短缺。

(二) 道德劝说

政府的另一种反通货膨胀的办法,是使用非正式的工资和物价控制。政府不直接地控制物价和工资,而是更巧妙地借助于一种被称做道德劝说或施加压力的办法,这种方法试图劝说企业和工人不要涨价或涨工资。政府编制了物价和工资的指导线,希望工人和企业能够遵守。政府可以通过一个杠杆,产生一种比求助于人们道德诚实更强有力的力量。这一杠杆就是,政府可以不购买该企业的产品来威胁那些不听从劝告的企业。这种施加压力的做法在一个时期果然产生了效果。肯尼迪总统曾担心美国钢铁公司提价,会引起通货膨胀的螺旋,他通过对钢铁公司施加压力,成功地使公司撤销了提价的企图。

(三) 改变预期

道德劝说的办法所以能够奏效,很大程度上是因为这种方法打破了人们对通货膨胀的心理预期,这种预期在使通货膨胀得以持续方面扮演重要角色。如果工会和企业坚信每个人都会屈从政府压力,他们就会愿意缓和自己对工资的要求和提价的要求。但是,这一点也正是道德劝说不那么可靠的地方:因为很难对市场的心理反应做出预测。

一些经济学家认为货币政策的一个重要作用也是劝说,因为中央银行要让每一个人都确信它对通货膨胀的强硬立场。如果中央银行能够成功,那么它就打破了人们对通货膨胀的预期,工资增长会降低,工资物价螺旋也会被打破。中央银行的成功是不言自明的,既然通货膨胀被打破了,那么就不必要采取紧缩信贷的政策,这种紧缩政策对产出和就业都有负面影响。

根据前面所论述的动态总供求模型,如果人们相信政府所采取的打破通货膨胀的任何行动都是成功的,这种预期本身就有助于消灭通货膨胀。政府的政策能够成功,部分得力于人们相信它可以成功。相反,如果人们认为政策不可能奏效,那么,通货膨胀的预期就不可能被打破,通货膨胀就可能会持续下去。

如果人们的预期变化缓慢,在失业与通货膨胀之间就会存在一个替换关系,这种关系会持续相当长的时间。由于人们的预期变化缓慢,使得政府更容易在不引发较高通货膨胀的情况下降低失业。但是,一旦通货膨胀的预期发展起来,要想停止通货膨胀就很难了。即使失业率很高,通货膨胀率也可能会很高。要想使通货膨胀降下来,就必须使高失业率维持相当长的时期。

这里需要指出的是,本节前面所说明的激进主义策略非常有利于以降低通货膨胀率为目标。激进主义政策似乎比渐进主义政策更令人可信。而一种可信的政策就是那种公众相信它会被继续保持下去并最终获得成功的政策。事实上,对政策已经改变的信念本身也会降低预期通货膨胀率并由此引起短期菲利普斯曲线的向下移动。

三、指数化政策

通货膨胀会引起收入分配的变动,例如,通货膨胀会使实际工资下降,从而使利润增加和实际纳税额增加。指数化政策就是为了消除通货膨胀的这种影响,以有利于总供给和整个经济的稳定。指数化政策是指按通货膨胀指数来调整有关变量的名义价格,以便使其实际值保持不变。其存在以下形式:

(一)利率指数化

即根据通货膨胀率来调整名义利率,以保持实际利率不变。即在债务契约中规定名义利率自动按通货膨胀率进行调整。这样,就可以使通货膨胀不会对正常的债务活动与住房投资这类长期投资产生不利的影响。

此外,银行存款利率也要按通货膨胀率进行调整,以保护储户的利益,既便于银行吸引存款,也有利于储户进行储蓄的积极性。

利率作为资本的价格可以使资本这种资源得到最优配置,通货膨胀会使利率受到扭曲,从而会导致资源配置失误。对利率实行指数化则可以消除这种失误,因此,这种指数化政策得到了广泛采用。

(二) 工资指数化

根据通货膨胀率来调整货币工资,把货币工资增长率与物价上涨率联系在一起,使它们同比例变动。这种做法一般称为"生活费用调整"。具体做法是在工资合同中增加"自动调整条款",规定按通货膨胀率自动地调整货币工资标准。在美国最早是1948年通用汽车公司与工会之间达成这一协议,以后逐渐广泛采用。在现实中,这种调整有完全性调整——即完全按通货膨胀率调整货币工资,也有部分调整。部分调整有两种形式:一种称为"阈"(threshold),即规定一个临界点,超过这一点再调整。这就是说,通货膨胀率低时货币工资仍不变,只有通货膨胀达到一定程度,才会调整。另一种形式称为"顶"(cap),即对工资调整的幅度有一个限制,这就是说,无论通货膨胀为多少,每年货币工资的增加幅度不得超过某一数值。

此外,对退休金、养老金、失业补助、贫困补助等社会保险与福利支出也实行类似的指数化。

这种工资指数化的作用在于抵消通货膨胀对人们生活水平和实际收入的影响,使人们的生活水平不至于通货膨胀而下降。同时,也可以减少人们对通货膨胀的恐惧心理,抵消通货膨胀预期对经济的不利作用。此外,还可以促进工资合同的长期化,有利于劳动关系的稳定。这些对经济和社会安定都有积极作用。

但是,工资指数化的作用是有限的,因为在许多情况下是用局部补偿的做法,使由于通货膨胀带来的损失无法完全得到补偿,而且,货币工资的调整一般总落后于通货膨胀,再加上有一些非工会会员工人和中小企业工人往往得不到保护,因此,并不是所有的工人都能享受工资指数化的好处。此外,工资指数化还有可能导致"工资—物价螺旋式上升",从而加剧通货膨胀。当通货膨胀在较长时期内得不到治理,生产又不能迅速增长的情况下,根据通货膨胀来调整工资就会加剧通货膨胀。这就说明对工资指数化要持谨慎的态度。

(三) 税收指数化

指按通货膨胀率来调整纳税的起征点和税率等级。例如,假定原来起征点为500元,当通货膨胀率为10%时,就可以把起征点改为550元。税率等级也可以按通货膨胀率相应地进行调整。

这样做的好处是制止政府放纵通货膨胀的行为,使政府采用积极的反通货膨胀政策。但这种措施的实施是相当困难的。因为税收指数化相当复杂,涉及税收制度等问题,而且要政府自己限制自己的行为也是不易的。

以上各种指数化做法虽然在一定程度上可以消除通货币膨胀对经济的消极

影响,有利于社会稳定,但由于实施起来较为困难,特别是加剧通货膨胀的危险,因此,如何根据不同情况来采用指数化政策仍然是值得研究的,也有一些经济学家对这种政策持否定意见。

本章参考文献

1. 斯蒂格利茨:《经济学》,中国人民大学出版社,1997
2. 霍尔,泰勒等:《宏观经济学——理论、运行和政策》,中国经济出版社,1988
3. 曼昆:《经济学原理》,北京大学出版社,1999
4. 刘厚俊:《现代西方经济学原理》,南京大学出版社,2002
5. 厉以宁,秦宛顺等:《现代西方经济学概论》,北京大学出版社,1985

问题与练习

1. 名词解释:

通货膨胀;消费价格指数;生产价格指数;结构性通货膨胀;工资—价格螺旋上升;菲利普斯曲线。

2. 设总供给$Y_S=380$,总需求$Y_D=500-40P$。求:(1)当价格为2时的供求状况;(2)价格水平为多少才能达到国民收入均衡?(3)通货膨胀率是多少?
3. 怎样认识通货膨胀对于经济的效应?
4. 通货膨胀的持续性是怎样造成的?有什么方法可以抑制?
5. 西方宏观经济学对于通货膨胀形成的原因有哪些解释?
6. 怎样认识供求混合推进通货膨胀的理论?
7. 说明和比较激进的和温和的两种抑制通货膨胀方法的过程及其利弊。

第八章 失业理论

我们都知道劳动力是生产力中最重要的因素,一国劳动力的就业程度在一定程度上影响着一国经济的发展水平,同时也反映出一国生产力水平的高低。大多数人依靠劳动收入来维持生活水平,失去工作意味着现期生活水平降低。因此,宏观经济学把一国就业与失业问题当做一项重要的研究内容,一些经济理论学家也对许多国家的失业状况进行了系统的研究和总结,随着社会的进步和发展,逐步形成了许多有关失业的经济理论。

第一节 失业的基本概念

一、失业的定义

失业有广义和狭义之分。广义的失业指的是生产资料和劳动者分离的一种状态。在这种状态下,劳动者的生产潜能和主观能动性无法发挥,不仅浪费社会资源,而且对社会经济发展造成了负面影响。狭义的失业指的是有劳动能力、处于法定劳动年龄阶段,并有就业愿望的劳动者失去或没有得到有报酬的工作岗位的一种社会现象。这里我们谈论和研究的主要是狭义上的失业。

在经济学范畴中,一个人愿意并有能力为获取报酬而工作,但尚未找到工作的情况,即认为是失业。失业者就是能够工作且在之前四周内努力找工作但没有找到工作的人,还包括被解聘正在等待重新被招回工作岗位的人。失业者应该满足以下几方面的条件:

(1) 达到法定劳动年龄;
(2) 有从业的愿望;
(3) 实际没有工作岗位。

失业率(unemployment rate)是指失业人口占劳动人口的比率(一定时期全部就业人口中有工作意愿而仍未有工作的劳动力数字),如果用 U 表示失业率,用 UN 表示失业人数,用 L 表示劳动力的数量,那么 $U=UN/L$。失业率旨在衡量闲置中的劳动产能,是反映一个国家或地区失业状况的主要指标。在美国,失业率每月第一个周五公布,在台湾,则于每月23日由行政院主计处公布。失业数据的月份变动可适当反应经济发展。大多数资料都经过季节性调整。故失业率被视为落后指标。

二、失业的种类

按劳动者的就业意愿,失业可以分为两类:一类是自愿失业,另一类是非自愿失业。所谓自愿失业是指工人所要求的实际工资超过其边际生产率,或者说不愿意接受现行的工作条件和收入水平而未被雇用而造成的失业。由于这种失业是由于劳动人口主观不愿意就业而造成的,所以被称为自愿失业,无法通过经济手段和政策来消除,因此不是经济学所研究的范围。非自愿失业是指劳动者虽然愿意接受现行的工资率,但仍然找不到工作而发生的失业。在没有特殊说明的情况下,本书中所说的失业通常是指非自愿失业。

按照失业的原因,非自愿失业包括以下几种类型:

(一)摩擦性失业

摩擦性失业是指在生产过程中由于难以避免的摩擦引起的短期、局部性失业,它通常是劳动者的正常流动所发生的失业。例如,当人们离开原来的工作岗位后,还需要一段时间寻找新的工作。在该过程中,工作机会和寻找工作的人的匹配在经济中并不总是顺利地发生,结果一些人便得不到工作而滞留在失业的队伍里。当代西方经济学家认为摩擦性失业是一种过渡性失业,同时它也是不可避免的失业。

相对来说,一定数量的摩擦性失业是一件好事。如果人们花一些时间找到更适合自己工作能力的工作,对一个经济实体实际上是有建设意义的,而失业人员在找到更适合的工作之前忍受一段时间的失业也并非是很痛苦的事情。事实上,当失业率不高的时候,失业的时间相当短暂,说明大部分的失业是摩擦性的失业。增加职业训练计划与提高信息沟通(使失业者能确实掌握就业机会)可降低这方面的失业。

(二)结构性失业

结构性失业是指劳动力的供给和需求不匹配所造成的失业,其特点是既有失业,又有职位空缺,失业者或者没有合适的技能,或者居住地点不当,因此无法无法填补现有的职位空缺,它是因经济结构变化而发生的失业。例如,随着社会的进步和科学技术的发展,第三产业迅速兴起,原有的第一产业和第二产业中的某些部门逐渐走向衰落。那些从旧工业部门排挤出来的工人,很难适应新兴产业部门的技术要求,因此有一部分人将会面临失业。

在某种意义上,结构性失业是长期的摩擦性失业。任何经济结构的变化都伴随着劳动力的重新配置。如果劳动力的配置进行得很快,如劳动者离开原来的工作即寻找同样类型的工作,这种情况下发生的失业就是摩擦性失业。如果劳动力的配置进行得很慢,如劳动者需要重新训练以后才适应新的工作的要求,这种情况下的失业就是结构性失业。

(三) 周期性失业

周期性失业是指经济周期中的衰退或萧条期,因社会总需求下降而造成的失业。当经济发展处于一个周期中的衰退期时,社会总需求不足,因而厂商的生产规模也缩小,从而导致较为普遍的失业现象。周期性失业对于不同行业的影响是不同的,一般来说,需求的收入弹性越大的行业,周期性失业的影响越严重。也就是说,人们收入下降,产品需求大幅度下降的行业,周期性失业情况比较严重。通常用紧缩性缺口来说明这种失业产生的原因。紧缩性缺口是指实际总需求小于充分就业的总需求时,实际总需求与充分就业总需求之间的差额。由于这种失业是总需求不足引起的,因而也被称为"需求不足的失业"。

(四) 季节性失业

由于某些部门的间歇性生产特征而造成的失业叫作"季节性失业"。例如,有些行为或部门对劳动力的需求随季节的变动而波动,如受气候、产品的式样、劳务与商品的消费需求等季节性因素的影响,使得某些行业出现劳动力的闲置,从而产生失业,主要表现在农业部门或建筑部门,或一些加工业如制糖业。季节性失业是一种正常性的失业。它通过某些产业的生产或影响某些消费需求而影响对劳动力需求。

季节性失业有以下几个特点:

(1) 地理区域性较强;

(2) 行业性差别较大;

(3) 有规律性;

(4) 失业持续期有限。

随着技术的进步,季节性失业有减轻的趋势。

(五) 技术性失业

技术性失业是由于技术进步所引起的失业。在经济增长过程中,技术进步的必然趋势是生产中越来越广泛地采用了资本、技术密集性技术,越来越先进的设备替代了工人的劳动,这样,对劳动需求的相对减小就会使失业增加。此外,在经济增长过程中,资本品相对价格下降和劳动力价格相对上升也加剧了机器取代工人的趋势,从而也加重了这种失业。属于这种失业的工人都是文化技术水平低,不能适应现代化技术要求的工人。

除了这几种主要失业类型外,经济学中常说的失业类型还包括隐藏性失业,所谓隐藏性失业是指表面上有工作,但实际上对产出并没有作出贡献的人,即有

"职"无"工"的人,也就是说,这些工作人员的边际生产力为零。当经济中减少就业人员而产出水平没有下降时,即存在着隐藏性失业。美国著名经济学家阿瑟·刘易斯曾指出,发展中国家的农业部门存在着严重的隐藏性失业。

三、失业的测定

在美国,由劳动统计局(BLS)负责对失业现象进行定义和衡量。劳动统计局每个月随机选取6万个家庭进行调查。这些家庭中的每位16岁以上(包括16岁)的成员都要被归为以下3类之一:

1. 在业人员。如果调查对象在进行调查的上一周从事的是全职工作或兼职工作(即使工作几小时也算),或者他在上周恰逢例假或病假,但本身拥有一份正常的工作,则归为在业人员。

2. 失业人员。如果调查对象在进行调查的上一周没有工作,但他在过去4周为了寻找工作进行了一些努力和尝试(例如参加面试),则归为失业人员。

3. 劳动力外人员。如果调查对象在进行调查的上一周没有工作,而且他在过去4周也没有寻找工作,则归为劳动力外人员。换句话说,那些既没有就业也没有失业(我们将失业定义为想找工作但无法得到工作)的人群,我们称之为"劳动力外人员"。全日制学校的学生、无偿的家庭主妇、退休人群以及那些由于疾病而没有能力工作的人群都属于劳动力外人员。

劳动统计局基于调查的结果,对整个国家范围内三类人员的失业情况进行估计。

为了获得失业率数据,劳动统计局首先必须计算劳动力的规模。我们将劳动力定义为经济中在业人员与失业人员的总数(劳动统计局调查中的前两类人)。失业率则被定义为失业人口占劳动力的比例。我们要注意,(由于读书、退休、缺乏劳动能力等原因)处于劳动力之外的那些人群并不计入失业人口,因此他们的数量对失业率不会造成影响。一般而言,居高不下的失业率暗示着经济表现不尽如人意。

参与率是另一个有用的统计指标,它定义为劳动力占工作年龄层人口的比率(人口中已就业和阻碍寻找工作人群的比率)。参与率可以通过用劳动力总数除以工作年龄层(16岁以上)人口计算得到。

四、失业的分布

(一)年龄分布结构

实证分析表明,低年龄的失业率一般高于更高年龄段的失业率(如8-1表所示),青年人的失业率一般高于中年人的失业率。

表 8-1 部分国家按年龄细分的失业率情况(1989年)

国 家	总体	15～19*	20～24	25岁以上
美 国	5.3	15.0	8.6	4.0
澳大利亚	6.2	14.8	8.4	4.6
加拿大	7.5	13.1	10.1	6.6
法 国	9.7	19.5	20.9	8.2
意大利	7.8	29.2	21.5	4.7
日 本	2.3	7.2	3.8	2.0
瑞 典	1.3	3.2	2.9	1.0
英 国	7.2	10.5	9.8	6.4

这些年,劳动力市场上的"4050"现象受到人们的瞩目,也常被媒体报道。它指的是在某些行业(尤其是需要体力的行业)40～50周岁这一年龄段的人员大量下岗和失业的现象。

这一年龄档的人在某些行业(尤其是需要体力的行业)往往体力、身体健康状况等下降较明显,知识技能也常常不占优势,尤其是前几年,这一年龄档的人大多是那些文革中的"老三届",学历低,市场竞争能力差,他们往往是企业解雇的首选,一旦失业,再就业能力更差。

(二) 性别分布结构

一般妇女的失业率高于男性,但近年来女性与男性的失业率有拉近的倾向,见表 8-2。

表 8-2 英国按性别分类的失业率情况(1986年)

年龄段	男性	女性
15～19	21.56	17.03
20～24	21.32	15.40
25～44	12.36	7.33
45～54	11.37	5.80
55～59	18.64	9.33
60岁以上	9.85	0.37
总 体	14.27	9.09

(三) 期限分布结构

实证分析表明,经济繁荣时期,短期失业在总失业中所占比率较高,长期失业所占比率较低；经济萧条时期，长期失业所占比率较高，而短期失业所占比率相对较低。

(四) 流动分布结构

失业群体实际上一直处于流动状态中。失业群体的流出与流入状态决定了失业率水平的变动

(五) 行业分布结构

新兴行业的勃兴和传统行业的日渐衰落使得失业群体的行业分布呈现不均匀特征。新兴行业的失业率相对比传统行业和夕阳行业的失业率低。

表8-3 中国三大产业的就业率变化（占总就业的比率）

年 份	第一产业	第二产业	第三产业
1999	50.1	23	26.9
2000	50	22.5	27.5
2001	50	22.3	27.7
2002	50	21.4	28.6
2003	49.1	21.6	29.3

第二节 失业期、失业周期及失业的影响

一、失业期和救济金

失业期是指劳动者处于失业状态下的持续时间。当一个人变成失业者时，失业持续时间可能短还是长？回答这个问题是十分重要的，因为它表明了失业的原因，以及适当的政策反应应该是什么。一方面，如果大多数失业是短期的，就可以认为这是摩擦性失业，而且也许是无法避免的。失业工人可能需要一些时间来寻找最适合于自己技能和爱好的工作。另一方面，长期失业不容易归因于使工作与工人相匹配所需要的时间；我们不期望这种匹配过程需要很长时间。长期失业更可能是等待性失业。因此，有关失业期的数据就会影响我们关于失业原因的观点。

对我们这个问题的回答结果是微妙的。数据表明，大多数失业持续时间是短的，但大多数失业周数要归因于长期失业者。考虑普通一年的数据。1974年的失业率是5.6%。在那一年，60%的失业在一个月之内结束，但69%的失业周数发生在持续二个月或更长时间的人身上。

为了说明这两种事实都是正确的,考虑下面一个例子:假设在某一年的一部分时间里有10%的人失业。这10%的人中,8%的人失业1个月,而2%的人失业2个月,总计失业32个月。在这个例子中,大部分失业持续时间是短的:10次失业中有8次,或者说80%的失业在一个月结束。但大多数失业月份是由于长期失业者:32个月中有24个月,或者说75%,是由失业12个月的两个工人经历的。大部分失业表现为短期还是长期,取决于我们失业次数还是看失业月数。

这种失业持续时间的证据对公共政策有重要含义。如果目标是大幅度降低自然失业率,那么政策应该针对长期失业者,因为这些人占了大部分失业量。但政策必须谨慎地确定目标,因为长期失业者只是失业者中的少数。那些成为失业者的大多数人会在短时间内找到工作。

失业者在失业期可以领取失业救济金。失业救济金是指劳动者暂时丧失工作和劳动收入后,在等待就业期间,从国家和社会获得物质帮助的一种社会保障。

享受失业金是有一定条件的:

(1)按照规定参加失业保险,所在单位和本人已按规定履行缴费义务满一年以上的;

(2)在法定劳动年龄内非因本人意愿中断就业的;

(3)已按规定办理失业和求职登记的。若主动离职,是不支持领取失业保险金的。

二、失业的周期与奥肯定律

(一) 失业与商业周期、产出缺口

前面我们已经提到过失业率的概念,但失业率又分为自然失业率和实际失业率。前者是指充分就业状态下的失业率,后者是经济发展中实际的失业人口占劳动力的比率。

尽管自然失业率会随时间的变化而变化,但它的变化是渐进的。然而实际失业率围绕自然失业率的波动反映了失业的周期性波动,同时也反映了总产出围绕商业周期的变化:在经济衰退期自然失业率通常会上升,在经济扩张期则会下降。为了了解其中的原因以及一些例外,我们需要探讨总产出变化和失业率变化之间的联系。

这里我们首先引入一个潜在产出的概念,也就是所有价格调整后,经济体能够创造的实际GDP水平。潜在产出一般会随着时间的流逝呈现持续增长的态势,反映的是长期增长。然而,我们在学习总供给—总需求模型时知道,在短期真实产出会围绕潜在产出波动:当真实产出水平低于潜在产出水平时会存在衰退缺口;而当真实产出高于潜在产出时会存在通货膨胀缺口。不管哪种情形,实

际 GDP 产出水平与潜在产出水平之间的百分比被称为产出缺口(output gap)。当一个经济体的产出多于或低于其被"预期"的产出水平时就会存在正向或负向的缺口,因为所有的价格还没有做出调整。

这种结果表明了失业率和产出缺口之间存在着非常直接的关系。这种关系包括两点:

1. 当真实产出水平等于潜在产出水平时,实际失业率等于自然失业率。

2. 当产出缺口为正向(存在通货膨胀缺口)时,实际失业率低于自然失业率;当产出缺口为负向(存在衰退缺口)时,实际失业率高于自然失业率。

换言之,总产出水平围绕潜在产出水平长期趋势波动时,相应的就是实际失业率围绕自然失业率水平的波动。

这一解释是合理的。当一个经济体的产出水平小于潜在产出水平时——也就是产出缺口为负——说明他没有充分利用生产性资源。在这些资源中没有充分利用的劳动也是经济中最重要的资源。所以我们有理由认为负向产出缺口是与不合理的高失业率相联系的。相反,当一个经济体的产出水平大于潜在产出水平时,它对资源的使用暂时高于正常水平。因为存在正向缺口,我们可以预期存在一个低于正常水平的失业率。

(二) 奥肯定律

在 20 世纪 60 年代早期,阿瑟·奥肯是约翰·肯尼迪总统的首席经济顾问,她发现了在总产出与失业率之间存在的关系。尽管失业率与实际 GDP 围绕长期趋势的波动联系密切,但是失业率的波动通常小于相应的产出缺口变化。

奥肯定律的内容是,失业率每高于自然失业率 1 个百分点,实际 GDP 将低于潜在 GDP 2 个百分点。换句话说,相对于潜在 GDP,实际 GDP 每下降 2 个百分点,实际失业率就会比自然失业率上升 1 个百分点。可以用下面的公式来表示奥肯定律:

$$(y - yf)/yf = -\alpha(u - u^*)$$

其中 y 为实际产出,yf 为潜在产出,u 为实际失业率,u^* 为自然失业率,α 为大于零的参数。

奥肯定律曾经相当准确地预测失业率。例如,美国 1979~1982 年经济滞涨时期,GDP 没有增长,而潜在 GDP 每年增长 3%,3 年共增长 9%。根据奥肯定律,实际 GDP 增长比潜在 GDP 增长低 2%,失业率会上升 1 个百分点。当实际 GDP 增长比潜在 GDP 增长低 9% 时,失业率会上升 4.5%。已知 1979 年失业率为 5.8%,则 1982 年失业率应为 10.3%(5.8% + 4.5%)。根据官方统计,1982 年实际失业率为 9.7%。与预测的失业率 10.3% 相当接近。

奥肯定律的一个重要结论是:为防止失业率上升,实际 GDP 增长必须与潜在 GDP 增长同样快,如果想要使失业率下降,实际 GDP 增长必须快于潜在 GDP 增长。

三、失业与通货膨胀

(一) 通货膨胀

在经济学上,通货膨胀意指整体物价水平持续性上升。如前所述,失业与通货膨胀是短期宏观经济运行中的两个主要问题。经济学者相信,"通货膨胀"与"失业"之间,存在着某种"此消彼长"的关系。于是,他们悉心构造各种理论模型,试图摸索其中的规律。

(二) 失业与通货膨胀的关系——菲利普斯曲线

1958 年,新西兰经济学家 A. W. H. 菲利普斯根据英国 1867—1957 年间失业率和货币工资变动率的经验统计资料,提出了一条用以表示失业率和货币工资变动率之间交替关系的曲线。这条曲线表明:当失业率较低时,货币工资增长率较高;反之,当失业率较高时,货币工资增长率较低,甚至是负数。根据成本推动的通货膨胀理论,货币工资可以表示通货膨胀率。因此,这条曲线就可以表示失业率与通货膨胀率之间的交替关系。即失业率高表明经济处于萧条阶段,这时工资与物价水平都较低,从而通货膨胀率也就低;反之失业率低,表明经济处于繁荣阶段,这时工资与物价水平都较高,从而通货膨胀率也就高。失业率和通货膨胀率之间存在着反方向变动的关系。

图 8-1 中,横轴 U 值代表失业率,纵轴 G 值代表通货膨胀率,向右下方倾斜的 PC 即为菲利普斯曲线。这条曲线表明,当失业率高(d)时通货膨胀率就低(b),当失业率低(c)时通货膨胀率就高(a)。

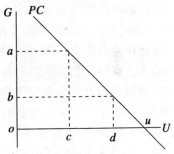

图 8-1 失业与通货膨胀的关系
——菲利普斯曲线

菲利普斯曲线有三种表达方式,表明三种对经济变量的关系。

第一种菲利普斯曲线表明的是失业率与货币工资变化率之间的关系,可称之为"失业—工资"菲利普斯曲线。这是由当时在英国从事研究的新西兰经济学家菲利普斯本人于 1958 年最早提出的。其表现形式是:在以失业率为横轴、货币工资变化率为纵轴的坐标图上,由右下方向左上方倾斜的、具有负斜率的一条曲线。它表明:失业率与货币工资变化率二者呈反向的对应变动关系,即负相关关系。当失业率上升时,货币工资变化率则下降;当失业率下降时,货币工资变化率则上升。在一轮短期的、典型的经济周期波动中,在经济波动的上升期,失业率下降,货币工资变化率上升;在经济波动的回落期,失业率上升,货币工资变化率下降。于是,这条曲线表现为一条先由右下方向左上方移动,然后再由左上方向右下方移动的曲线。

这条曲线环呈现为略向左上方倾斜、位势较低、且较为扁平的形状。"向左上方倾斜",说明失业率与货币工资变化率为反向变动关系;"位势较低",说明货币工资变化率处于较低水平;"略向左上方倾斜"和"较为扁平",说明货币工资变化率的变动幅度不大。

这条曲线环呈现为略向左上方倾斜、位势较低、且较为扁平的形状。"向左上方倾斜",说明失业率与货币工资变化率为反向变动关系;"位势较低",说明货币工资变化率处于较低水平;"略"向左上方倾斜和"较为扁平",说明货币工资变化率的变动幅度不大。

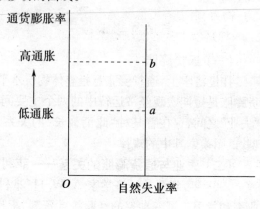

图 8-2 自然率

第二种菲利普斯曲线表明的是失业率与物价上涨率之间的关系,可称之为"失业—物价"菲利普斯曲线。这是由美国经济学家萨缪尔森和索洛于 1960 年提出的。萨缪尔森和索洛以物价上涨率代替了原菲利普斯曲线中的货币工资变化率。这一代替是通过一个假定实现的。这个假定是:产品价格的形成遵循"平均劳动成本固定加值法",即每单位产品的价格是由平均劳动成本加上一个固定比例的其他成本和利润形成的。这就是说,物价的变动只与货币工资的变动有关。这种菲利普斯曲线的表现形式与上述第一种菲利普斯曲线相同,只不过纵轴改为物价上涨率。这条曲线表明:失业率与物价上涨率二者亦呈反向的对应变动关系。在一轮短期的、典型的经济周期波动中,在经济波动的上升期,失业率下降,物价上涨率上升;在经济波动的回落期,失业率上升,物价上涨率下降。

第三种菲利普斯曲线表明的是经济增长率与物价上涨率之间的关系,可称之为"产出—物价"菲利普斯曲线。这是后来许多经济学家所惯常使用的。这种菲利普斯曲线以经济增长率代替了第二种菲利普斯曲线中的失业率。这一代替是通过"奥肯定律"实现的。美国经济学家奥肯于 1962 年提出,失业率与经济增长率具有反向的对应变动关系。这样,经济增长率与物价上涨率之间便呈现出同向的对应变动关系。在这一关系的研究中,经常不是直接采用经济增长率指标,而是采用"现实经济增长率对潜在经济增长率的偏离",或是采用"现实产出水平对潜在产出水平的偏离"。这一"偏离",表明一定时期内社会总供求的缺口和物价上涨的压力。现实经济增长率表明一定时期内由社会总需求所决定的产出增长情况,而潜在经济增长率则表明一定时期内、在一定技术水平下,社会的人力、物力、财力等资源所能提供的总供给的状况。潜在经济增长率可有两种含义:一种是指正常的潜在经济增长率,即在各种资源正常地充分利用时所能实现的经济增长率;另一种是指最大的潜在经济增长率,即在各种资源最大限度地充分利用时所能实现的经济增长率。我们这里采用的是第一种含义。这种菲利普斯曲线的表现形式是:在以现实经济增长率对潜在经济增长率的偏离为横轴、物价上涨率为纵轴的坐标图上,从左下方向右上方倾斜的、具有正斜率的一条曲线。这条曲线的走向与第一、二种菲利普斯曲线正好相反。这条曲线表明:现实经济增长率对潜在经济增长率的偏离与物价上涨率二者呈同向的对应变动关系,即正相关关系。当现实经济增长率对潜在经济增长率的偏离上升时,物价上涨率亦上升;当现实经济增长率对潜在经济增长率的偏离下降时,物价上涨率亦下降。在一轮短期的、典型的经济周期波动中,在经济波动的上升期,随着需求的扩张,现实经济增长率对潜在经济增长率的偏离上升,物价上涨率随之上升;在经济波动的回落期,随着需求的收缩,现实经济增长率对潜在经济增长率的偏离下降,物价上涨率随之下降。这样,这条曲线表现为一条先由左下方向右上方移动,然后再由右上方向左下方移动的曲线环。这条曲线环呈现为略向右上方倾斜、位势较低、且较为扁平的形状。"向右上方倾斜",说明现实经济增长率对潜在经济增长率的偏离与物价上涨率为同向变动关系;"位势较低",说明物价上涨率处于较低水平;"略向右上方倾斜"和"较为扁平",说明物价上涨率的变动幅度不大。

以上三种形状的菲利普斯曲线,反映了美国、英国等西方一些国家在20世纪五六十年代的情况。它们分别表明了失业率与货币工资变化率之间的反向对应关系、失业率与物价上涨率之间的反向对应关系、经济增长率与物价上涨率之间的同向对应关系。我们将这三种形状的菲利普斯曲线称为基本的菲利普斯曲线,将它们分别表明的两个反向和一个同向的对应变动关系称为基本的菲利普斯曲线关系。

菲利普斯曲线提出了如下几个重要的观点:

第一,通货膨胀是由工资成本推动所引起的,这就是成本推动通货膨胀理论。正是根据这一理论,把货币工资增长率同通货膨胀率联系了起来。

第二,失业率和通货膨胀存在着交替的关系,它们是可能并存的,这是对凯恩斯观点的否定。

第三,当失业率为自然失业率(u)时通货膨胀率为0。因此可以把自然失业率定义为通货膨胀为0时的失业率。

第四,由于失业率和通货膨胀率之间存在着交替关系,因此可以运用扩张性的宏观经济政策,用较高的通货膨胀率来换取较低的失业率,也可以运用紧缩性的宏观经济政策,以较高的失业率来换取较低的通货膨胀率。这就为宏观经济政策的选择提供了理论依据。

四、失业的危害

(一) 经济影响

失业对经济有着重要影响。首先,失业造成了社会资源的浪费。劳动是一种重要的社会资源,又是持续时间最短的经济物品。例如,如果某国某年有100万台机器闲置,那么一般来说这些机器的寿命并没有相应缩短一年,它们仍然能在原来具有的寿命期内发挥作用。但如果有100万人失业,那么这100万人全年的劳动就永远失去。这些劳动所能创造的国民收入也就永远失去了。其次,失业造成了劳动者的贫困。就业是劳动者取得收入的基本途径,一旦失业,劳动者将陷入贫困状态。例如,20世纪70年代中期美国经济萧条,使许多失业工人在失业救济期满后仍然找不到工作,大约有半数的失业者生活在贫困线下。

(二) 社会影响

失业的经济成本显然相当之大,但长时间持续非自愿失业给人们所造成的精神损失,却无法用一个确定的数额来充分表达。当失业变得严重时,有可能引起社会的动乱。

第三节 减少失业的途径

一、降低自然失业率

每天都有一些工人失去工作或被辞退,也有一些失业工人被雇用。这种不停的涨落决定了劳动力中失业者的比例。从整个经济看来,任何时候都会有一些正在寻找工作的人,经济学家把在这种情况下的失业称为自然失业率,所以,经济学家对自然失业率的定义,有时被称作"充分就业状态下的失业率",有时也被称作无加速通货膨胀下的失业率。

下面我们通过一个劳动力动态模型,来说明决定自然失业率的是什么,并由此寻找降低自然失业率的方法。

设 L 代表劳动力,E 代表就业工人人数,U 代表失业工人人数。由于每个工人不是就业者就是失业者,因此劳动力是就业者与失业者之和:

$$L = E + U$$

根据这个式子，失业率是 U/L。为了说明决定失业率的是什么，我们假设劳动力 L 是不变的，并重点注意劳动力中的个人在就业与失业之间的转换。设 s 代表离职率，即每个月失去自己工作的就业者比例。设 f 代表就职率，即每个月找到工作的失业者的比例。离职率 s 和就职率 f 共同决定了失业率。

如果失业率既没有上升也没有下降——这就是说，如果劳动市场处于稳定状态，那么，找到工作的人数必定等于失去工作的人数。找到工作的人数是 fU，而失去工作的人数是 sE，

因此，我们可以把稳定状态条件写为：

$$fU = sE$$

我们可以用这个式子来寻找稳定状态的失业率。

我们得出：

$$U/L = s/(s+f)$$

这个式子表明，稳定状态失业率 U/L 取决于离职率 s 和就职率 f。离职率越高，失业率越高。就职率越高，失业率越低。

假设每月有 1% 的就业者失去其工作（$s=0.01$）。这就意味着，平均而言，工作持续时间为 100 个月，或者约为 8 年。再假设每月有 20% 的失业者找到了工作（$f=0.20$），失业持续时间平均为 5 个月。这样，稳定状态的失业率是：

$$U/L = 0.01/(0.01+0.020) = 0.0467$$

在这个例子中，失业率是 5% 左右。

这个自然失业率模型对公共政策有明显而重要的含义。任何一种旨在降低自然失业率的政策都应该既降低离职率，又提高就职率。同样，任何一种影响离职率和就职率的政策也会改变自然失业率。

二、限定最低工资

为了解决失业问题，许多国家都采取了限定最低工资的方法，力求保证劳动者所得工资足够维持自身生活，从而选择继续留在原有工作岗位，保证较高的就职率。不少国家甚至还制定了最低工资法来限定工人最低工资水平。自从 1938 年通过公平劳动标准法案以来，美国联邦政府实施最低工资，最低工资一般为制造业平均工资的 30%—50%。对于大多数工人来说，这种最低工资没有约束性，因为他们赚到的工资远远高于最低水平。但对一些工人，特别是对不熟练工人和缺乏经验的工人来说，最低工资使他们的工资提高到均衡水平之上。

因此，最低工资就减少了企业需求的劳动量。图8-3表示工资高于均衡水平所引起的失业。

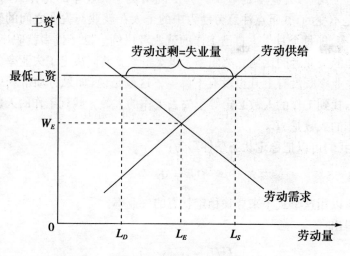

图8-3 劳动市场的均衡

在劳动市场上，供给与需求平衡的工资是 W_E。在这种均衡工资下，劳动力供给量与劳动力需求量都等于 L_E。与此相比，最低工资法使工资被迫高于均衡水平，劳动力供给量增加到 L_S，而劳动需求量下降到 L_D，结果引起过剩的劳动力 $L_S - L_D$，它代表失业量。这个图也说明了一个更具有一般性的结论：如果工资由于任何一个原因高于均衡水平，就会导致失业。

许多经济学家和决策者认为，税收减免是增加工作着的穷人收入的一种更好的办法。劳动收入税收减免是允许工作着的贫困家庭可以免除他们应缴纳的税收量。对于一个收入极低的家庭来说，减免大于其税收，该家庭从政府得到了收入。与最低工资不同，劳动收入税收减免并没有增加企业的成本，从而不会减少企业需求的劳动量。但是，它的不利之处是减少了政府的税收收入。

本章参考文献

1. 斯蒂格利茨：《经济学》，中国人民大学出版社，1997
2. 霍尔，泰勒等：《宏观经济学——理论、运行和政策》，中国经济出版社，1988
3. 曼昆：《经济学原理》，北京大学出版社，1999
4. 刘厚俊：《现代西方经济学原理》，南京大学出版社，2002
5. 厉以宁，秦宛顺等：《现代西方经济学概论》，北京大学出版社，1985

问题与练习

1. 名词解释：

   失业；摩擦性失业；自愿失业；非自愿失业；结构性失业；失业率；失业救济金；失业周期。

2. 概述西方经济学中的失业概念及产生原因。
3. 怎样才能科学地测定失业水平？
4. 奥肯定律是怎样解释国民收入与失业之间的相互关系的？
5. 概述失业与通货膨胀的关系。
6. 简述失业对社会经济的危害作用。
7. 试述降低失业的各种办法。

第九章 经济周期理论

经济发展的历史从来都不是直线式的。一个国家虽然可以享受多年令人兴奋的经济繁荣,但接下来的也许就是一场经济衰退,甚至是一场金融危机。于是,经济的总产出下降,利润和实际收益减少,大批工人失业。当经济衰退逐渐落入谷底,便开始复苏。经济在沿着经济发展总体趋势的增长过程中,常常伴随着经济活动的上下波动,且呈现出周期性波动的特征。

第一节 经济周期概述

所谓经济周期,是指经济活动沿着经济发展的总体趋势所经历的有规律的扩展和收缩。在经济学中,经常将"繁荣"与"扩张"、"衰退"与"收缩"交替使用。有些经济学家根据第二次世界大战后美、英等国经济发展的不稳定性主要表现在增长率上的变化而非增长方向的倒转这种情况,特别提出"增长周期"的概念。它是指在经济活动处于扩张而非绝对衰退或倒退过程中,仅仅发生增长率的减慢或减速,就足以表明这段时期为一种衰退或增长性的衰退。

一、经济周期各阶段的特征

经济周期一般可分为四个阶段。

1. 繁荣阶段。在这一时期,社会有效需求继续不断地增加,产品畅销,生产者利润大大增加,不断刺激着投资活动的扩张。就业水平不断提高,失业减少,劳动和其他经济资源得到充分的利用。一般产品的物价水平也随着社会购买力水平的提高而上涨,同时由于对劳动和其他生产要素的需求增加,工资水平和短期利率也不断地上涨。

2. 衰退阶段。经济活动从繁荣的高峰向下缓慢跌落的阶段。由于消费增长趋于停滞、社会现有的生产能力和资源供给的限制,使经济扩张到达顶点后便开始慢慢向下运动。消费的减少使投资下降,这使得批发商与零售商在繁荣时期的订货难以及时卖出,造成存货的增加,销售商减少订货。反过来迫使生产厂商压缩生产,解雇工人,失业率上升,收入水平减少,导致消费需求下降。物价的下降不会刺激家庭消费的增加,整个社会形成一种普遍的生产过剩。

3. 萧条阶段。萧条阶段虽然也指经济活动的衰退,但经济活动水平却远远低于长期经济的平均水平,进入低迷时期。这一阶段,由于失业人数的增加,企业亏损增加,工资水平不断下降,整个社会的消费与投资下降,社会生产活动萎缩,物价继续下降。厂商不愿冒险投资,银行和其他金融机构开始出现大量的资金过剩,没有人愿意冒风险进行借贷。当经济下滑至最低点时,整个经济动荡不稳,社会不安,极有可能爆发政治与其他事件。

4. 复苏阶段。以被磨损的机器设备开始更换为起始标志。随着投资的不断增加,就业率、收入及消费开始上升,促进了生产和销售的增加,企业的利润有所提高。随着需求的不断增加,生产不断扩大,乘数与加速数开始对经济产生积极的刺激作用。随着生产量的不断扩大,经济上升速度也不断加快,到达一定程度后进入下一个经济周期的繁荣阶段。至此,整个经济完成一个周期的循环。

二、经济周期的类型

自19世纪中叶以来,人们在探索经济周期问题时,根据各自掌握的资料提出了不同长度和类型的经济周期。

1. 基钦周期

是1923年英国经济学家基钦提出的一种为期3~4年的经济周期。基钦认为经济周期实际上有主要周期与次要周期2种。主要周期即中周期,次要周期为3~4年一次的短周期。这种短周期就称基钦周期。

2. 朱格拉周期

是1860年法国经济学家朱格拉提出的一种为期9~10年的经济周期。该周期是以国民收入、失业率和大多数经济部门的生产、利润和价格的波动为标志加以划分的。

3. 康德拉季耶夫周期

是1926年俄国经济学家康德拉季耶夫提出的一种为期50~60年的经济周期。该周期理论认为,从18世纪末期以后,经历了三个长周期。第一个长周期从1789年到1849年,上升部分为25年,下降部分35年,共60年。第二个长周期从1849年到1896年,上升部分为24年,下降部分为23年,共47年。第三个长周期从1896年起,上升部分为24年,1920年以后进入下降期。

4. 库兹涅茨周期

是1930年美国经济学家库涅茨提出的一种为期15~25年,平均长度为20年左右的经济周期。由于该周期主要是以建筑业的兴旺和衰落这一周期性波动现象为标志加以划分的，所以也被称为"建筑周期"。

5. 熊彼特周期

1936年，伟大的经济学家熊彼特以他的"创新理论"为基础，对各种周期理论进行了综合分析后提出的。熊彼特认为，每一个长周期包括6个中周期，每一个中周期包括3个短周期。短周期约为40个月，中周期为9～10年，长周期为48～60年。他以重大的创新为标志，划分了3个长周期。第一个长周期从18世纪80年代到1842年，是"产业革命时期"；第二个长周期从1842年到1897年，是"蒸汽和钢铁时期"；第三个长周期从1897年以后，是"电气、化学和汽车时期"。在每个长周期中仍有中等创新所引起的波动，这就形成若干个中周期。在每个中周期中还有小创新所引起的波动，形成若干个短周期。

第二节 经济周期与总供给曲线

一、总供给曲线的移动

1. 总供给曲线的概述

总供给曲线表明了价格与产量的相结合，即在某种价格水平时整个社会的厂商所愿意供给的产品总量。所有厂商所愿意供给的产品总量取决于它们在提供这些产品时所得到的价格，以及它们在生产这些产品时所必须支付的劳动与其他生产要素的费用。因此，总供给曲线反映了要素市场（特别是劳动市场）与产品市场的状态。

总供给函数（aggregate supply function）是指总供给（或总产出）和价格水平之间的关系。在以价格为纵坐标，总产出（或总收入）为横坐标的坐标系中，总供给函数的几何表示为总供给曲线。

总供给曲线（aggregate supply curve）表明了价格与产量的相结合，即在某种价格水平时整个社会的厂商所愿意供给的产品总量。所有厂商所愿意供给的产品总量取决于它们在提供这些产品时所得到的价格，以及它们在生产这些产品时所必须支付的劳动与其他生产要素的费用。因此，总供给曲线反映了要素市场（特别是劳动市场）与产品市场的状态。各派经济学家对总供给有不同的分析。这里，我们从总需求—总供给模型的角度，对总供给曲线进行简单说明。

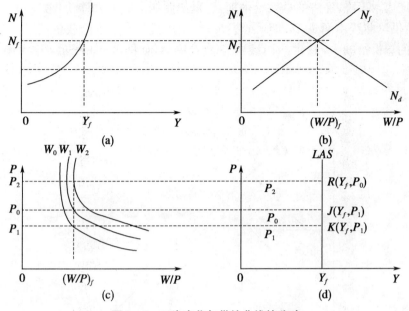

图9-1 工资变化与供给曲线的移动

2. 导致总供给曲线移动的因素

主要有以下几个方面：

第一，自然的和人为的灾祸。总供给曲线最急剧的变动产生于天灾人祸。例如，地震或战争会极大地减少经济的总供给，使得总供给曲线向左上方移动。不过，由于这些因素并不经常出现，因而经济学中通常把它们视为随机的因素而加以忽略。

第二，技术变动。引起总供给曲线移动的一个重要原因是技术的变化，即任一给定投入组合所能产生的产出数量提高。在实践中，人类知识和经验积累会带来技术的变革。技术变动通常是正向，即技术水平倾向于提高，所以技术变动的影响一般使得总供给曲线向右移动。

第三，工资率等要素价格的变动。总供给曲线是在工资率给定的假设条件下推导出来的，因而工资率的变化将移动总供给曲线。具体地说，当工资下降时，对于任一给定的价格总水平，厂商愿意供给更多的产品，因而降低工资将使得总供给曲线向右下方移动；反之，工资上升，总供给曲线向左上方移动。

此外，与工资变动的影响一样，进口商品价格的变化也会引起总供给曲线的移动。如果厂商以进口商品作为原料，那么进口商品的价格变化时，厂家的成本就会发生变动，从而愿意生产的数量也会变动。例如，石油价格的上升，使得许多以石油为原料的经济的总供给曲线向左上方移动。

总之，经济中生产方面的变动引起总供给曲线的移动。生产技术水平提高或生产成本下降,经济的总供给增加,总供给曲线向右下方移动。如图9-2所示,总供给曲线由 AS_0 移动到 AS_1;反之,生产技术水平下降或生产成本提高,经济的总供给减少,总供给曲线向左上方移动,如图9-3所示,由 AS_0 移动到 AS_2。

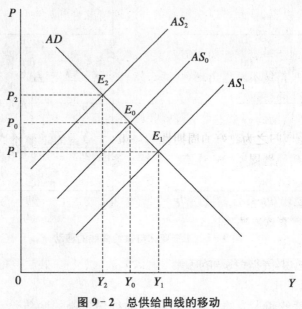

图9-2 总供给曲线的移动

二、经济周期的形成

很多经济学家对经济周期做了各种解释,形成了各种经济周期理论。主要分为以下两类:

(一)外因论

外因论认为,周期源于经济体系之外的因素——太阳黑子、战争、革命、选举、金矿或新资源的发现、科学突破或技术创新等等。

1. 太阳黑子理论

太阳黑子理论把经济的周期性波动归因于太阳黑子的周期性变化。因为据说太阳黑子的周期性变化会影响气候的周期变化,而这又会影响农业收成,而农业收成的丰歉又会影响整个经济。太阳黑子的出现是有规律的,大约每十年左右出现一次,因而经济周期大约也是每十年一次。该理论由英国经济学家杰文斯(W. S. Jevons)于1875年提出的。

2. 创新理论

创新(innovation theory)是奥地利经济学家熊彼特提出用以解释经济波动与发展的一个概念。所谓创新是指一种新的生产函数或者说是生产要素的一种

"新组合"。生产要素新组合的出现会刺激经济的发展与繁荣。当新组合出现时,老的生产要素组合仍然在市场上存在。新老组合的共存必然给新组合的创新者提供获利条件。而一旦用新组合的技术扩散,被大多数企业获得,最后的阶段——停滞阶段也就临近了。在停滞阶段,因为没有新的技术创新出现,因而很难刺激大规模投资,从而难以摆脱萧条。这种情况直到新的创新出现才被打破,才会有新的繁荣出现。

总之,该理论把周期性的原因归之为科学技术的创新,而科学技术的创新不可能始终如一、持续不断地出现,从而必然有经济的周期性波动。

3. 政治性周期理论

外因经济周期的一个主要例证就是政治性周期。政治性周期理论把经济周期性循环的原因归之为政府的周期性的决策(主要是为了循环解决通货膨胀和失业问题)。政治性周期的产生有三个基本条件:

① 凯恩斯国民收入决定理论为政策制定者提供了刺激经济的工具。
② 选民喜欢高经济增长、低失业以及低通货膨胀的时期。
③ 政治家喜欢连选连任。

(二) 内因论

内因论认为,周期源于经济体系内部,是收入、成本、投资在市场机制作用下的必然现象。

1. 纯货币理论

该理论主要由英国经济学家霍特里在 1913—1933 年的一系列著作中提出的。纯货币理论认为货币供应量和货币流通度直接决定了名义国民收入的波动,而且极端地认为,经济波动完全是由于银行体系交替地扩张和紧缩信用所造成的,尤其以短期利率起着重要的作用。现代货币主义者在分析经济的周期性波动时,几乎一脉相承地接受了霍特里的观点。但应该明确肯定的是,把经济周期性波动唯一地归结为货币信用扩张与收缩是欠妥的。

2. 投资过度理论

投资过度理论把经济的周期性循环归因于投资过度。由于投资过多,与消费品生产相对比,资本品生产发展过快。资本品生产的过度发展促使经济进入繁荣阶段,但资本品过度生产从而导致的过剩又会促进经济进入萧条阶段。

3. 消费不足理论

消费不足理论的出现较为久远。早期有西斯蒙地和马尔萨斯,近代则以霍布森为代表。该理论把经济的衰退归因于消费品的需求赶不上社会对消费品生产的增长。这种不足又根据源于国民收入分配不公所造成的过度储蓄。该理论一个很大的缺陷是,它只解释了经济周期危机产生的原因,而未说明其他三个阶段。因而在周期理论中,它并不占有重要位置。

4. 心理理论

心理理论和投资过度理论是紧密相联的。该理论认为经济的循环周期取决于投资,而投资大小主要取决于业主对未来的预期。而预期却是一种心理现象,而心理现象又具有不确定性的特点。因此,经济波动的最终原因取决于人们对未来的预期。当预期乐观时,增加投资,经济步入复苏与繁荣,当预期悲观时,减少投资,经济则陷入衰退与萧条。随着人们情绪的变化,经济也就周期性地发生波动。

三、决定经济周期的主要方面

生产力的大小,简单地说,也就是生产速度。所以,生产力的大小,可以用生产速度来衡量。例如,假设美国一年能生产汽车 1 000 辆,中国一年能生产汽车 500 辆,那么就说明美国在汽车上的生产力比中国大。

市场的大小,一般可以用人口的数量来衡量。例如,一个社会人口多,那么消耗的产品也就多,市场也就大。但是,多数情况下,用人口数量来衡量是不合理的。因为人的贫富是不一致的,有的人能买得起汽车,有的人就买不起,所以不能笼统地用人口数量来衡量市场的大小。最合理的办法,就是对不同的产品,分别衡量其市场的大小。例如,全社会有 1 万人,有 1 000 人能买得起汽车,而且一人就买一辆,那么这个社会汽车的市场大小就是 1 000 辆。

经济周期是由产品的过剩直接引起的。这里说的产品过剩,包括绝对过剩和相对过剩两种,不过由于绝对过剩极少出现,因此大多都是相对过剩。当某种产品相对过剩时,例如当汽车相对过剩时,汽车就销售不出去,当然汽车行业就要压缩生产,这时部分汽车公司就要倒闭或缩小生产规模,汽车行业的生产人员和销售人员也要有一部分失业,这时汽车行业就处于萧条阶段。当然,如果仅这一个行业处于萧条阶段,还不能算经济危机,因为失业的人员不是太多,全社会的经济下降也不厉害。可是,如果很多行业,甚至所有行业都出现过剩,这时产品也就大量卖不出去了,失业的工人就多了,全社会经济下降也就非常厉害了,这时就是经济危机了。所以说,经济危机是由产品相对过剩直接引起的,这是最表面的原因。

那么,又是什么原因引起产品相对过剩呢?

下面我们先来看一个比方。假设现在有一个水池,水池上面有盖封着,有一台水泵向里面抽水。我们知道,当水泵越大,水池越小的时候,就越容易满;当水泵越小,水池越大,就越不容易满,而且当水池满的时候,水泵就被憋得停止工作了。这里,我们可以把水泵比作生产力,把水池比作市场,因此,我们就知道了,当生产力越大,市场越小,就越容易出现产品过剩;当生产力越小,市场越大,就越不容易出现产品过剩。一旦大量的过剩产品出现,大量工厂就会停产,就是经济危机。所以,生产力越大,市场越小,经济周期就越短。如果生产力基本不变,市场的大小也基本不变,那么经济危机也就会定期出现。

当然,上面的例子还有不大符合实际的地方。上面的例子里,水池是不消耗水的,而实际上,人民是不断消耗产品的。例如,一个人早上买了两个馒头,到中午,他还得买。所以,应该对上面的例子进行改进,把水池设计成漏水的,在水池底部捣一个窟窿。这个时候,我们就会知道,如果水泵的抽水速度大于水池的漏水速度,那么水池就会满;如果水泵的速度小于水池的漏水速度,水池就不会满。所以说,对任一种产品来说,当这种产品的生产速度大于人民的消耗速度,那么这种产品总有一天得过剩;当这种产品的生产速度小于人民的消耗速度时,那么这种产品就永远不会过剩。当大多数产品的生产速度都大于消费者的消耗速度时,那么这些产品就会相对过剩,也就会有经济危机。在市场的大小基本不变的情况下,生产力越大,经济周期就越短。

第三节　经济周期理论

一、经济周期的根源

西方经济学对经济周期波动的根源有不同的解释,那关于经济波动性质的观点和关于政府作用的观点又是什么关系呢?

西方经济学家对经济波动(经济周期)主要有四种不同的解释:

1. 传统的经济周期理论认为经济中存在引起波动的内生力量,即波动的根源是内生的,因而经济的上升和下降的波动也是可以预测的,从而政府的政策在减轻经济波动方面是可以有所作为的。乘数—加速数模型就是这样的理论。

2. 实际经济周期理论认为波动是经济的外在冲击的结果。这种冲击是不可预期的、随机的,因而政府是无法控制的,市场则可以有效率地适应这些冲击。

3. 货币主义和新古典主义则把波动归结为政府的错误导向特别是货币政策结果。比如政府的货币政策就有可能使价格和产出发生波动,因而政府不仅不能解决经济波动的问题,而且还在制造经济波动。

4. 新凯恩斯主义者认为波动的原因既来自经济内部,也来自经济外部。波动起因于对总需求和总供给两方面的冲击,外生冲击的影响由于经济结构而被扩大并且被延长,这种波动仅靠市场经济本身是无法得到迅速调整的,尤其衰退更是如此,也需要利用政府政策来刺激经济。

二、加速原理(acceleration principle)

1. 加速原理的定义

在国民经济中,投资与国民收入是相互影响的。乘数原理说明了投资变动对国民收入变动的影响,而加速原理要说明国民收入变动对投资变动的影响。

所以说,加速原理是论证投资取决于国民收入(或产量)变动率的理论。

其公式如下:

$$I_s = I_o + D = a(Y_t - Y_{t-1}) + D$$

在上式中,I_t 代表总投资,它分为净投资,I_o 即新增加的投资和重置投资,即折旧 D_o、净投资 I_o 取决于加速系数 a 和本期收入 Y_t 与上期收入 Y_{t-1} 的差异。

加速系数 a 指产量增加一定量所需要增加的净投资量,即净投资量与产量增加一定量所需要增加的技术水平。

其公式为:

$$\alpha = \frac{\Delta K}{\Delta Q}$$

ΔK 为所需要增加的投资;

ΔQ 为每增加一单位产量。

例如,如果在一定的生产技术水平之下,增加 100 万元的产量需要增加的净投资为 200 万元,则加速系数为 2。

与加速系数相关的另一个概念是资本—产量比率,即生产一单位产量所需要的资本量,或者资本量与产量之比。在技术不变的条件下,加速系数与资本—产量比率的数值是相同的。

2. 乘数—加速模型

乘数—加速模型就是把这两种原理结合起来,以说明经济周期的原因。这一模型的表述为这样一个公式:

$$Y_t = C_t + I_t + G_t \tag{9.1}$$

上式中 Y_{et} 为现期收入,C_t 为现期消费,I_t 为现期投资,G_{et} 为现期政府支出。这个公式说明,根据凯恩斯主义的国民收入决定理论,现期收入等于现期消费、现期投资与现期政府支出之和(不考虑开放经济中的净出口)。

现期消费取决于边际消费倾向 c 和前期收入 Y_{et-1}:

$$C_t = cY_{t-1} \tag{9.2}$$

现期投资取决于加速系数 a 和消费的变动($C_t - C_{t-1}$):

$$I_t = a(C_t - C_{t-1}) = a(cY_{t-1} - cY_{t-2}) = ac(Y_{t-1} - Y_{t-2}) \qquad (9.3)$$

上式说明了在考虑消费时,投资最终仍取决于收入的变动,即加速原理说明的关系。

设现期政府支出既定,即: $\qquad C_t = G_t \qquad\qquad (9.4)$

把(9.2)式、(9.3)式、(9.4)式代入(9.1)式则得出:

$$Y_t = cY_{t-1} + ac(Y_{t-1} - Y_{t-2}) + G_t$$

可以通过对 c, a, G 进行设值计算。

据此可得到乘数—加速模型的完整含义:

(1) 在经济中投资、国民收入、消费相互影响,相互调节。如果政府支出为既定(即政府不干预经济),只靠经济本身的力量自发调节,那么就会形成经济周期。周期中各阶段的出现,正是乘数与加速原理相互作用的结果。而在这种自发调节中,投资是关键的,经济周期主要是由投资引起的。

(2) 乘数与加速原理相互作用引起经济周期的具体过程是:投资增加引起产量的更大增加,产量的更大增加又引起投资的更大增加,这样,经济就会出现繁荣。然而,产量达到一定水平后由于社会需求与资源的限制无法再增加,这时就会由于加速原理的作用使投资减少,投资的减少又会由于乘数的作用使产量继续减少,这两者的共同作用又会使经济进入萧条。萧条持续一定时期后由于产量回升又使投资增加、产量再增加,从而使经济进入另一次繁荣。正是由于乘数与加速原理的共同作用,经济中就形成了由繁荣到萧条,又由萧条到繁荣的周期性运动过程。

(3) 政府可以通过干预经济的政策来影响经济周期的波动。即利用政府的干预(比如政府投资变动)就可以减轻经济周期的破坏性,甚至消除周期,实现国民经济持续稳定的增长。

三、乘数和加速原理相互作用理论

乘数—加速原理相互作用理论是把投资水平和国民收入变化率联系起来解释国民收入周期波动的一种理论,是最具影响的内生经济周期理论。

乘数—加速原理相互作用理论是凯恩斯主义者提出的。凯恩斯主义认为引起经济周期的因素是总需求,在总需求中起决定作用的是投资。这种理论正是把乘数原理和加速原理结合起来说明投资如何自发地引起周期性经济波动。

经济学家认为,经济中之所以会发生周期性波动其根源正在于乘数原理与加速原理的相互作用。

乘数—加速原理表明国内生产总值的变化会通过加速数对投资产生加速作用,而投资的变化又会通过投资乘数使国内生产总值成倍变化,加速数和投资乘数的这种交织作用便导致国内生产总值周而复始的上下波动。

本章参考文献

1. 萨缪尔逊：《经济学》，第14版，商务印书馆，1994
2. 曼昆：《经济学原理》，北京大学出版社，1999
3. 斯蒂格利茨：《经济学》，中国人民大学出版社，1997
4. 高鸿业：《西方经济学》(宏观部分/第二版)，中国人民大学出版社，2001
5. 胡永刚：《当代西方经济周期理论》，上海财经大学出版社，2002
6. 布赖恩等：《与经济学大师对话》，北京大学出版社，2000

问题与练习

1. 名词解释：
经济周期；GNP缺口；引致投资；加速原理；加速系数。
2. 谈谈经济周期的不同阶段及其特点。
3. 试阐明总供给与潜在产出的关系。
4. 谈谈经济周期与总供给曲线的关系。
5. 举例说明经济周期理论中的内部因素论和外部因素论。
6. 为什么加速原理只有在没有生产资料闲置的条件下才起作用？
7. 举例说明乘数和加速系数的相互作用，并以此来说明经济周期的波动。
8. 谈谈希克斯关于经济周期波动上限和下限的解释。
9. 谈谈你对经济周期是由需求决定的看法。
10. 假定某国经济中，边际消费倾向 $b=0.75$，加速系数 $a=2$，每期自发投资 $I_0=900$ 亿美元，1993 年国民收入水平为 6 000 亿美元，比上一年增加 400 亿美元，求 1994 年、1995 年的总投资和国民收入水平是多少？

第十章 经济增长理论

到目前为止,宏观经济学关于经济增长的研究可以被分为两个部分,一是研究发达国家长期发展的部分,二是研究发展中国家长期发展的部分,前者被称为经济增长理论,后者则被视为广义的经济增长理论,又被称为发展经济学。由于经济增长理论与宏观经济学的基本理论体系联系比较密切,因此,本章主要讨论研究严格意义上的经济增长理论。

第一节 经济增长的含义和度量

经济增长理论产生以来,经过一百多年的累积发展,已经形成了较为完整的理论体系。本节先简要概述其一些概念、规范和基本的观点。

一、经济增长理论的产生和发展

在当代经济增长理论上,首先使人想到的自然是凯恩斯。凯恩斯在其宏观经济理论中通过储蓄—投资分析,力图说明短期内国民收入与就业量的决定。但他并没有建立起真正意义上的经济增长理论。

经济增长理论得到迅速发展并成为宏观经济学的一个重要组成部分则是在第二次世界大战以后。这一方面是因为战后的国际形势发生了重大变化,国内的就业问题、国际冲突问题日益突出地显示出实现经济增长对于维护资本主义制度的极端重要性;另一方面,随着凯恩斯主义本身由短期化向长期化、由比较静态分析向动态化分析的发展,宏观经济学的经济增长理论日臻成熟。这样,在凯恩斯主义的基础上就产生了种种经济增长模型。这其中主要有:英国经济学家 R.F. 哈罗德和美国经济学家 E. 多马几乎同时分别提出的哈罗德模型和多马模型(由于它们彼此有很大共性,因而后来被人们合称为哈罗德—多马模型);美国经济学家 R.M. 索洛、T.W. 斯旺和英国经济学家 J.E. 米德提出的新古典增长模型;英国经济学家琼·罗宾逊、卡尔多以及意大利籍英国经济学家帕西内蒂等人提出的新剑桥增长模型等,它们都力图对资本主义经济实现长期稳定增长的条件和途径进行系统的说明。

在经济增长方面独树一帜的库兹涅茨从20世纪40年代末、50年代初就开始把他的研究中心转向经济增长问题,在他先后发表的《关于经济增长的六篇演讲》(1959年)、《关于经济增长》(1963年)、《战后经济增长》(1964年)、《经济增长与结构》(1965年)、《现代经济增长》(1966年)、《各国的经济增长》(1971年)等一系列著作中,通过对大量的历史统计资料的整理和比较,考察了资本主义发达国家的国民产值、生产率、产业结构、分配结构、产品使用结构等经济变量在经济增长过程中的变化趋势、变化特点和相互间的联系,然后又对考察的结果进行分析和解释,试图以此来揭示现代经济增长的全过程。

从60年代以来,美国经济学家J.W.肯德里克和E.F.丹尼森等人在库兹涅茨的研究基础上,先后对美国、西欧、日本等国在战后的经济增长进行了分析和对比,具体估算了导致经济增长的各种因素所起的作用。

美国经济学家W.W.罗斯托在50年代末和60年代初,从另一方面探讨了经济增长理论。他是从历史发展的角度来研究经济发展乃至经济增长的过程的。他的研究撇开了人类社会生产关系的发展,而将生产力的发展作为划分社会阶段的唯一标准。

从60年代末开始到70年代初,由于资本主义世界"滞胀"困境的出现,环境污染的严重以及其他社会问题的突出,在西方经济学界开始流行一种零经济增长理论。其主要代表是美国的经济学家D.H.麦多斯和E.J.米香等人。这种理论反对或怀疑经济继续增长的价值性,主张实现零经济增长。这种理论提出后,引起了一场长时期的争论,很多西方经济学家反对这种"零经济增长"的观点及其主张。因而又有所谓"没有极限的增长"的观点被提了出来。同时,以1981年获诺贝尔经济学奖的美国的J.托宾为代表的很多西方经济学家则主张要以经济增长来解决经济增长中所出现的问题。

到了20世纪90年代,随着全球经济的发展,一些新的经济增长理论逐渐被人们所接受,并对人们的经济实践正在产生着越来越大的作用,形成了所谓的新经济增长理论。这一理论的特征是用规模收益递增和内生技术进步来说明一国长期经济增长和各国增长率的差异,并在此基础上试图使增长率内生化,因而又被称为内生增长理论。新经济增长理论主要包括了美国经济学家保尔·罗默(Paul Romer)、罗伯特·卢卡斯(Robert Lucas)和美国经济学家莫里斯·斯科特(M. Scott)的经济增长理论等,并且正处于方兴未艾之势。

二、经济增长理论的定义和度量

在当代宏观经济学中,比较流行的关于经济增长的概念及其含义是:一国生产的商品和劳务总量的增加,亦即一国在一定时期内国内生产总值(或国民收入)的增加,就是经济增长。所以人们常常用国内生产总值(GDP)或国民收入作为衡量经济增长的标准。但经济增长又不能与国内生产总值(或国民收入)的增长完全等同。因为特定的一年中并非所有的国内生产总值的增长数值都是真实的,其中可能包含了物价上涨的因素。所以,为了消除价格变动因素的影响,就应以实际 GDP 的增长率来计量经济增长。

此外,为了便于在不同国家之间进行比较,还需要根据人口的增长来计算按人口平均的国内生产总值的增长率,即以人均 GDP 的增长率来计量经济增长率。

一定时期内的年平均增长率是按下列公式计算出来的:

$$GDP_t = GDP_b(1+r)^n$$

其中,t 表示期终的年份,b 表示开始的年份,n 表示这段时期内的年数,r 表示这段时期内年平均增长率。这一公式可用对数方程来解:

$$\lg(1+r) = \frac{\lg GNP_t - \lg GNP_b}{n}$$

运用这种方法计算时,开始的年份和期终年份的选择十分重要。因为从萧条年份开始,以高涨年份结束,其计算出的年平均增长率将较之从高涨年份开始,以萧条年份结束计算出的结果要高一些。为此,在选择开始年份和结束年份时,应使它们处于经济周期中的同等阶段上。

经济增长理论研究的中心课题是:哪些因素决定了国内生产总值的增长?什么样的增长是合乎理想的?怎样才能实现这种合乎理想的经济增长?

50 年代以来,在研究经济增长的理论中形成了另一个分支——发展经济学。因而,西方经济学家又强调了经济增长与经济发展的区别。他们认为,经济增长是指国内生产总值的增加,它所研究的是发达国家的问题;而经济发展则是指一国由不发达状态进入发达状态,它不仅包括国内生产总值的增长,而且还包括适应这种增长的社会制度、经济结构的变化。一般认为,它所研究的就是发展中国家的问题。但现在,已有越来越多的经济学家们认识到,不仅发展中国家要有发展经济学,而且发达国家也仍然离不开发展经济学。

第二节 经济增长模型

宏观经济学增长理论中相当重要的一部分内容是有关经济增长模型的分析,由于这些模型主要来源于凯恩斯宏观经济理论,因此,一般就将这些模型统称为以凯恩斯理论为基础的增长模型。以凯恩斯理论为基础的增长模型主要有

以下几种:

一、哈罗德—多马增长模型

如前所述,凯恩斯理论的中心是储蓄—投资分析,它要说明的是短期内国民收入与就业量的决定。按这种理论,社会就业量取决于国民收入的均衡状态,而这种均衡实现的条件则是投资等于储蓄。

英国牛津大学教授哈罗德从 20 世纪 30 年代末开始,便在他的《论动态理论》(1939 年)和《动态经济学导论》(1948 年)中提出:凯恩斯从事的是短期的、静态的分析,它只说明短期内投资与储蓄的均衡以及由此所决定的国民收入均衡,而没说明长期均衡如何决定和变动的问题,因而要将这种静态分析动态化、长期化;凯恩斯的分析只说明了增加投资对增加收入的刺激作用,却忽视了收入的增加会引起投资的增加,亦即忽视了投资的增加既会增加需求又会增加供给的双重作用,因而他无法解决长期中经济均衡的实现问题。为此,哈罗德建立了他的增长模型。

与此同时,美国经济学家多马也于 1946 年和 1947 年在其《扩张与就业》和《资本积累问题》两篇论文中独立地提出了一个与哈罗德模型相类似的增长模型。因而,后来的西方经济学家一般总是将这两个模型合称为"哈罗德—多马经济增长模型"。

哈罗德—多马模型的基本方程式由三个经济变量组成:

(1) 产量(或收入)增长率 G,如上期产量为 100,本期产量为 104,则 $G=4\%$;

(2) 储蓄率 S,如假定全社会平均每 100 元收入中有 88 元用于消费,有 12 元用于储蓄,则 $S=12\%$;

(3) 资本—产出比率 C,如假定每制造出 1 元产品所需厂房、设备、原材料等为 3 元,则 $C=3$。

哈罗德—多马模型认为,要保证经济年复一年地均衡增长,G、S 和 C 这三个变量之间必须保持如下关系:

$$G=\frac{S}{C}$$

这个基本方程式的含义是:如假定 $S=12\%$,$C=3$,并且每年均固定不变,为了保证经济均衡的增长,就要求生产每年按 4% 的速度增长。因为在 $C=3$ 的条件下,意味着要使产量增加 4%,所需投资在收入中所占比重即为 $3\times 4\%=12\%$。也就是说,所需投资量在收入中所占比重恰好等于给定的储蓄率 S,这样就可以保证每年的储蓄全部转化为投资,使经济得以稳定增长。

由此可见,哈罗德—多马模型的中心思想是:把产量(或收入)增长率提高到它所引起的投资恰好能吸收本期的全部储蓄的程度,乃是实现经济均衡增长的基本条件。这归根到底也就是凯恩斯的投资等于储蓄的观点。

哈罗德还据此进而提出了三种增长率:

(1)"实际增长率"(G),即实际进行的增长率,它是由实际发生的储蓄率(S)和资本—产量比率(C)共同决定的。

(2)"有保证的"或"合意的增长率"(G_w),它是指那种能够造成使资本家感到满意的经济活动水平的增长率。具体地说,它是在"实际储蓄率"(S)等于人们"合意的储蓄率"(S_d),实际的资本—产量比率(C)等于人们所需要的资本—产量比率(C_r)的情况下出现的那种增长率。其方程式是:$G_w=S_d/C_r$。

(3)"自然增长率"(G_n),即在劳动人口增长和技术进步的条件所能够达到的最大增长率,也是一种"社会最适宜的增长率"。其方程式是:$G_n=\dfrac{S_0}{C_r}$,其中S_0代表在一定制度安排下最适宜的储蓄率。这样就形成了一个表明最理想的均衡增长的哈罗德—多马模型:$G=G_w=G_n$。在他们看来,这个模型说明了三方面的问题:

(1)要使经济稳定,必须使$G=G_w$。如果$G>G_w$,意味着投资需求大于储蓄供给,于是经济扩张;如果$G<G_w$,则意味着投资需求小于储蓄供给,于是经济紧缩。正是由于G常常与G_w相背离,因而使经济常常呈现周期性波动。

(2)社会经济长期持续、稳定地增长的条件是:$G_w=G_n$,而G_n又必须等于$\dfrac{S_0}{C_r}$。如果$G_w>G_n$,意味着资本积累率快于人口增长率和技术进步的速度,一段时间之后,会由于劳动力缺乏而发生生产设备过剩现象,结果会导致工资率上升,利润率下降,投资紧缩,使经济呈现长期停滞趋势;如果$G_w<G_n$,意味着储蓄和投资的增长率低于人口增长和技术进步的速度,因而工资率下降,利润率事实上升,从而使投资诱因加强,经济就可能出现"长期亢奋"状态;只有在二者相等时,才能使经济得到持久稳定的增长。但在$G_w=G_n=\dfrac{S_0}{C_r}$中,由于G_n、S_0、C_r三个变量又由于各自不同的因素决定,受到其他许多因素的影响,因而在实际经济生活中恰好能满足上述公式条件的情况是极其偶然的,因而在一般情况下,充分就业的稳定增长是很难实现的。

(3)增长率、储蓄率与资本—产量比率三者间的关系是:当C不变时,要使既定的S下的储蓄量全部被投资所吸收,就必须保证一定的产量增长率;要得到一定的产量增长率,就必须保证一定的S,如果这时国内的S不高,就应考虑外资引进的问题;如果S不变,又无外资引进,就只能降低C,即必须提高生产技术,改进生产方法。

西方经济学家认为,哈罗德—多马模型之所以可取,原因在于它简单明了,易于计算。在增长率指标既定和资本—产量比率已知的情况下可以求得为达到增长率指标所必需的 S,然后依据这个求得的 S 或是采取影响国内 S 的各项措施,或是借助于外资。此外,还可根据它来做预测:当 C 既定时,S 越高,增长率越高;当 S 既定时,C 越低,增长率越高。

但另一方面,根据这个模型,似乎在资本主义经济中要使投资与储蓄,使投资增量与储蓄增量相适应,就可以实现资本主义经济的稳定增长,这显然也是不现实的。就连很多西方经济学家也看到了这个增长模型所表明的增长途径的艰难性,因而将这种增长途径称之为"刃锋"式的增长途径。

二、新古典经济增长模型

1956年,新古典综合经济学家索洛和斯旺将凯恩斯经济理论与新古典经济学结合起来,分别提出了所谓的新古典增长模型。1961年,英国经济学家米德又对新古典经济增长理论做了系统的表述。由于他们的分析路径大体一致,分析的结论基本相当,因此,后来的经济学家们就将其理论合称为新古典经济增长模型。

新古典经济增长模型与哈罗德—多马模型的区别,主要表现在前者具有两个假定:

第一,新古典增长模型假定,生产中使用资本与劳动两种要素,而这两种要素是能够互相替代的,即资本与劳动的配合比例以及资本—产出比率都是可以改变的。而在哈罗德—多马模型中,资本与劳动是不能互相替代的,即资本与劳动的配合比例以及资本—产出比率是固定的。

第二,新古典增长模型假定,在任何时候下,劳动和资本这两种要素都可以得到充分利用。这是由于劳动和资本是能互相替代的,因此在完全竞争的市场条件下,投入生产的一切要素都可以得到充分利用。而在哈罗德—多马模型中,则不包含这样一个假定。

此外,新古典经济增长模型还将微观经济分析的边际生产力概念引入自己的理论分析,他们认为,假定经济处于完全竞争条件之下,资本和劳动按照各自的边际生产力获得相应的产量,可以推导出以下公式:

$$C + I = Y$$

$$\Delta C + \Delta I = \Delta Y$$

$$\frac{\Delta Y}{Y} = a\left(\frac{\Delta K}{K}\right) + b\left(\frac{\Delta L}{L}\right)$$

公式中 C 为消费，I 为投资，L 为劳动，K 为资本，Y 为国民收入。

显然，第一个公式与第二个公式是从凯恩斯的分析基础出发的，而第三个公式就是新古典经济增长模型的基本公式。其中的 a、b 分别表示反映资本和劳动对收入（即产量）增长的相对作用的权数。因此，$a+b=1$，上式又可写成：

$$\frac{\Delta Y}{Y} = a\left(\frac{\Delta K}{K}\right) + (1-a)\left(\frac{\Delta L}{L}\right)$$

如两端各加上 $-\left(\frac{\Delta L}{L}\right)$，即可得到下式：

$$\frac{\Delta Y}{Y} - \frac{\Delta L}{L} = a\left(\frac{\Delta K}{K} - \frac{\Delta L}{L}\right)$$

公式的左边表明的是国民收入增长率减去劳动力增长率，亦即人均收入增长率。公式右端中的 $\left(\frac{\Delta K}{K} - \frac{\Delta L}{L}\right)$ 是指资本增长率减去劳动力增长率，亦即人均使用的资本的增长率。如果资本增长率 $\left(\frac{\Delta K}{K}\right)$ 等于劳动力增长率 $\left(\frac{\Delta L}{L}\right)$，即 $\left(\frac{\Delta K}{K} - \frac{\Delta L}{L}\right)=0$，则根据公式，$\left(\frac{\Delta Y}{Y} - \frac{\Delta L}{L}\right)$ 也等于零。所以，为使人均收入增长率大于零，就必须使资本增长率大于劳动力增长率。

由此可见，新古典综合派的新古典经济增长模型的含义是：可以通过市场调节，即通过市场上生产要素价格（利息率与工资）的变动，来改变劳动和资本的配合比例或资本—产出比率，从而实现稳定的经济增长。举例来说，如果自然增长率 $G_n=5\%$，资本—产出比率 $C=3$，储蓄率 $S=18\%$，那么市场上资本的供给（储蓄）大于实现有保证的增长率 G_w 等于自然增长率 G_n 这一条件时对资本的需求（投资），利息率就会下降。这样，资本变得便宜而劳动变得相对昂贵，资本家将采用资本密集程度更高的生产方式，提高资本—产出比率，使得 C 从 3 提高到 3.6，以保证 $G_w(=\frac{18\%}{3.6}=5\%)$ 等于 G_n，从而达到经济稳定增长的目的。相反，当储蓄率 $S=12\%$ 时，由于资本的供给（储蓄）小于实现有保证的增长率 G_w 等于自然增长率 G_n 时资本的需求（投资），利息率就会上升。这样，劳动相对便宜，资本家将采用劳动密集程度较高的生产方式，降低资本—产出比率，使得 C 从 3 下降至 2.4，以保证 $G_w(=\frac{12\%}{2.4}=5\%)$ 等于 G_n，从而达到经济稳定增长的目的。

新古典经济增长模型还将技术进步因素考虑进去做了进一步的分析。以 T 表示技术进步程度，则上述公式成为：

$$\frac{\Delta Y}{Y} = T + a\left(\frac{\Delta K}{K}\right) + b\left(\frac{\Delta L}{L}\right)$$

依据上述公式,新古典经济增长模型还对技术进步对于经济增长的作用进行了估算。尽管其估算的准确程度值得怀疑,因为资本和劳动力本身都包含着技术进步的因素,很难将技术进步因素从资本和劳动力因素中分解出来,但总的来说,这个模型反映出：经济增长从长期来看,不仅取决于资本增长率(或资本积累率)、劳动力增长率、资本和劳动对产量增长的相对作用程度,而且还取决于技术进步的程度。此外,技术进步既能从物质资本上体现出来,也能从人力资本上体现出来,因而对于经济增长来说,对物的投资和对人力的投资有可能同样都是必要的。

索洛等人通过新古典经济增长模型的分析,对资本主义经济增长的前景得出了乐观的估计。他们认为,通过经济增长可以解决资本主义经济中诸如收入分配、资源供给等一般被认为是很不好解决的问题。因为在经济增长中收入分配变动的趋势是利润率下降而工资率上升,因而经济的发展是不利于资本家而有利于工人的;在自然资源供给上,随着经济增长、技术进步,现在不能利用的资源将来可以利用,现在利用完了的,将来可以再生产,现在没有发现的,将来会发现,资源的利用率会不断地提高,而资源的消耗率则会不断地降低。此外,他们还认为,由于市场竞争和价格机制的作用,资本—产出比率始终会做出适当的调整,以确保资本主义的经济增长率趋向于与自然增长率相等。因而,从长期来看,资本主义经济有实现充分就业的均衡增长的必然趋势。所以,经济增长的"刃锋"问题是可以避免的。

三、新剑桥经济增长模型

以英国经济学家卡尔多、琼·罗宾逊、斯拉法等人为代表的新剑桥学派在经济增长问题的研究上,力求将经济增长问题理论同收入分配理论结合起来,并将增长中收入分配的变动作为研究的重点,形成了独特的经济增长模型。

新剑桥学派的经济增长模型主要包括如下两方面的内容：

一是关于经济稳定增长的条件。他们研究这一问题的出发点仍然是 $G = \frac{S}{C}$,即要达到既定的增长率 G,可以通过改变储蓄率 S 和资本—产量的比率 C。但如何改变 S?

新剑桥学派假定,社会成员可以分为利润收入者和工资收入者两大阶级,并且他们各自的储蓄倾向不变;此外利润收入者的储蓄倾向大于工资收入者的储蓄倾向。如果以 S_p 代表利润收入者的储蓄倾向,以 S_w 代表工资收入者的储蓄倾向,$\frac{P}{Y}$为利润在国民收入中所占比例,$\frac{W}{Y}$为工资在国民收入中所占比例,则有新剑桥经济增长模型:

$$S = \frac{P}{Y} \cdot S_p + \frac{W}{Y} \cdot S_w$$

当 $S_w=0$ 时,$S=\frac{P}{Y} \cdot S_p$。在这种情况下,如果 $G_w<G_n$,在 C 不变的条件下,就可以通过增加利润在国民收入中的相对份额来提高 S,从而使 $G_w=G_n$;如果 $G_w>G_n$,则可通过减少利润在国民收入中的相对份额来降低 S,从而使 $G_w=G_n$,实现经济的稳定增长。

当 $S_p>S_w>0$ 时,$S=\frac{P}{Y} \cdot S_p + \frac{W}{Y} \cdot S_w$。这时如果 $G_w<G_n$,也可以通过增加 $\frac{P}{Y}$,减少 $\frac{W}{Y}$ 来提高 S;相反,如果 $G_w>G_n$,则可以通过减少 $\frac{P}{Y}$,增加 $\frac{W}{Y}$ 来降低 S,从而实现 $G_w=G_n$ 的稳定增长。

以上两种情况都说明了要提高经济增长率就要提高利润在国民收入中的份额,从而提高储蓄率,增加投资率,同时也说明了要实现经济的稳定增长就要使 $G_w=G_n$,而在 S_p 和 S_w 既定的条件下,就要通过改变 $\frac{P}{Y}$ 和 $\frac{W}{Y}$ 来调节 S,从而实现 $G_w=G_n$。

二是关于经济增长中国民收入分配的变动趋势。新剑桥学派认为,分析这个问题,要依据这样的公式:

$$\frac{P}{Y} = \frac{1}{S_p - S_w} \cdot \frac{I}{Y} - \frac{S_w}{S_p - S_w}$$

其中 $\frac{P}{Y}$ 为利润总量在国民收入中的相对份额,$\frac{I}{Y}$ 为投资率。从公式中可看出 $\frac{P}{Y}$ 取决于三个因素,即 $\frac{I}{Y}$、S_p 和 S_w。如果 $S_w=0$,$S_p=1$,则分配公式变成:

$$\frac{P}{Y} = \frac{I}{Y}$$

它说明投资率越高,利润总量在国民收入中的相对份额越大。如果假定 $S_w=0$,$S_p<1$,则分配公式变成:

$$\frac{P}{Y} = \frac{1}{S_p} \cdot \frac{I}{Y}$$

它表明：$\frac{P}{Y}$ 实际上取决于两个因素，即 S_p 和 $\frac{I}{Y}$。如果 $\frac{I}{Y}$ 不变，S_p 越小，则 $\frac{P}{Y}$ 值越大，即国民收入的分配越有利于资本家。这一公式又可以改写为：

$$P = \frac{1}{1-C_p} \cdot I$$

其中 P 为纯利润，I 为净投资，C_p 为利润收入者的消费倾向，$1-C_p$ 即为净储蓄在净利润中所占的比例，实则为 S_p。它说明：利润取决于利润收入者的消费倾向和投资；由于从长期来看，C_p 是较稳定的，所以 P 取决于 I，在其他条件既定条件下，资本家投资越多，利润越大，他们还进一步论证出，在 S_w 大于 0，小于 1 的条件下，上面的方程仍能成立。

由于投资率与经济增长率密切相关，较高的经济增长率来自较高的投资率，而较高的投资率又必然使国民收入中利润份额增大，因而罗宾逊夫人就将利润率（π）和经济增长率（g）联系在一起，列出了一个长期稳定增长公式：

$$\pi = \frac{g}{S_p}$$

根据这一公式，当 $S_p \to 1$ 时，$\pi = g$。但她紧接着又指出：稳定增长模型不过是用简单形式说明论点的一个便当方法。在现实中，增长决不是稳定的，利润率也不是一律的，总收入同净收入的关系绝不是明确的。

总之，新剑桥经济增长模型的结论是：在其他条件不变的情况下，经济增长率的变化将引起国民收入分配的相对份额的变化；经济增长率越高，利润率越高，利润收入在国民收入中所占相对份额越大，工资收入所占相对份额越小，从而加剧了资本主义社会收入分配的失调；因而经济增长的结果有利于资产阶级而不利于无产阶级；资本主义社会最大病症就在于收入不均等；要消除资本主义社会的种种弊病，就要将收入均等化政策作为首要的政策；"增长"的政策不仅不曾消灭绝对贫困，也不能指望它会消灭相对贫困，并且它还会伴随其他许多问题。

第三节 经济增长因素的分解

一、经济增长因素的分解

经济增长是一个复杂的经济和社会现象。影响经济增长的因素很多，正确地认识和估计这些因素对经济增长的贡献，对理解和认识现实的经济增长和制定促进经济增长的政策都至关重要。因此,经济增长因素分析就成为现代经济增长理论的重要组成部分。很多西方经济学家都投入了这方面的研究,作出了重要的贡献。

诺贝尔经济学奖获得者、美国经济学家西蒙·库兹涅茨是对经济增长因素进行数量分析的最早开拓者,其分析方法是独具特色的。库兹涅茨运用统计分析方法,通过对国民产值及其组成部分的长期估量、分析与研究,进行各国经济增长的比较,从各国经济增长的差异中探索影响经济增长的因素。库兹涅茨认为,现代经济增长的源头可以上溯到工业革命时期,基本上与资本主义经济制度的出现相一致。这在英国是从1780—1820年开始,在美国是从1810—1860年开始,在德国是从1820—1870年开始。在那个时期,总收入的加速增长、人口增长率的提高和技术进步交织在一起。

库兹涅茨经过大量的考察、分析和对比,指出了比起我们在前面所提到的更为细致和具体一些的现代经济增长的15个特征:

1. 伴随人口增长而来的人均产值的高增长率。
2. 人均产值每10年增长15%,这会造成难以解释的人均产量增长现象。
3. 效率的高速增长是发达经济中所有主要部门的一个极为普遍的特征。
4. 随着现代经济增长的进行,总产量中的部门产量份额会发生如下变化:农业及有关产业部门的份额下降;制造业和公共事业所占的比重上升;制造业内部由非耐用品向耐用品转变,一定程度上的消费品向生产资料转变;一些服务业的比重上升,而另一些服务业的比重则下降。
5. 伴随经济增长的需求结构的变动,以及这种变动(或人均产值的提高,或对不同最终产品的不同影响)所导致的技术变动。
6. 总产值和劳动力在不同规模和类型的经济组织间的配置发生了迅速变化。
7. 产值结构,特别是劳动力的行业、阶层和职业结构显著而急剧地变动。
8. 与现代经济增长有关的经济结构在某些方面的变动趋势却极不明显,尤其是在分配方面。
9. 趋势不太明显的经济结构的另一个方面是产品使用状况,尤其是资本形成和消费之间的分配状况。
10. 国际经济增长方面有三种极为显著的趋势:第一,交通与通讯系统的科技革命使世界各地可以直接接触。第二,经济增长会继续不断地在不同的国家间转换。第三,经济增长导致了一种经济发达国家与经济发展不充分国家相互联系的国际性趋势。
11. 移民情况造成了各国经济增长特征的不同。
12. 对外贸易对经济增长的作用明显增加。

13. 资本国际流动的增长。

14. 人口、物品、资金国际流动的变化对于经济增长率或发达国家经济的内部结构改变的趋势作用不明显。

15. 现代经济增长中的有关趋势明显是经济连续扩张、总产值增长的高水平和内部结构迅速改变的结果。

在一系列关于经济增长的著作中，库兹涅茨认为推动经济增长的因素，主要是知识存量的增加、劳动生产率的提高和结构方面的变化。

第一，知识存量的增长。库兹涅茨认为，随着社会的发展和进步，人类社会迅速增加了技术知识和社会知识的存量。当这种知识存量为社会所利用的时候，它就成为现代经济高比率的总量增长和迅速的结构变化的源泉。但知识本身不是直接生产力，由知识转化为现实的生产力要经过科学发现、发明、革新、改良等一系列中间环节。知识的转化过程需要有一系列中介因素，这些中介因素是：对物质资本和劳动力的训练进行大量的投资；企业家要有能力克服一系列从未遇到的障碍；知识的使用者要对技术是否适宜运用做出准确的判断等。在这些中介因素作用下，经过一系列知识转化过程，知识最终会变为现实的生产力。

第二，生产率的提高。库兹涅茨认为，现代经济增长的特点是人均产值的高增长率。为了弄清什么是导致人均产值高增长率的主要因素，库兹涅茨对劳动投入和资本投入对经济增长的贡献进行了长期分析。他得出的结论是，以人均产值高增长率为特征的现代经济增长的主要原因是劳动生产率的提高。

第三，经济结构的变化。库兹涅茨认为，发达的资本主义国家在它们经济增长的历史过程中，经济结构转变迅速。从部门来看，先从农业活动转向非农业活动，后又从工业活动转移到服务性行业。从生产单位的平均规模来看，是从家庭企业或独资企业发展到全国性甚至跨国性的大公司。从劳动力在农业和非农业生产部门的分配来看，在美国，1870 年全部劳动力的 53.5% 在农业部门，到 1960 年则降低到 7% 以下。在比利时，农业劳动力从 1846 年占全部劳动力的 51% 减少到 1961 年的 7.5%。以前把农业劳动力降低 50 个百分点，需要经历许多世纪的时间，现在在一个世纪中，农业劳动力占全部劳动力的百分比就减少了 30 个到 40 个百分点，主要是由于迅速的经济结构变化所引起的。库兹涅茨强调，发达国家经济增长时期的总体增长率和生产结构的转变速度都比它们在现代化以前高得多。库兹涅茨把知识力量因素和生产因素与结构因素相联系起来，以强调结构因素对经济增长的影响。不难看出，库兹涅茨对经济增长因素的分析与丹尼森的分析相比，有一个不同之处，就是他重视结构因素对经济增长的贡献。库兹涅茨认为，不发达国家经济结构变动缓慢，结构因素对经济增长的影响比较小，主要表现在，不发达国家传统结构束缚着被聚集在传统农业部门中的

60%以上的劳动力,而传统的生产技术和生产组织方式阻碍着经济增长;同时,制造业结构不能满足现代经济增长对它提出的要求,需求结构变化缓慢,消费水平低,不能形成对经济增长的强有力刺激。

关于经济增长与收入分配的关系,库兹涅茨提出了所谓的"倒U字形曲线假说"。他在1954年美国经济学会年会上所作的演说中,首次论述了如下一种观点,即:随着经济发展而来的"创造"与"破坏"改变着社会、经济结构,并影响着收入分配。库兹涅茨利用各国的资料进行比较研究,得出的下述结论流传较广:"在经济未充分发展的阶段,收入分配将随同经济发展而趋于不平等。其后,经历收入分配暂时无大变化的时期,到达经济充分发展的阶段,收入分配将趋于平等。"

如果用横轴表示经济发展的某些指标(通常为人均产值),纵轴表示收入分配不平等程度的指标,则这一假说揭示的关系呈现一条倒U字形曲线,因而被命名为"库兹涅茨的倒U字形曲线假说",又称"库兹涅茨曲线"。

库兹涅茨在说明这一倒U字形曲线时,设想了一个将收入分配部门划分为农业、非农业两个部门的模型。在此情况下,各部门收入分配不平等程度的变化可以用如下三个因素的变化来说明。这三个因素是:按部门划分的个体数的比率;部门之间收入的差别;部门内部各方收入分配不平等的程度。库兹涅茨推断,这三个要素将随同经济发展而起下述作用:(1)在经济发展的初期,由于不平等程度较高的非农业部门的比率加大,整个分配趋于不平等。(2)一旦经济发展达到较高水平,由于非农业部门的比率居于支配地位,比率变化所起的作用将缩小。(3)部门之间的收入差别将缩小。(4)使不平等程度提高的重要因素财产收入所占的比率将降低,以及以收入再分配为主旨的各项政策将被采用等,各部门内部的分配将趋于平等,总的来说分配将趋于平等。

库兹涅茨假说提出后,一些西方经济学家曾经就有关倒U字形曲线的形成过程、导致倒U字形曲线的形成原因以及经济平等化过程,进行了较多的讨论。经济发展的资料表明:库兹涅茨曲线不符合第三世界国家的实际情况。换言之,随着经济发展的进程,第三世界国家的收入不平等越来越悬殊,并没有向平等方向转变。

二、经济增长因素的测定方法

1. 索洛的经济增长因素模型

诺贝尔经济学奖获得者、美国麻省理工学院的经济学家罗伯特·索洛,在20世纪50年代曾经根据美国1909—1949年间的数据对经济增长的源泉和因素进行了分析。他得出了令人惊奇的结论:该阶段,每工作小时产品的增长中,超过88%的部分是由技术进步引起的。索洛采用了下面的方程式,来分析影响经济增长的各因素各自的贡献：

$$\frac{\Delta Y}{Y} = \left[(1-\theta)\cdot\frac{\Delta N}{N}\right] + \left(\theta\cdot\frac{\Delta K}{K}\right) + \frac{\Delta A}{A}$$

该方程式的含义为：

产量增长＝（劳动力份额×劳动力增长率）＋（资本份额×资本增长率）＋技术进步。式中，$(1-\theta)$和θ分别代表产品中劳动力和资本的收入份额，Y代表产出量，N代就业的劳动力，K代表所使用的资本量，A代表技术水平。劳动或资本的贡献等于它们各自的增长率乘以该投入在收入中所占的份额。技术进步或者全要素生产率的增长由该方程右边第三项代表。全要素生产率的增长率是在所有的投入不变的情况下，作为生产方法改进结果而导致产量增加的幅度。或者说，它是从相同的生产要素中获得更多产量时全要素生产率的增长。

索洛认为，产量增长的源泉就在于资本和劳动力的增长，以及技术进步。他认为，1909—1949年期间，美国GNP的年平均增长率为2.9%，其中0.32%归于资本积累的贡献1.09%归于劳动力投入增长的贡献，剩余的1.49%归于技术进步的贡献。此外，在人均产量增长率1.81%中，1.49%也来自于技术进步。

索洛衡量和计算技术进步所作贡献的方法，被叫作"剩余法"或者"索洛剩余"。这对于分析经济增长问题是一个重要的贡献。不过，这种方法显然存在着不足，即它把资本、劳动、技术进步之外的因素都当作技术进步来处理。

2. 丹尼森的经济增长模型

美国经济学家爱德华·丹尼森（Edward F. Denison）是继索洛之后最全面分析经济增长因素的经济学家。在经济增长因素分析中首先遇到的问题，是经济增长因素的分类。丹尼森借助于索洛的分析框架，分析了1929—1982年间美国的经济增长，得出了自己的分析结果。

为使分析准确，首先丹尼森把考察期间进一步划分为三个时期区别对待。然后他把经济增长因素分为两大类：生产要素投入量和生产要素生产率。关于生产要素投入量，丹尼森把经济增长看成是劳动、资本和土地投入的结果，其中土地可以看成是不变的，其余两项是可变的。关于要素生产率，丹尼森则把它看成是产量与投入量之比，即单位投入量的产出量。要素生产率主要取决于资源配置状况、规模经济和知识进展。具体而言，丹尼森把响经济增长的因素归结为六个：即：（1）劳动；（2）资本存量的规模；（3）资源配置状况；（4）规模经济；（5）知识进展；（6）影响单位投入产出量的其他因素。

丹尼森进行经济增长因素分析的目的，就是通过具体数量的测定，把产量增长率按照各个增长因素所作的贡献，分配到各个增长因素上去，再把分配的结果用来比较长期经济增长中各个因素的相对重要性。

在1985年出版的《1925—1982年美国经济增长趋势》一书中,丹尼森根据美国国民收入的历史统计数字,对上述各个增长因素进行了考察和分析。

运用1929—1982年间的数据,丹尼森计算出2.9%的年实际产量增长率中的1.9%应归功于要素投入的增加。每工作小时产品的增长率为1.58%,其中1.02%应该归功于技术进步。

劳动力增加对经济增长的贡献相当大。其原因可以部分地从经济增长的分解式中得到解释,即劳动的产出弹性相对较大,所以劳动的增长率就有相对大的权重。

下面来看要素生产率增加或每单位要素投入产量的源泉。令人震惊的事实是,知识的进步解释了技术进步对经济增长约有2/3的贡献。此外,资源配置这一因素对要素生产率增加的贡献也不可忽视。例如,人们从薪水少的工作"跳槽"到更好的工作,从而导致产量的增加或收入的增长。另一个重要情形是劳动力从农村转移到城市就业而引起的生产要素的再配置。

另一个重要因素是规模经济。收入平均增长中超过10%的部分要归功于经济中运作规模的扩大。当经济运作的规模扩大时,每单位产量要求的投入更少,这主要是因为,在小规模水平上使用技术,在经济上可能效率不高,但在更大的生产规模上则会产生节约,带来规模经济效应。如表10-1所示。

表10-1 总国民收入增长的源泉(1929—1982年)

增长因素	增长率(%)
总要素投入	1.90
劳动:1.34	
资本:0.56	
单位投入的产量	1.02
知识:0.66	
资源配置:0.23	
规模经济:0.26	
其他:-0.03	
国民收入	2.92

资料来源:Edward Denison, Trends in American Economics Growth, 1929—1982(Washington, D. C. The Brookings Institution, 1985)表8-1,转引自:[美]多恩布什、费希尔《宏观经济学》第226页,表10-2,中国人民大学出版社,1997年中文版。

据此,丹尼森的结论是,知识进展是发达资本主义国家最重要的经济增长因素。丹尼森所说的知识进展包括的范围很广。它包括技术知识、管理知识的进步和由于采用新的知识而产生的结构和设备的更有效的设计在内,还包括从国内的和国外的有组织的研究、个别研究人员和发明家,或者简单的观察和经验中得来的知识。丹尼森所谓的技术知识是关于物品的具体性质和如何具体地制造、组合以及使用它们的知识。他认为,技术进步对经济增长的贡献是明显的,但是只把生产率的增长看成大部分是采用新技术知识的结果是错误的。他强调管理知识的重要性。管理知识就是广义的管理技术和企业组织方面的知识。在丹尼森看来,管理和组织知识的进步更可能降低生产成本,增加国民收入,因此它对国民收入的贡献比对改善产品物理特性的影响更大。

总之,丹尼森认为,技术知识和管理知识进步的重要性是相同的,不能只重视前者而忽视后者。

第四节 货币金融经济增长模型

一、托宾的货币经济增长模型

托宾在其开拓性论文《货币与经济增长》中,将货币引入经济增长模型,并分析了货币政策对经济稳定状态增长率的影响,建立了一个两资产投资组合的选择模型。在该模型中,经济增长依赖于资本深化,资本深化的存在是由于个人在物质资本的竞争性资产和实际货币余额之间存在投资组合分配。个人财富在这些资产间的精确(采用总替代能力)分配依赖于资产的相对产出和资产持有者的偏好。如果相对于资本边际生产率(资产回报)的货币产出越低,则会在个人投资组合中保留越多数量的真实资产,反之亦然。这种资本深化引起随后经济的更高增长。

托宾认为,在增长理论中,大多假定生产中的各要素间不存在替代关系,所有变量都是实物量,货币和价格变量是没有意义的。托宾认为它要建立的模型既要考虑各要素之间的替代关系,又要考虑货币的作用。在托宾模型中,货币对经济运行的影响主要是通过对可支配收入的影响进而对人们的消费或储蓄行为的影响实现的。

托宾的货币经济增长模型可简要归纳如下:

1. 简单的托宾个人可支配收入公式

货币发行增加了个人可支配收入:

$$Y_D = Y + \frac{d\left(\frac{M}{P}\right)}{dt}$$

从公式可知,托宾把货币发行当作新增可支配收入的来源之一,却没有进一步说明货币为什么能够作为个人可支配收入,也没有说明这里的货币是何种类型的货币及其功能。

2. 扩展的托宾个人可支配收入公式

(1) 实质货币需求率或实质货币的流动性偏好系数 λ

实质货币需求 $M_d/P = \lambda F(K,L)$ 或流动性偏好系数 $\lambda = \dfrac{M_d/P}{F}$。

(2) 引入人口增长率 n 的实质货币需求函数

如果考虑物价水平的变动,使实质货币需求 M_d/P 等于实质货币供给 M/P,在经济稳定均衡增长的情况下,人口增长率 n(劳动力增长率)等于收入增长率 $dF(k,L)/dt/F(K,L)$,则有:

$$\frac{d(M/P)}{dt} = \lambda n F(K,L) = \lambda n Y$$

(3) 扩展的托宾个人可支配收入模型

$$Y_D = Y + \lambda n Y = Y(1+\lambda n)$$

3. 托宾之货币经济的储蓄模型

(1) 货币经济中可支配收入的总储蓄额 sY_D

$$sY_D = sY(1+\lambda n)$$

(2) 货币经济中能够转化为投资的储蓄余额 S_D

托宾假设,由于新发行的货币被人们当作流通手段或可支配收入所手持,因此,应从货币经济可支配收入的总储蓄额中扣除掉新发行的货币部分,余下的储蓄部分才能转化为投资,也即均衡的储蓄额为:

$$S_D = sY_D - \frac{d(M/P)}{dt} = sY_D - \lambda n Y = sY + s\lambda n Y - \lambda n Y$$

由于 $0 < \Delta S/\Delta Y < 1$;从而 $(s\lambda nY - \lambda nY) < 0$,所以实物经济的均衡储蓄额大于货币经济中的均衡储蓄额:

$$sY > S_D$$

4. 托宾的人均可支配收入 y 和人均均衡储蓄 S_d 模型

$$S_d = sy + s\lambda ny - \lambda ny = sy[1-(1/s-1)\lambda n] = y[s-(1-s)\lambda n]$$

由于 $y = f(k)$,上式可改为

$$S_d = f(k)[s-(1-s)\lambda n]$$

根据 $S=I$ 的均衡条件，从而 $S_d=nk$，或者

$$[s-(1-s)\lambda n]f(k) = nk$$

这就是托宾的货币经济均衡增长模型。

二、托宾悖论

托宾的货币经济增长模型与新古典经济增长模型相比是个较低均衡国民收入水平的均衡方程式。因为新古典经济增长模型为

$$sf(k) = nk$$

由于托宾模型中的 $(1-s)\lambda n>0$，所以 $[s-(1-s)\lambda n]<s$，货币经济中的人均均衡储蓄小于实物经济中的人均均衡储蓄：

$$[s-(1-s)\lambda n]f(k) < sf(k)$$

从而，货币经济的人均均衡的国民收入小于实物经济中的人均均衡的国民收入，用公式表示就是：

$$\{[s-(1-s)\lambda n]f(k) = nk\} < \{sf(k) = nk\}$$

这就是所谓的"托宾悖论"。其含义是：一方面，把货币引入经济后，可以增加人们的可支配收入，从而通过经济增长模型后，货币经济的国民收入应该大于实物经济；但是，另一方面，根据货币经济增长模型的推导，货币经济的国民收入却小于实物经济的国民收入。

三、对"托宾经济增长模型"的修补

"托宾悖论"提出之后，其结论显然违背人们的常识和经济的实践，那么，为什么会产生"托宾悖论"呢？通常的解释是：托宾认为新发行的货币虽然形成了个人可支配收入，但是这种由货币形成的收入不过是货币财富或人们手持的一种具有购买力的流通手段，并不是实物经济部门的储蓄和投资，因而货币是实物财富中不能转化为储蓄和投资的交易工具，也是社会财富的扣除，从而货币发行不但不能增加国民收入，反而减少国民收入。这样，有些经济学家就从货币以何种形式转化为资本入手来修补托宾的货币经济增长模型。其中最著名的学者有约翰逊、帕廷金和莱福哈里等人。约翰逊等人认为货币的功能有流通功能、资产功能。其中资产功能可具体表现为价值储藏、消费品和生产资料三类功能。这样，货币对经济增长的作用实质上是通过消费品的消费功能以及生产资料的生产功能促进经济增长的。

约翰逊、帕廷金和莱福哈里等人对托宾货币经济增长模型的修补仅仅在货

币的定义和功能上,在模型的性质和方法上并未有区别,都把追加的实际货币余额当作可支配收入新追加的简单叠加部分,约翰逊、帕廷金和莱福哈里等人正确地看到了"托宾悖论"是货币经济增长的一种特例,但是他们却顺着托宾的追加实际货币余额是个人可支配收入的追加这一观点与方法去解释货币经济"非悖论"的原因,认为促进经济增长的不是实际货币余额本身而是货币的消费、服务和生产功能。这些为我们进一步探索货币对经济增长作用的原因拓展了视野。

四、货币信用一体化与经济增长

针对托宾悖论,我们提出几个疑问:货币是如何增加人们的收入的?货币发行所形成的个人可支配收入及其储蓄为什么不能转化为投资?作为个人可支配收入新来源的货币的定义与职能究竟是什么?在通货膨胀或物价上涨情况下,人们减少的实际货币需求转手出去的是资产还是资本?"托宾悖论"是规律性的结论还是偶然的现象?这些问题在托宾模型和其后的解释者的文章中没有现成或确定的答案。

那么,如何改造或推进托宾的经济增长模型?为了避免托宾模型运用绝对数相加的办法构造个人可支配收入的逻辑矛盾,我们运用国民收入与货币发行互为因数的关系构造个人可支配收入模型以及人均个人可支配收入模型:

$$Y_D = F[Y, d(M/P)/dt]$$

引入实质货币需求系数 λ 和人口增长率 n,则:

$$Y_D = F(Y, \lambda n Y)$$

运用人均可支配收入的形式,则上式为:

$$y_d = f(y, \lambda n y)$$

个人可支配收入的储蓄

$$S_D = s Y_D = s F(Y, \lambda n Y)$$

人均可支配收入的储蓄

$$s_d = s f(y, \lambda n y)$$

由于均衡的国民收入的形成条件为

$$s_d = nk$$

因此在信用经济增长模型中,国民收入的均衡条件为

$$s f(y, \lambda n y) = nk$$

信用货币的经济增长模型也可用图 10-1 形象地表示。

该图示与新古典经济增长模型的基本结构相同,与托宾模型的不同之处在于:没有把新增加的货币供给量当作经济的简单叠加,而是当作经济运行的内生要素彼此之间的互相影响的函数和反函数关系,强调信用货币对经济的作用不在于货币是否是流通手段、消费品以及生产资料,而在于其对经济的集中功能和加速功能。

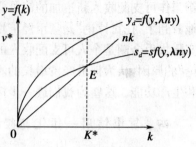

图 10-1 信用货币的经济增长模型

五、金融经济增长模型的政策结论

1. 为了增加个人可支配收入,除了通过科技革命、劳动生产力从而增加人均实物收入外,还应考虑人均实际货币持有率 λ、人口增长率 n。λny 构成了新增加人口后的实质国民收入所需要发行的实质货币余额。

2. 信用货币经济下的经济增长过程是金融的集中资本和加速经济增长的运动过程。所以,现代货币政策的调控对象应该是信用货币的集中资本的能力及信用货币对经济增长的加速能力。也就是不仅要调控银行存款货币的创造能力,还要调控信用货币在资本市场上的集中资本的能力及其在生产领域的经济加速能力。

3. 金融经济的货币供给政策是信用货币政策。影响货币供给量的因素不仅有货币创造乘数,还要考虑到信用创造和加速乘数。重视对信用资金流量的规模、结构及其渠道的调节和综合控制。

4. 信用货币经济是金融经济。现代货币政策应包括整个金融体系的全部信用货币的流动。信用货币的层次不仅要包括银行体系内的信贷货币流动,还应包括货币市场、资本市场、保险市场以及其他一切信用货币及其衍生物市场上的货币流动量。

5. 金融控制的基本范畴是货币、物价、利率和信用。在货币信用一体化的条件下,这些范畴相互作用互为依靠,构成一个非常复杂的经济体系。控制金融的过程实质上是控制资金在社会再生产过程各个阶段数量和结构的运动过程。金融结构的调整应与社会再生产结构的变化一致起来。

本章参考文献

1. 高鸿业:《西方经济学》,第三版(宏观部分),中国人民大学出版社,2004
2. 张一弛:《宏观经济分析》,中国经济出版社,1996
3. 胡希宁:《当代西方经济学概论》,中共中央党校出版社,1998

4. 琼斯：《现代经济增长理论导引》，商务印书馆，1994
5. 戈登：《宏观经济学》，第 4 版，利特尔勃朗公司，1987
6. 萨克斯·拉雷思：《全球视角的宏观经济学》，上海三联书店，1997
7. 多恩布什·费希尔·斯塔兹：《宏观经济学》，麦格鲁-希尔公司，1998

问题与练习

1. 名词解释：

经济增长；资本产出比率；有保证的增长率；合意的储蓄率；零经济增长；新经济增长理论；托宾悖论；金融经济增长模型。

2. 说明哈罗德—多马模型与凯恩斯经济学说的异同。
3. 比较哈罗德—多马模型与新古典增长模型的异同。
4. 比较库兹涅茨与丹尼森分析经济增长因素的异同。
5. 你是如何认识经济"增长极限论"的？
6. 如何理解货币经济增长模型？
7. 已知平均储蓄倾向为 0.2，增长速度为每年 5%，求均衡的资本产量比率。

第十一章 国内与国际的经济均衡

前面的章节中,所有的讨论都是一国处于封闭状态时的宏观经济问题。本章把封闭经济的假设放弃,进而讨论一个对外开放的社会有关国际经济知识和国民收入决定问题。

第一节 国际收支平衡表

一、国际收支和国际收支平衡表

所谓的国际收支(balance of payment)是一定时期内一国(或一地区)居民与世界上其他国家居民间一切经济交易流量的一个概要。国际收支分广义和狭义两种:狭义的国际收支是指那些到期必须立即运用支付手段、信用工具、商品,甚至国际储备加以清偿的债权和债务,各种国际经济交易只要涉及外汇支出,都属于国际收支范畴。广义的国际收支指除了狭义国际收支范畴所指的外还包括各种不涉及外汇收支的经济交易,如记账贸易、易货贸易等。

国际收支平衡表(balance of payment statement)是系统记录某一特定时间(一年或一季)各种国际收支项目及其金额的一种统计表,是一个国家(或地区)在这一时间的所有经济交易的统计分类和概要。根据全部对外经济活动引起的货币流向不同,平衡表划分为收入一方和支出一方。所有外国政府、居民和企业把货币支付给本国的活动为收入项目,所有要求本国政府、居民和企业把货币支付给外国的活动为支出项目。如本国进口外国商品,要求本国把相应的货币支付给外国,在平衡表上表现为支出;外国人到本国观光,旅游的花费在平衡表上表现为收入;外国人在本国投资,即资本流入就是收入。本国人在国外投资,即资本流出,在平衡表上就是支出。一定时间内。一国的收入总额大于支出总额,国际收支平衡表上表现为顺差,收入总额小于支出总额就表现为逆差。

在编制国际收支平衡表时,要遵守两个原则,一是本国居民与外国居民的划分;一是国际收支平衡表应是复式会计报表。

区分本国居民与外国居民主要是以所在地为主要标准。值得注意的是,代表本国政府驻在外国的人,包括部队在内,被认为是本国居民。而本国公司的国外分支机构被看成是外国居民。当然,国际机构如世界银行等不看成是所在国的居民。

国际收支平衡表是复式会计报表,借方分录表示资产的增加和负债的减少;贷方分录表示负债的增加和资产的减少。因此,任何一笔国际交易分别列入表内的借方与贷方。

根据对外经济联系方面的不同,国际收支平衡表分为两个不同的主要账目,即经常账目和资本账目。另外还有一个平衡账目(见下表)。

经常账目(current account):是指国际间经常发生的一些账目,也可以说是输入、输出商品和劳务以及礼品、养老金和工人汇款流动的账目。因而是国际收支中最重要、最基本的账目。输入商品和劳务而发生的货币支出列作"借方",输出商品和劳务而发生的货币收入作为"贷方"。输入、输出的内容较多,一般是指运费收支、银行和保险业务收支、旅游收支等。

在经常账目中,主要有三个项目:有形贸易(商品货物贸易),无形贸易(劳务的进出口)和单方转移(无偿转移)。

经常账目的第一部分是有形贸易,也叫商品贸易,包括所有商品贸易和一切经加工制成的商品。进出口差额通常称为贸易差额。人们总倾向于认为贸易顺差比逆差好。这实际上是一种误解。一国最适宜的贸易差额必须能反映出该国经济发展特定阶段的情况和该国工业、劳务、资本市场的实力。只要其劳务转移和资本项目能弥补贸易差额,这就是可以接受而没有危险的情况。劳务和转移项目的顺差以及资本项目的逆差(即净资本进口)提供了弥补贸易逆差的资金来源。同样的道理,贸易顺差提供了一国作为国际劳务的净进口国,一个单方转移的净提供者和资本的净出口国的资金来源,表11-1是美国国际收支平衡表。

经常项目的第二部分是无形贸易,这一部分包括许多私人和政府的交易,劳务进口与出口的差额称为劳务差额,贸易差额和劳务差额之和称为商品和劳务差额。与贸易差额一样,劳务差额有逆差和顺差,这些逆差与顺差必须作为一个国家整个国际收支情况的一部分来进行评价。

经常项目的第三部分是单方转移,它包括私人的赠予、慈善性资助、工人给其家属的汇款、养老金和官方的外援计划。那么,什么叫单方转移账目呢?这是对销账目或对应账目,是为了维持借贷相抵这一复式会计制的概念上平衡所必需的。它与公司的资产负债表的"信誉"是相类似的。对大多数国家来说,单方转移账目不是一个重要账目,然而许多发展中国家,诸如外援和工人汇款等的流入对贸易和劳务逆差国家作为融资来源是至关重要的。

表 11-1　美国国际收支平衡表(1987年)　　（单位：10亿美元）

项　目	贷方	借方	净余额
经常项目			
(1) 商品贸易差额	250	−410	−160
(2) 劳务单方面转移支付			6
(3) 其他经常项目的差额			
资本项目			
(4) 资本流动			
(5) 资本项目差额	221	−85	126
统计误差			19
(6) 综合收支			−9
官方储备			
(7) 官方储备差额			9
(8) 各项总计净额			0

资料来源：美国商业部，转引自萨缪尔森和诺德豪斯《经济学》第13版，第912页。

　　商品、劳务和单方转移差额为经常项目差额，经常项目的顺差是对储备和资本账目的增益，即增加该国的国际储备和提高对外投资的能力，它是国际收支账目中最重要的一个账目，通常将它叫做国际收支差额。

　　资本账目：是指国家之间的资金输入、输出，包括诸如直接投资、证券投资、银行贷款、贸易信贷、债券的直接销售和政府贷款这样一些国际资本的流动。

　　资本账目有国际货币基金组织和美国的两种通常的排列方法。国际货币基金组织按到期的时间，分为长期资本和短期资本来编制一切资金的流动。长期资本的移动一般是指一年以上的资本移动，短期是指一年以下的资本移动。美国政府则按资产所在地（和所有权），即在国外的美国资产和在美国的外国资产来划分资本的流动类别。资本账目还可以按政府和私人部门作为分界线来加以区别。上述任何一种形式都可以提供可进行比较的信息。事实上，如果资本账目很详细的话，这三种方式可以相互替代，表11-2说明了上述三种编制的基本方法。

　　资本账目发生顺差或逆差，不能说是好事还是坏事。因为只要经常项目呈现顺差的国家就有资金成为资本输出（或增加其储备金）。同样经常项目逆差的国家就需要资本净输入（如动用其储备金）以弥补其差额。对每一个国家来说，上述任何情况都是正常的均衡情况。

　　资本账目的主要方面之一是外国直接投资。方面之二是证券投资，如公司债券、政府中长期国库券和债券的直接销售。除了证券投资外，还有一些大多是不可流通的其他长期资本，如动用银行贷款，使用长期信贷额和政府贷款，不包括一些长期政府贷款的偿还和对国际组织的分担额。

表 11 - 2 资本账目的三种编制方法

A：根据资本到期时间编制（如国际货币基金组织） 　　长期资本流动 　　短期资本流动
B：根据资产所在地与所有权编制（如美国） 　　本国居民拥有外国资产 　　外国居民拥有的外国资产
C：根据资产拥有者的性质编制 　　政府部门 　　私营部门

综上所述，经常项目中若以 x 代表出口，M 代表进口，NX 代表净出口，即 $NX=X-M$。在资本账目中若以 U 代表资本流出，N 代表资本流入，则资本的净流入为 K，$K=N-u$。考虑两者包括所有对外经济联系、整个国际收支平衡表的最终结果，就可以将上边两个等式结合起来，以 PS 代表国际收支顺差，则：$PS=NX+K=(x-M)+(N-u)$，这种差额的存在靠什么来使国际收支达到平衡呢？平衡账目正是用以解决这一问题的。

平衡账目大体体现为三项内容：(1) 错误和遗漏，主要反映国家在统计国际收支各项数据时由于资料来源不一致或统计国际收支不准而发生的误差。(2) 政府储备资产的变动，用以调整国际收支差额。顺差反映了增加政府储备资产，逆差反映了减少政府储备资产。(3) 分配的特别提款权，这是国际货币基金组织不定期分配给成员国的国际货币，以弥补国际储备资产不足。

尽管一个国家的国际收支平衡表是绝对平衡的（这是平衡账目作用的结果），但一个国家一定时期实际发生的国际收支总是不平衡的。因为一个时期的货币输入额不可能恰好等于一定时间的货币输出额，收入大于支出的顺差，或者收入小于支出的逆差，只要数额不大，不足为怪，但数额过大，持续时间较长，则会引起严重的问题。

一个国家顺差过多，意味着外汇资金积压，未能及时充分地利用，如将大量的外汇放在外国银行里，资金只能让外国利用，虽然坐收利息，但要承担通货膨胀的风险。顺差过多，也会扩大国内货币的投入，因为大量外汇资金积压，会引起利率降低，对货币需求增大，扩大国内货币的投放，某种程度上会引起国内通货膨胀。

一个国家逆差过多，这要比顺差更难解决。逆差过多的原因也许是引进外资过多，使用不当，发生了债务危机；也许是进口过多，出口能力有限，国民经济会陷入恶性循环。

二、国际收支的调节

1. 国际收支平衡的含义

指在开放经济中国际收支既无盈余(顺差),也无赤字(逆差)的状态。国际收支中最主要的两个账目是进出口贸易和资本流动。因此,国际收支差额是由进出口差额 $X-M$ 及资本流出净额 $N-u$ 共同决定,国际收支平衡时 $X-M+N-u=0$。

2. 国际收支失衡的原因

尽管一个国家的国际收支平衡表从形式上看总是平衡的(这是平衡账目作用的结果),但一个国家一定时间内的国际收支实际上总是不平衡的,就是说,不可能在这时间内的货币输入额恰好等于这一时间的货币输出额。反映在国际收支平衡表上的经济交易可分为性质不同的两类:一类是自主性交易,或称事前交易,这纯粹是由于经济上的某种目的而自动进行的交易,如商品与劳务的输出/入,各种援助、赠予,侨民汇款等;另一类是调节性交易,或称事后交易,这是为弥补自主性交易的差额而进行的交易,如取得短期资金融通,延期付款的权利,动用官方储备应付逆差等。一国的国际收支,如其自主性交易收支不平衡,那就必须以调节性交易来弥补以维持平衡,但这种平衡只是暂时的和形式上的,无法长期维持。判断一国的国际收支是否平衡,主要看其自主性交易是否平衡。

产生国际收支失衡的原因大致可分为以下几类:(1)季节性和偶然性的原因。(2)周期性原因。在周期性的商业循环所经历的危机、萧条、复苏、高涨四个阶段上,国民收入、价格水平、生产和就业都会变化。这都会导致国际收支的不平衡。(3)结构性原因。由于世界科技的日益进步,各国经济发展的不平衡和消费倾向的不断变化而造成国际市场对商品、劳务的供给与需求关系发生变动时,原来的平衡便会被打破。如果一国的经济结构不能很快地适应这种变化而作必要调整的话,那么它的国际收支就可能发生不平衡。(4)不稳定的投资与资本外流也会造成国际收支不平衡。(5)其他原因。

当一国国际收支失衡时,如何进行调整,使之达到平衡,可有种种方法。这些方法总起来说不外两种:一是让市场起作用,通过价格、收入、汇率等等的变化使国际收支自动得到调节,走向平衡;二是由政府有意识采取一些政策措施,恢复国际收支平衡。

3. 国际收支的调节机制

第一,市场自发调节:纯粹的价格调整机制是一种典型的自动调节机制,也是古典学派一直强调的调节机制。历史上金本位制度下,如果一国发生了国际收支逆差,外汇供不应求,汇率要上升,这时该国就要输出黄金,于是货币发行量及存款都要收缩，物价就会下降。这使出口增加，进口减少；国际收支情况会得到改善。反之，则会发生相反过程，这样，国际收支的不平衡就会通过现金流动机制发挥自动调节作用。

金本位制被纸币本位制取代以后，这种自动调节作用在一定程度上仍然存在。这是因为，国际收支变化会影响国民收入、物价及资本的国际流动等各方面的变化，进而使国际收支趋于平衡。当一国由于进出口不平衡而发生国际收支顺差时，国内各银行所持有的国外资产增加，银行信用可以扩张，银根松弛，利率趋于下降，结果是：(1) 国内消费和投资都增加，国民收入水平提高，引起进口增加，从而可抵消原来的国际收支顺差，这就是收入变化对国际收支的自动调节。(2) 国内总需求增加，物价上涨，从而削弱该国商品在国际市场上的竞争能力，引起出口下降，进口增加，导致国际收支顺差缩减，这就是价格变化对国际收支不平衡的自动调节。(3) 利率下降导致资本外流，外国资本流入受阻，这也使国际收支顺差缩减，这就是资本的国际流动对国际收支不平衡的自动调节。相反，当一国发生国际收支逆差时，则通过相反的过程，使国际收支状况自动得到改善。

汇率变化对国际收支也有自动调节作用，假定一国出现逆差，对外汇需求就会大于供给，汇率上升，即本国货币贬值，国内物价上升。这会使进口减少，出口增加，并提高国民收入水平。这样，国际收支逆差情况就会得到改善。反之，若一国出现国际收支顺差，相反的过程会使这种顺差减少。

第二，政府政策调节：国际收支失衡的上述自动调整不是无条件的，而且这种自动调整的程度和效果也是难以保证的，而如果国际收支连年出现大量逆差，势必造成黄金外流，外汇储备下降，经济实力削弱，因此，各国政府往往都主动采取一些措施来实现国际收支平衡。这些措施主要有：

① 财政政策。在汇率不变的情况下，若甲、乙两国之间发生贸易，甲国发生贸易逆差时，政府可通过削减财政支出，提高进口税率，减少从乙国的进口，或增加对乙国的出口，使需求曲线向左上方移动，使甲国对乙国货币的需求有所下降，而增加对乙国的出口是使供给曲线向右下方移动，使乙国对甲国的货币供应有所增加，使国际收支逆差减少，逐步恢复平衡。

反之，当甲国出现顺差时，政府可降低税率，减少税收，增加财政支出，刺激消费与投资，这样就会增加从乙国的进口，减少对乙国的出口，直至国际收支趋于平衡。

② 货币政策调整国内利率。在开放经济条件下，汇率与国内利率有直接的正相关关系。调整国内利率会对国际资本的流动产生直接的影响。本国和其他国家的投资总是愿意把资本投到利率高的地方。本国利率往下降，就会使国际资本外流，反之，国际资本就会流进。

调整汇率,以一国对另一国的货币比值变动来调节国际收支。当逆差发生时,采取本国货币贬值的办法,刺激出口,减少进口;当顺差发生时,采取本国货币升值的办法,减少出口,增加进口。用调整汇率作为调节国际收支的手段,一般是针对国际收支不平衡而使用的,而且需要有一定的条件。假定进出口商品需求弹性很小,也就是说,本国货币贬值,本国商品出口到国际市场的价格就下降,外国商品进口到本国来的价格上升,但国际市场对进、出口的货物需求并不因价格的变化而变化,在这样的情况下,用变动汇率来改变国际收支情况的办法就会很少生效。另一方面,国际货币基金组织规定,各会员国只有在国际收支发生基本不平衡的情况下,才允许调整汇率。此外,调整汇率只有在各国没有进口限制和不采取报复措施的条件下,才能改善国际收支。

政府利用公开市场买卖外汇业务来平息短期的汇率波动。具体的做法是:由国家中央银行拨出一笔外汇基金,作为外汇平准基金,在既定的外汇汇率水平上,如果本币的对外汇率上涨,就抛售本币,购入外币,促使汇率上升;反之,则抛售外币,购入本币,使汇率下跌。这可以用来对付国际收支的短期性不平衡,不致影响国内经济与金融。但这种方法不能解决国际收支长期性逆差问题。

③ 货币政策与财政政策组合。政策组合是指一国政府将各种经济政策加以适当配合。通常来说,货币政策对国际收支影响较大,而财政政策对国内经济活动影响较大。

④ 政府直接管制政策。这是指一国政府以行政命令的办法,直接干预外汇自由买卖和对外贸易的自由输出/入,可分为财政、金融与贸易管制三种。财政管制包括关税、出口信贷、出口补贴等政策。金融管制是从外汇方面限制国际经济交易,如实行外汇管制以限制输入,促进输出。贸易管制是对进出口实行直接限制,如进口许可证与进口配额等贸易保护措施。政府的直接管制政策对平衡一国的国际收支,效果较为显著,它不必牵动整个经济的变化。但这必然会影响到与之有经济联系的国家,激起对方的反对,使他们采取报复措施,起冲消作用,甚至是反作用。

⑤ 国际经济合作政策。上述的调节措施只是供一个国家相机选择,而这些措施不可避免地在一定程度上对其他国家产生不利影响。倘若各国都相继采取以邻为壑政策,则整个国际经济秩序必遭破坏。二次大战以后,各种国际经济组织纷纷成立,大多以平衡各国的国际收支为其中心任务,其具体的内容有:国际贸易自由化——如为消除国际贸易壁垒成立了"关税和贸易总协定(GATT)",此外还有自由贸易区、输出国联盟、关税同盟、共同市场等。国际间债务清偿自由化,它直接影响各国的国际收支平衡,对债权国和债务国的经济正常运转产生一定的影响。再者就是协调经济政策,如西方七国首脑会议、西方主要工业国家一年一度的财政部长会议。

第二节 开放经济中的国民收入

一、四部门经济中国民收入的决定

在开放的经济中,政府宏观经济政策的最终目标是宏观经济的国内均衡和国外均衡。而国外均衡就是要考虑到出口的存在和进口对国民收入水平的影响,国民收入水平也同时影响对外的经济活动。为了分析国内外经济活动的相互影响,假定:① 没有价格水平的变动;② 没有供给方的限制;③ 没有资本的流入与流出,国际收支的差额仅是进出口贸易的差额;④ 汇率固定不变。在上述假定条件下,在一个考虑国外因素的四部门经济中,总支出共包括:家庭部门消费 C;企业部门的投资 Id;政府部门的购买支出 G;以及净出口 $(X-M)$。可以得出国民生产总值 $Y=C+Id+G+(X-M)$。这个式子说明一国的总支出水平取决于其国民收入的水平。总需求函数可以表示为:

$$AD = E(y) + X - M(y)$$

其中,$E(y)=C(y)+Id+G$ 表示一国收入除了用于进出口之外还用于购买国内物品的支出。$X-M(y)$ 为净出口,它也取决于该国的国民收入状况。AD 为一国国内需求和对外国产品需求的总和,即总需求。在引入净出口因素后,一国均衡的国民收入水平的决定可见图 11-1(a),均衡点为图中 A 点。

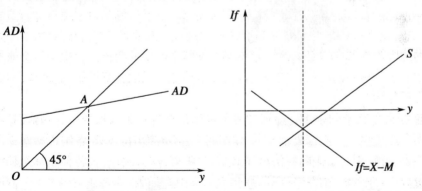

图 11-1(a)　国民收入与总需求相等　　图 11-1(b)　开放经济中的国民收入决定

图 11-1(b)中,If 为国内外净投资,即 $S-Id=X-M=y-E=If$。

图 11-1(a)、图 11-(b)分别为收入—支出法、储蓄—投资法所决定的国民收入。

在低于 A 点所对应的各个国民收入水平上,总需求会超过生产的水平,如

AD曲线处于A点左方的45°线之上。在任何这样低的收入水平上,对该国所生产的产品的AD大于其总供给,企业必然会由此而扩张生产,就业扩大,国民收入增加,经济趋向于A点。反之,如果经济处于A点的右方的45°线上,出现总需求不足,存货累积,生产会随之萎缩,就业量下降,直至本国经济恢复至A点才会均衡下来。图11-1(a)是从收入—支出角度分析均衡的国民收入决定,这种分析无法表示出一国的外贸和投资与国民收入之间的关系。为了表示这点,可以用另一种方法,即储蓄—投资法说明开放经济下的国民收入决定问题。

因为 $y=AD=E+X-M$,两边减去 $C+G$ 得:

$$y-C-G=(E-C-G)+(X-M)$$

即: $$S=I_d+I_f$$

这说明,储蓄即该国的资产净积累必定与其国内新的实物资产(房屋、设备、存货)投资加上其国外净投资(即它对世界其余各国的债权净增额)相等。在前面章节中这是一个实际储蓄等于实际投资的恒等式。这里则把它看作是均衡的国民收入水平的一个必要条件,因为所需的储蓄和所需的进口(因而所需的国外净投资)都取决于国民收入。图11-1(b)采取强调经常项目差额($X-M$ 或 I_f)的方式表示这种储蓄—投资的均衡。图11-1(b)显示了一个国家由于商品和劳务的输入超过输出而有经常项目逆差。

二、开放经济部门的乘数原理

当国民支出增大时,不管这个国家是否从事国际贸易,这种额外支出会引起一个增加国民收入的乘数过程。然而,一旦在开放经济条件下,该国从事国际贸易的方式则会影响国民收入乘数的数值。假定边际消费倾向 $\frac{\Delta c}{\Delta y}=b=0.8$,那么边际储蓄倾向 $s=\frac{\Delta s}{\Delta y}=1-b=0.2$,边际进口倾向 $m=\frac{\Delta m}{\Delta y}=0.3$,当 $\Delta G=10$ 时,这意味着无论谁对政府出售额外商品和劳务都会有额外的收入10。第一轮额外收入的产生会产生出额外储蓄2,额外进口3和国内商品和劳务的额外支出5。其中只有国内支出5回到国民经济中,作为另外一种需求刺激。储蓄2和进口支出3代表国内支出流量中的"漏出量"。不管他们的间接影响如何,它们并没有在国民经济中直接创造新的就业机会或收入。这样,在第二轮收入和支出中,只有与传下去并分成另外的国内支出2.5、储蓄1和进口1.5。以后的每一轮支出同最初这两轮一样,其中成为另外支出的额外收入部分是 $(1-m-s)$。在开放经济条件下,这一乘数过程有它本身的乘数公式。这个公式可以根据收入的最终变动等于最初的政府支出增加加上对这个国家产值的额外需求(由于收入本身增加的刺激)推导出来：

$$\Delta y = \Delta G + (1 - m - s)\Delta y$$

$$\Delta y(1 - 1 + m + s) = \Delta G$$

一种开放经济中的支出乘数即"外贸乘数" $= \dfrac{\Delta y}{\Delta G} = \dfrac{1}{m+s}$

$$= \dfrac{1}{\text{边际储蓄倾向} + \text{边际进口倾向}}$$

不论最初的额外国内支出是政府花费的，还是由于消费骤增或私人投资支出增加，这一乘数值是相同的。还应该指出"对外贸易乘数"值在开放经济中，比在封闭经济中小。如果 $m=0$，那么乘数就是 $1/s$。上例中 $1/s=5$。

由于国内支出增加而产生的乘数增大的结果，可以用图 11-2 表示，这里，最初的政府支出增加用 $s-Id$ 曲线的向下移动来表示。用这种常规的表示方法的理由是：政府支出增加 $10 = \Delta G$，也就是政府储蓄变动为 -10，因为政府储蓄是政府税收和政府支出两者的差额，当 $s=0.2$ 时，$m=0.3$，外贸乘数 $= \dfrac{1}{0.2+0.3} = 2$，当 $\Delta G = 10$ 时，$\Delta y = 20$，必须进一步指出：乘数 2 的作用不仅使最终的收入增加，而且也使最终的进口增加。正是由于第一轮的新支出，进口增加了，但在所有各轮的新支出中，进口的增加两倍于这一数值，即：$m/(m+s)\Delta G = 6$。如图 11-2 所示。

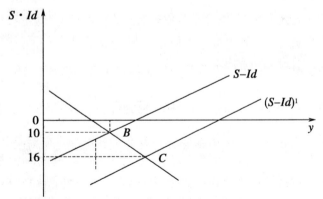

图 11-2 政府支出增加对对外贸易和国民收入的影响

假定消费函数 $c = a + by_d$，可支配收入 $y_d = y - T + TR$，T 为税收，TR 为转移支付。

在净出口额中，当国民收入水平提高时，进口随之增加，当国民收入下降时，进口随之减少，换句话说，进口是收入的增函数，设进口函数为 $M = M_0 + my$（M_0

为自主性进口——是同收入水平没有关系的独立自主性进口,如一国不能生产,但又为国计民生所必需的产品)。

关于出口 X,甲国的出口可以看作乙国收入水平的增函数,乙国收入水平的变化会直接影响甲国的出口,进而影响甲国收入水平,同样,甲国的收入变化也会影响乙国的出口和收入。为方便起见,假定甲国的出口额占乙国进口额的极小部分,乙国收入变化对甲国出口额没有多大影响。这样,进口是收入的函数,出口则是外生变量或者说外生支出,即 $x=\bar{x}$。

于是,可以得出均衡产出或收入在开放经济条件下的确定模型:

$$\begin{cases} y = C + I_d + G + x - M \\ C = a + by_d \\ y_d = y - T + TR \\ T = T_0 + ty \\ x = \bar{x} \\ M = M_0 + my \\ I = \bar{I} \\ G = \bar{G} \\ TR = \overline{TR} \end{cases}$$

此模型确定的均衡产出水平为:

$$y = \frac{1}{1-b(1-t)+m}(a+\bar{I}+\bar{G}+b\overline{TR}+\bar{x}-m_0),$$ 此式为开放经济条件下的均衡产出的表达式。

考虑到 x 的变化对 y 的影响:

$$\frac{dy}{dx} = \frac{1}{1-b(1-t)+m}$$

这里的 $1-b(1-t)$ 相当于边际储蓄倾向 s,所以,对外贸易乘数为 $\frac{1}{s+m}$。

第三节 开放经济下的 IS-LM 模型

现在我们讨论开放经济下的 IS-LM 模型,然后引入包括经常项目和资本项目的国际收支平衡曲线,考察开放经济条件下一国产品和货币市场的内外同时均衡条件。

一、开放经济下的 IS 曲线

在两部门经济和三部门经济中，IS 曲线分别表示所有使 $S=1$ 和 $S+T=I+G$ 的 r 和 y 的组合，同样，四部门经济中的 IS 曲线表示所有使 $S+T+M=I+G+X$ 的 r 相 y 的组合。如果 $S+T+M=I+G+X$，从收入川流中漏出的就等于向收入川流中注入的，从而商品需求量保持不变。为了说明引进第四部门后所发生的变化，用图 11-3 表示三部门和四部门这两种经济的 IS 曲线的推导。三部门经济或封闭经济中的 IS_C 曲线（如图 11-3 所示）是从 A 部分的 $I+G$ 曲线和 C 部分中的 $S+T$ 曲线中推导出来的。为了引进对外贸易的出口方面，X 的数额被加到 A 部分同一横轴的 $I+G$ 曲线，以便产生 $I+G+X$ 曲线。我们假定 X 的数量完全由国内经济以外的因素所决定，因此国内经济的利息率对出口没有影响。这样在每一个利息率水平上，$I+G+X$ 曲线与 $I+G$ 曲线距离相等。为了引进对外贸易的进口方面，M 被加到 C 部分中同一纵轴的 $S+T$ 曲线。因为 $M=M_0+my$，因此，$S+T$ 与 $S+T+M$ 之间的距离直接地依存于 y 水平。$S+T$ 与 $S+T+M$ 之间斜率上的区别等于 m 或边际进口倾向。使漏出量总和 $S+T+M$ 与注入量总和 $I+G+X$ 相等的各种 r 和 y 的组合按通常的方式确定，将 y,r 区域内与这些组合相对应的点用一条直线连接起来，就是开放经济中的 IS_0 曲线。

与三部门的 IS_C 曲线一样，IS_0 曲线也向右下方倾斜，但 IS_0 曲线的斜率大于 IS_C 曲线的斜率。利息率的下降增加投资支出，由此造成的收入的增加将是这样一种性质的增加，在那里，从收入川流中漏出量的总和，等于注入量的增加额，亦即等于投资支出的增加。

图 11-3 中的 A、C 两部分的曲线之间的关系就在于 IS_0 曲线与 IS_C 曲线相交。如果在图形所注明的收入范围内 A 部分中的 $I+G$ 曲线与 $I+G+X$ 曲线的固定距离大于 C 部分中的 $S+T$ 曲线和 $S+G+M$ 之间的最大距离，则 IS_0 曲线整个位于 IS_C 曲线的右侧。在相反的情形下，IS_0 曲线将整个位于 IS_C 曲线的左侧。但是，如果我们加以考虑的收入范围足够大，则这两条曲线相交于 $y_1 r_1$ 的组合，是使 $S+T=I+G$ 和 $S+T+M=I+G+x$ 的组合，从而也是使 $x=M$ 的组合。在任何较低的 y 水平上，$X>M$。由于一个净出口差额对收入水平有扩张性的效应，在其他因素不变的条件下，对外贸易使收入水平高于在其他条件下达到的水平，IS_0 曲线在每一个有关的利息率水平上位于 IS_C 曲线的右边。在任何高于 y_1 的 y 水平上，$x<M$。由于净进口差额对收入水平有一种收缩性的效应，在其他因素不变的条件下，对外贸易使收入水平低于在其他条件下将达到的水平，IS_0 曲线在每一个有关的利息率水平上，应位于 IS_0 曲线左侧。

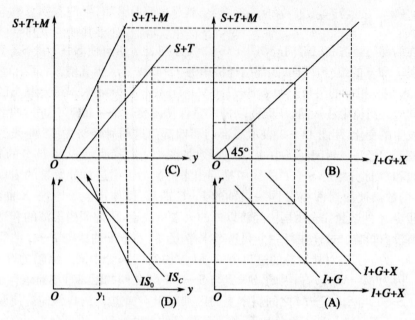

图 11-3 四部门的 IS 曲线推导

二、国际收支平衡曲线

由四部门均衡收入决定的公式,可以进一步看出,净出口额 N_x 同均衡水平的关系。当其他条件不变时,二者同向变化,再由 $N_x = x - M = (\bar{x} - M_0) - my$ 得出,产出水平越高净出口额越小,即贸易顺差越小,这里出现一个矛盾,要扩大产出水平就需要增加进出口顺差,而产出增加的结果,又会使进出口顺差缩小。这个矛盾在经济内部均衡与外部均衡讨论中具有重大意义。对外收支有三种情况:

(1) 当 $(x-M)=(N-u)$ 时,对外收支平衡;

(2) 当 $(x-M)>(N-u)$ 时,对外收支盈余;

(3) 当 $(x-M)<(N-u)$ 时,对外收支赤字。

如果进出口贸易存在顺差,可由资本账目相等数额的逆差抵消,以保持国际收支平衡;如果国际收支是顺差,此顺差的外汇被货币当局用本国货币购入,于是本国货币的供应量就增加,反之,货币供应量就减少。

在国际资本流动方面,资本从一国流出,增加国际收支逆差;资本流入增加国际收支顺差,资本的净流入额 $N-u$(用 H 表示)就是资本账目余额。那么是由哪些因素决定资本流向呢?同国内金融市场一样,资本在国际间的流动,取决于债券、股票等所取得的收益。在汇率不变的条件下,一国利率水平越高,该国同样债券与股票所能得到的收入就越高,就越能吸收外资;一国利率水平越低,该国的居民厂商就会对外投资,引起资金流出。因此,如果其他国家利率已定,资本的流向取决于本国的利率水平。本国利率水平高,资本净流入额就越大,反之亦然,即资本流出净额 H 是利率的减函数,可记作:$H=h(r)$,$\mathrm{d}h(r)/\mathrm{d}r<0$。

因此,我们在假定国内价格 Pd 不变,国内外价格比 (Pd/Pf) 不变,汇率不变的前提下,对外收支平衡的模型为:

$$\begin{cases} x-M=H \\ X=\overline{X} \\ M=M_0+my \\ H=h(r) \end{cases}$$

由此可得国际收支平均时 y 与 r 之间的关系:

$$y=-\frac{1}{m}h(r)+\frac{1}{m}(\overline{x}-m_0)$$

可用一图形表示上述关系。在以 r 为纵轴,y 为横轴的坐标系中绘成一条曲线,叫国际收支平衡曲线,常称 BP 曲线,该曲线的斜率为:

$$\mathrm{d}y/\mathrm{d}r=-\frac{1}{m}\frac{\mathrm{d}h(r)}{\mathrm{d}r}$$

由于已知 $\mathrm{d}h(r)/\mathrm{d}r<0$,故 $\mathrm{d}y/\mathrm{d}r>0$,在 $r-y$ 平面上,BP 曲线是向右上方倾斜的曲线。

根据上述模型,假设 $h(r)$ 是线性函数,可用图解法导出 BP 曲线,图 11-4(a)表示 $h(r)$ 曲线,(c)图为 $x-M=\overline{x}-M_0-my$ 曲线,(b)图为平衡条件 $x+m=H$,(d)图为 BP 曲线。

设 $B=(X-M)-H$,假设(a)部分中的利息率为 r_1,这表明资本外流量为 H_1,为了保证 B 等于国际收支的均衡所必需的零,$x-M$ 应等于 H。从(a)图到(b)图到(c)图表明,如果 y 等于 y_1,则 $x-M$ 等于 H_1,将(a)部分的 r_1 的值和(c)部分的 y_1 的值集中到(d)图中来,得出一组 r 和 y,在这个组合中 $B=0$。

BP 曲线上的每一个点都代表一个 r 和 y 的组合,在这个组合中 $x-M=H$,或者 $B=0$。每一个不在这条线上的组合都是这样一种组合,在其中 $x-M \gtrless H$ 或 $B \gtrless 0$。特别是在 BP 线以上的所有组合中,我们都有 $x-M>H$,因此这些都是产生国际顺差的组合;而所有位于 BP 线以下的组合都使 $x-M<H$,因此是产生国际收支逆差的组合。

在(d)图中,K 点表示的 y_2 和 r_2 组合是产生均衡的组合之一,F 点所表示的 y_1,r_2 组合与 K 点所表示的组合比较,利息率相同,但收入水平较低,H 相同,但 $x-M$ 较大。这样由于在 K 点上 $x-M=H$,因此在 F 点 $x-M$ 应大于 H,或者说 F 点应当出现国际收支顺差。将 F 点上的组合同 J 点上的组合比较,也可看到同样的情形,J 点所表示的组合 y_1,r_1 是出现均衡的组合之一,与 J 点相比,F 点表示的组合 y_1,r_2 包含着同样的收入水平,但利息率较高,F 点的 $X-M$ 与 J 点相同,但 F 点的 H 则比 J 点小。由于在 J 点时 $X-M=H$,因此在 F 点 $x-M$ 应大于 H,或者说应出现国际收支顺差。在任何位于 BP 曲线以上的其他 y,r 组合中我们都能得出同样的结论,即出现国际收支顺差。

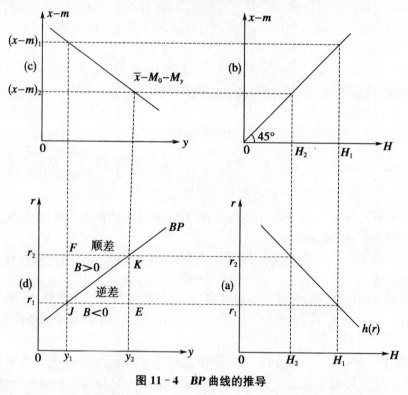

图 11-4 BP 曲线的推导

三、国际收支平衡曲线的移动

如果经济中的实际利息率和实际收入水平位于 E 或 F 或其他任何 BP 函数以外的点上,国际收支逆差和顺差自动地产生 BP 曲线的均衡移动。在出现顺差的场合,BP 曲线会向上或向左移动。而在出现逆差的场合,则会向下向右移动,我们对物价水平的变动和汇率的变动使 BP 曲线移动作一考察。

物价水平的变动:在图 11-5(c)部分用 $(x-m)$ 表示,标记的原有的净出口曲线,其中下标 1 表示 P 等于 P_1。在其他因素不变的条件下,国内物价水平的绝对变动对 BP 曲线有什么影响? 国内物价水平的绝对上升使出口净差额减少,并且使 IS 曲线向左移动,同时,它还减少实际的货币供应量,并使 LM 曲线向左移动。在图 11-5(c)中可以看到,国内物价水平从 P_1 到 P_2 的绝对上升使 $(x-m)$ 曲线向左从 $(x-m)_1$ 移动到 $(x-m)_2$,而这又使图 11-5(d)部分中的 BP 曲线向左从 BP_1 移动到 BP_2。结果,任何收入水平上的国际收支平衡现在都要求一个较高的 r,由于 p 从 p_1 上升到 p_2 使每一个 y 水平上 x 水平下降,同时使每一个 y 水平上的 M 水平增加,所以国际收支平衡或者要求 y 充分降低以便使 H 减少一个相等的数额,亦即要求(d)图部分中的 FK 增加或这二者的其他任何组合。国内物价水平从 p_1 下降到 p_0 自然会产生相反的效应。其表现是(c)图部分中从 $(x-m)_1$ 到 $(x-m)$ 的向右移动,以及由此而产生的(d)图部分的从 BP_1 到 BP_0 的向右移动。

汇率变动和 BP 曲线的移动:一般地说,如果用德国马克表示的美元价格不变,美国商品的美元价格上涨 10%,对预期中的德国买主来说,与用美元表示的美国商品的价格不变,而用德国马克表示的美元价格上涨 10%,没有什么两样。例如,假设美国制造的计算机的价格为 1 000 美元,美元的价格为 2.5 德国马克。对德国进口商来说,这台计算机的费用为 250 000 德国马克,对于这位进口商来说,计算机价格上涨 10%,即涨到 110 000 美元,而美元价格(1 美元=2.5 德国马克)不变,这时计算机费用将上涨到 275 000 德国马克,另一方面,如果美元价格上升 10%(1 美元=2.75 德国马克)而计算机价格不变,计算机的费用上升到 275 000 德国马克。

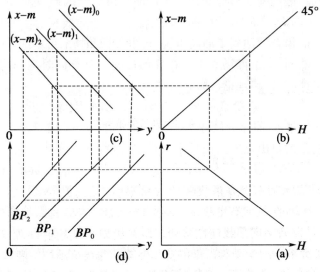

图 11-5 BP 曲线的移动

如果我们假定美元对别的通货的汇率普遍地上升,就是说,在外汇市场上购买一个美元比以前需付更多的德国马克、法郎等。汇率的这种上涨会使 BP 曲线向左移动,正如美国物价水平的提高会使 BP 曲线向左移动一样。我们在这里假定其他国家的物价水平没有变化,这时美国的出口会减少,因为现在购买美国通货单位所要花费的每一种外国通货单位都更多,而美国的进口将增加,因为美国的通货单位可以购买的每一种外国通货也更多了。在图 c 中,汇率的提高,亦即用其他货币表示的美元的增加,使 $x-m$ 曲线从 $(x-m)$、移动到 $(x-m)_2$,这是一个与物价水平提高时所发生的情况相同的移动。$x-m$ 函数的向左移动又使 BP 函数从 BP_1 向左移动到 BP_2,结果任何 y 的这一均衡要求一个较低的 y。根据同样的道理,美元对其他通货的汇率的降低一般地说会使 BP 曲线向右移动,正如美国物价水平的降低使 BP 曲线向右移动一样。

我们在这里关于汇率的变动对 BP 曲线的影响所说的也适合 IS 函数。一国通货的汇率的降低将通过 X 的增加而使图 11-5(a)部分的 $I+G+X$ 曲线向右移动,并且通过减少 M_0 而使图 11-5(c)图部分的中 $S+T+M$ 曲线向下移动。这些移动都导致图 11-5(d)图中的 IS_0 向右移动。

四、国内外均衡的同时实现:IS-LM-BP 模型

对外开放经济的平衡包括内部和外部的平衡。内部的平衡是指经济内部在充分就业水平上达到总需求和总供给的均衡,外部平衡指的是国际收支平衡。在固定价格水平上,内部的平衡可由 IS 和 LM 曲线决定,即达到国内商品市场和货币市场的一般均衡。外部平衡由 BP 曲线决定。因此,经济的内外均衡可由 $r-y$ 平面上的 IS,LM 和 BP 曲线决定。当三条曲线相交于一点时,所代表的利率与收入的组合就达到了商品市场、货币市场和外汇市场的同时均衡,即内外同时均衡。然而,三个市场并不是在任何情况下都能同时达到均衡的。当国内外市场不均衡时,古典理论认为会自动走向均衡。

如图 11-6 所示:设价格水平为 P_1 时,IS,LM、BP 交点为 K,对应的产出水平为 y_1,利率为 r_1,而充分就业水平时产出水平为 y_0,$y_1<y_0$,存在失业。这时劳动力市场上的自由竞争会使货币工资率降低,并进而使产品市场上价格水平降低。物价水平低,使实际货币供给余额(M/P)增加,在货币需求不变的情况下,LM 曲线就会向右下方移动;物价平降低,无论是消费、投资或政府购买都会增加,从而使 IS 曲线向右上移动;本国物价水平降低,在其他情况下不变时,出口会增加,进口会减少,同时由于利率因 M/P 增加而下降,进而使资本流出增加,流入减少,这都使 BP 曲线右移。比如,当价格水平由 P_1 降至 P_0 时,IS',IM',BP' 交于 N 点,这时对应的总需求恰好等于充分就业的产出水平 y_0,因此,经济凭借自身的竞争机制可消除失业,使经济恢复平衡。

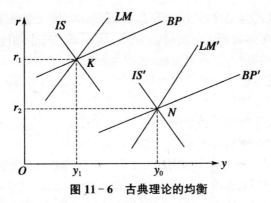

图 11-6 古典理论的均衡

这种古典理论为凯恩斯主义所否定。他们认为，IS、LM 以及 BP 曲线都是在某一固定价格水平上导出的。因此，不同的价格水平对应不同的 IS、LM 和 BP 曲线。假定在价格水平为 P_1 时，IS、LM、BP 曲线交于 K 点(如图 11-7 所示)，故由 K 点所决定的产出值 y_1 与已知价格水平 P_1 决定了总需求曲线上的一点，如果在 P_1 价格水平上，总供给也恰为 y_1，则意味着点(P_1, y_1)是 AS 和 AD 曲线的交点，即为均衡点。由图 11-7 看出，均衡产出 y_1 低于充分就业水平 y_0，既然是均衡点，则若无外因影响，均衡将维持在该点上，显然这一点不是古典理论所说的充分就业的均衡点。凯恩斯主义者认为，要使均衡产出 y_1 达到充分就业时均衡产出 y_0，必须依靠政府的财政政策和货币政策干预。假定汇率不变，即 BP 曲线位置不动，只

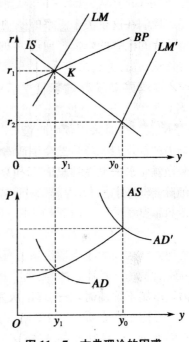

图 11-7 古典理论的困惑

考虑用财政政策和货币政策以移动 IS、LM 曲线，使其交点达到充分就业状态。

第一，移动 IS、LM 曲线政策。

在上述情况下，一般可以实行膨胀性财政政策和紧缩性货币政策。在图 11-8 中，如果起初三个市场的均衡收入为 y_1，但充分就业为 y_0。为实现充分就业，政策可增加支出，或减少税收。扩张性的财政政策使 IS 向右上方移至 IS′，同时实行紧缩性货币政策，使 LM 向上移至 LM′，这时可实现新的均衡。这是因为扩张性财政政策提高了收入水平，也提高了利率，这样一方面进口增加，出口净额减少，即国际收支赤字增加，另一方面利率提高，使资本流入增加，以上两

方面低销达到国际收支平衡。值得注意的,利率提高后,货币需求下降了,要使货币市场上供求均衡,必须把货币供给减少,因而要实行紧缩性货币政策使 LM 曲线上移。

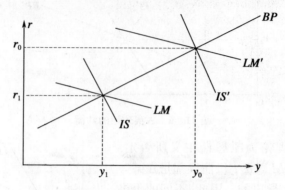

图 11-8　移动 IS-LM 政策

如果单就消除国际收支不平衡而言,货币政策和财政政策也是有效力的。当对外收支有盈余时,IS 与 LM 的交点位于 BP 曲线的上侧,如图 11-9 所示中的 K 点。这时采用货币政策,增加货币供给,使 LM 右移至 LM′,使之通过 IS 与 BP 的交点 K′,显然会消除盈余状态,同时又使产出得到扩张。单独使用财政政策,IS 曲线左移至 IS′,使之与 LM,BP 的交点 K″相交,显然也是盈余状态消除,但这会使产出下降,从而与充分就业目标相违背,因此,紧缩性财政政策是不可取的。

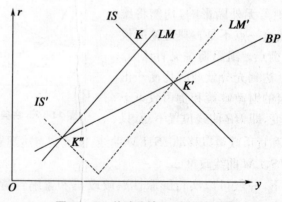

图 11-9　单独移动 IS 或 LM 政策

同样的道理,在分析国际收支赤字时,可以通过适当的财政政策和货币政策予以消除。

第二,移动 BP 曲线的政策。

BP 曲线移动的原因有:国内物价水平 Pd 的变化和汇率的变化。假定起初国内、国外均衡的收入和利率分别为 y_E 和 r_E,交点为 E,而充分就业时的收入水平为 y_0,若政府利用提高汇率(即使本国货币贬值)的办法进行调节,则:① 曲线向右移动;② 由于货币贬值使净出口额 $(X-M)$ 增加,因而 IS 曲线向右上移动;③ 货币贬值,意味着实际货币供给 (M/P) 或者说货币实际价值减少,因而 LM 曲线向左上移动。政府调节可直到三条曲线的移动相交于一点 F,即国内国外同时均衡为止。见图 11-10。

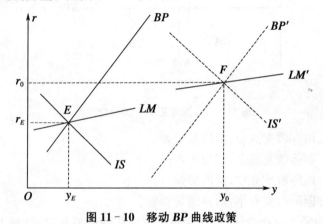

图 11-10 移动 BP 曲线政策

第三,抵消国际收支盈余或赤字的政策。

这种政策可以通过公开市场业务以及其他行政命令来改变银行准备金,以便抵消国际收支对国内经济的影响。

五、调节政策的协调作用

如果一个国家的经济处于对外有收支赤字而对内有失业的状态,则可用提高汇率使本国货币贬值的办法来消灭赤字并实现充分就业。但如果该国经济处于有国际收支赤字但已实现了充分就业的状态,则用提高汇率的办法就会形成通货膨胀。要同时达到充分就业和消除国际收支不平衡的双重目标,就必须巧妙利用货币政策与财政政策。要正确实行调节政策,还必须弄清国家当时所处的状态。

图 11-11 可以帮助人们弄清应采取的调节政策。图中横轴为总支出,纵轴为利率。$BP=0$ 的线,代表的是国内利率与国外利率相等 $(r=r_f)$ 时的国际收支平衡线,因为 $BP=N_x(y,y_f,R)+CF(r-r_f)$(其中 y_f 为外国的收入水平,CF 是资本账目盈余,r_f 为国外利率),BP 线以上的点,$r>r_f$,国际收支盈余;BP 线以下的点,$r<r_f$,国际收支赤字。图中 SS 线表示充分就业时的收入水平 y_0,若 $y<y_0$,则存在失业;若 $y>y_0$,是过度就业,表现为通货膨胀。只有在两条线的交点 E,才是国内均衡与国外均衡。在此图中,只要知道 IS, LM 曲线的具体位

置,就可以判断我们要运用的调节政策。由上述两条线的交叉将平面分成四个区域,四个区域都是不均衡状态,即:

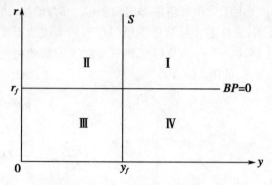

图 11-11　固定汇率下的内外均衡

Ⅰ区域:国际收支盈余,国内通货膨胀;
Ⅱ区域:国际收支盈余,国内失业;
Ⅲ区域:国际收支赤字,国内失业;
Ⅳ区域:国际收支赤字,国内通货膨胀。

弄清一国经济所处的状态,就会明白应采取的调节政策,针对不同的情况,实施不同的政策组合。例如,假定经济处于Ⅲ区域,就应提高汇率,即本币贬值,一方面增加净出口,克服衰退,消除失业,另一方面消除国际收支赤字,若实行膨胀性财政政策或货币政策,虽能增加就业,但会使赤字更大。

本章参考书目

1. 苏剑:《IS-LM模型中政策效果分析:一个重新表述》,《经济科学》,1998年第3期
2. 陈东琪:《对近两年宏观经济政策操作的思考》,《经济研究》,1998年第12期
3. 宋承先:《现代西方经济学(宏观经济学)》第九章,复旦大学出版社,1997
4. 高鸿业:《西方经济学(宏观部分)》第十五章,中国人民大学出版社,2001
5. 多恩布什·费希尔·斯塔兹:《宏观经济学》第10章,中国人民大学出版社,2000
6. 斯蒂格利茨:《经济学》(下册),中国人民大学出版社,1997

问题与练习

1. 名词解释:
国际收支;经常项目;资本项目;对外贸易乘数;BP曲线。

2. 当一国经济既处于通货膨胀又有国际收支赤字状况时,应当采取什么样的政策措施?

3. 国际收支平衡表有哪些主要内容?

4. 既然商品市场与货币市场和外汇市场没有同时达到均衡时会自动走向均衡,为什么还要政策调节?

5. 在市场经济中,如何使国际收支自动得到调整?

第十二章 宏观经济政策

西方经济学者认为,宏观经济政策是国家或者政府为了社会经济稳定和福利而制订的解决经济问题的指导方针和措施。宏观经济政策的目标是:(1)物价稳定。(2)充分就业。(3)经济持续均衡增长。(4)国际收支平衡。

宏观经济政策的主要内容是财政政策、货币政策、收入政策和对外经济政策。宏观经济政策调节不能只考虑上述某一项目标,而应同时达到上述所有目标。

以下我们首先分析财政政策、货币政策在产品市场和货币市场中的作用,其次进一步分析这些政策是如何调节社会经济活动的。最后分析收入政策。

第一节 宏观经济政策目标

宏观经济学认为,宏观经济政策是指国家或政府为了增进社会经济福利而制定的解决经济问题的指导原则和措施。它是政府为了达到一定的经济目的而对经济活动有意识的干预。因此,任何一项经济政策的制定都是根据一定的经济目标而进行的。按照大部分经济学文献的解释,宏观经济政策的目标主要有四个,即充分就业、价格稳定、经济持续均衡增长和国际收支平衡。宏观经济政策就是为了达到这些目标而制定的手段和措施。

一、物价稳定

价格稳定是宏观经济政策的第二个目标。价格稳定是指价格总水平的稳定,它是一个宏观经济概念。由于各种商品价格变化的繁杂和统计的困难,西方学者一般用价格指数来表达一般价格水平的变化。价格指数是表示若干种商品价格水平的指数,可以用一个简单的百分数时间数列来表示不同时期一般价格水平的变化方向和变化程度。价格指数有消费物价指数(CPI)、批发物价指数(PPI)和国内生产总值折算指数(GDP deflator)三种。价格稳定成为宏观经济政策的目标,是由于通货膨胀对经济有不良影响。为了控制通货膨胀对经济的冲击,西方国家把价格稳定作为宏观经济政策的另一重要目标。

值得注意的是,价格稳定不是指每种商品的价格固定不变,而是指价格指数的相对稳定,即不出现通货膨胀。实践表明,西方国家的通货膨胀已经无法完全消除,因此大部分西方国家已把一般的轻微的通货膨胀的存在,看成是基本正常的经济现象。

二、充分就业

充分就业是宏观经济政策的第一目标。它在广泛的意义上是指一切生产要素(包含劳动)都有机会以自己愿意的报酬参加生产的状态。但由于测量各种经济资源的就业程度非常困难,因此西方经济学家通常以失业率高低作为衡量充分就业与否的尺度。失业率指失业者人数与劳动力人数的比率。劳动力是指一定年龄范围内有劳动能力愿意工作的人,老人、孩子以及由于这样那样的原因而放弃了找工作念头的人,都不能算作劳动力,因此,劳动力和人口是两个不同的概念,劳动力与人口的比率可称为劳动力参与率。失业者是劳动力中那些想工作但尚未找到工作的人。如果一个工人停止寻找工作,就被认为退出了劳动力队伍,就不再被看做是失业者。

为什么会有失业呢? 按照凯恩斯的解释,失业一般分为三类:摩擦失业、自愿失业和非自愿失业。摩擦失业是指在生产过程由于难以避免的摩擦造成的短期、局部性失业,如劳动力流动性不足、工种转换的困难等所引致的失业。自愿失业是指工人不愿意接受现行工资水平而形成的失业。非自愿失业是指愿意接受现行工资但仍找不到工作的失业。除了上述这几类失业外,西方学者还有所谓"结构性失业"、"周期性失业"等说法。结构性失业指经济结构变化等原因造成的失业,特点是既有失业,又有职位空缺。失业者或没有适当技术,或居住地点不当,因此无法填补现有职位空缺,因而也可看作是摩擦性失业的较极端的形式。周期性失业指经济周期中的衰退或萧条时因需求下降而造成的失业。需要说明的是,以上各类失业并不总是能截然分开的,通常是从不同角度加以分类的。但不管如何分类,失业总是被认为会给社会及失业者本人和家庭带来损失。失业给失业者本人及其家庭在物质生活和精神生活上带来了莫大痛苦,也使社会损失了本来应当可以得到的产出量。

一些经济学家还用所谓"奥肯法则"来描述GDP变化和失业率变化之间存在的一种相对稳定的关系。这一法则认为:GDP每增加3%,失业率大约下降1个百分点,这种关系并不是十分严格,它只是说明产量增加1%时,就业人数上升达不到1%。原因可能是产量的增加是通过单位工人的平均劳动时数或加班加点来达到的,而非由于增加就业人数;也可能是社会增加了第二职业的人数,从而使就业量小于产量增加的百分比。不管如何,失业的成本是巨大的。因此,降低失业率,实现充分就业,就常常成为西方宏观经济政策首要的或重要的目标。

然而,什么是充分就业呢?凯恩斯认为,如果"非自愿失业"业已消除,失业仅限于摩擦失业和自愿失业的话,就是实现了充分就业。另外一些经济学家则认为,如果空缺职位总额恰好等于寻找工作人数,就是充分就业。而货币主义针对凯恩斯"非自愿失业",提出了"自然失业率"的概念。自然失业率是指在没有货币因素干扰的情况下,让劳动市场和商品市场自发供求力量作用时,总需求和总供给处于均衡状态的失业率。虽然对于充分就业存在着不同的看法,但他们都认为充分就业不是百分之百就业,充分就业并不排除像摩擦失业这样的失业情况存在。在目前,大多数西方经济学家都认为,存在 4%—6% 的失业率是正常而自然的,此时的社会经济就可以看作是处于充分就业状态。

三、经济持续均衡增长

宏观经济政策的第三个目标是经济持续均衡增长。经济增长是指在一个特定时期内经济社会所生产的人均产量和人均收入的持续增长。通常用一定时期内实际国内生产总值年均增长率来衡量。战后西方国家的经济增长经历了一个从高速增长到低速增长的过程。经济增长和失业常常是相互关联的。如何维持较高的增长率以实现充分就业,是西方国家宏观经济政策追求的目标之一。

四、国际收支平衡

随着国际间经济交往的密切,如何平衡国际收支也成为一国宏观经济政策的重要目标之一。国际收支对现代开放性经济国家是至关重要的。西方经济学家认为,一国的国际收支状况不仅反映了这个国家的对外经济交往情况,还反映出该国经济的稳定程度。当一国国际收支处于失衡状态时,就必然会对国内经济形成冲击,从而影响该国国内就业水平、价格水平及经济增长。

五、宏观经济政策目标的相互关系

从根本上说,宏观经济政策的四个目标是一致的。但是具体说来,宏观经济政策四个目标之间既存在着某种互补关系,也存在着矛盾和冲突。

宏观政策目标的互补关系是指,政府对某一目标的追求或某一目标的实现,同时也能够促进其他目标实现。经济增长的目标与增加就业目标之间,就存在着这种互补关系。这种互补关系表现在:从长期看一国经济越是能够持续均衡地增长,就业率就越高,失业率就越低;反之亦然。从短期的经济波动来看也是这样,当一国经济处在复苏和繁荣的景气上升时期,随着增长率的提高和经济总量的增加,就业机会随之增加;相反,当一国经济处在衰退和萧条的景气下降时期,随着经济规模的收缩,就业机会就会减少,失业率就会上升,由于增长与就业两目标之间存在互补关系,因此,政府在追求增长目标时,也能够促进就业目标的实现;而政府为实现增加就业,就必须刺激经济增长,因而两者是一致的。

宏观调控的经济政策目标之间不仅存在着一致性和互补关系,也存在着矛盾和冲突。即政府要实现某一目标,就无法同时实现另一目标,甚至要以牺牲另一目标为代价。这主要表现为经济增长、增加就业与价格稳定目标之间的矛盾和冲突。如前所述,增长目标和就业目标存在高度的一致性。但是这两个目标与稳定物价目标之间却存在着矛盾和冲突。这主要表现在:如果政府把经济增长和增加就业作为宏观经济政策的主要目标,就需要实行扩张性财政政策和货币政策,以刺激总需求。显然,这会导致货币供应量的增加,并因此而引致价格总水平的上升。相反,如果政府把稳定物价作为宏观调控的主要目标,那么为了抑制通货膨胀,就必须抽紧银根,实行紧缩性的财政政策和货币政策以抑制总需求,这又会导致经济增长速度放缓甚至下滑,并引致失业率的上升。

经济增长、增加就业、稳定物价等目标与国际收支平衡的目标之间,同样也是既存在着一致的一面,又存在着相互矛盾的一面。两者的一致性主要表现在,如果国际收支不平衡,例如顺差过大,外汇收入增加,为收购这些外汇,就必然要增加国内货币供应量,从而可能导致物价上升;而如果逆差过大,则又可能形成国内货币紧缩的形势,影响经济增长并导致失业增加。显然,在上述两种情况下,平衡国际收支就有利于其他政策目标的实现。两者之间的矛盾主要表现在,为了实现经济增长和增加就业目标,有可能降低本国产品在国际市场上的竞争力,从而不利于国际收支平衡;相反,为了实现国际收支平衡的目标,例如为了消除或减少逆差,采取贬值本国货币的方法以刺激出口,则又会影响国内价格水平的稳定。

正是由于宏观调控的经济政策目标之间存在着一定的矛盾和冲突,因此,在一个既定的时期内,政府是难以同时实现所有目标的。这样,就产生了宏观经济政策目标的选择问题。

政府在选择政策目标时,首先要考虑本国经济运行周期的阶段特征和社会所面临的紧迫任务,例如,当经济运行处于过热状态并导致严惩的通货膨胀时,政府应当把稳定物价目标作为宏观调控的主要目标,实行适度从紧的财政政策和货币政策。而当经济运行处在衰退阶段,出现经济停滞或滑坡,失业率较高时,则应把增长目标或增加就业目标作为主要调控目标、实行扩张性的财政政策和货币政策。

其次,政府在选择政策目标时,也要考虑世界经济形势对本国经济可能产生的影响。例如,当国际上出现金融危机并有可能对本国经济形成严重冲击时,政府把平衡国际收支作为首选目标可能是明智的。

第二节 财政和货币政策的有效性

一、财政政策和货币政策的效果

在 IS-LM 模型中,已经分析了 IS 与 LM 曲线的含义及其对利息率和国民收入的作用。现在进一步考察财政政策和货币政策对 IS 曲线和 LM 曲线的影响,分析财政政策和货币政策的效果。

凯恩斯主义者认为,在市场机制自发调节下,产品市场和货币市场尽管能同时实现均衡,但只是一种"小于充分就业"的均衡。因而需要国家干预经济,运用财政政策和货币政策调节 IS 曲线和 LM 曲线,实现充分就业的均衡。

政府采用扩张性财政政策能使 IS 曲线向右移动,如图 12-1 所示。图 12-1 表示,IS 曲线向右由 IS_1 移至 IS_2,两种市场的均衡点由 E 移至 E' 点,国民收入由 Y_1 增至 Y_2。但是,由于 LM 曲线不变,导致利息率由 r_1 上升至 r_2。由此产生一个矛盾,即扩大财政支出后,国民收入水平虽然提高了,但利息率也随之提高。它会抑制私人投资,部分抵消政府支出对国民收入的作用。所以,Y_2 并不是充分就业均衡时的国民收入。西方经济学把这种由于政府支出的增加而引起的私人消费或投资的降低称之为"挤出效应"(crowding out effect)。从图 12-1 中可知,如果没有"挤出效应"的作用,即 IS 曲线右移时,利息率不变而仅仅考察政府财政支出的作用,IS 移至 IS_2 时可实现充分就业的国民收入 Y_3。EE'' 的距离表示利息不变时 IS_2 的效果。这等于政府的支出乘数与政府支出的乘积。从另一个角度看,如果把图 12-1 中 IS_2 理解为初始的曲线向 IS_1 移动,则可用于解释紧缩性财政政策的作用。

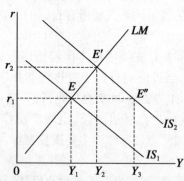

图 12-1 扩张性财政政策的作用

仅仅采用扩张性货币政策,即扩大货币供给,降低利息率,LM_1 曲线将移至 LM_2 曲线,如图 12-2 所示。

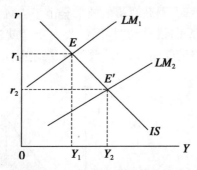

图 12-2　扩张性货币政策和作用

图 12-2 中,IS 曲线不动,政府扩大货币供给,使 LM_1 曲线向右下方移动至 LM_2,均衡点由 E 移至 E' 点,国民收入由 Y_1 增加至 Y_2 点,利息率由 r_1 下降至 r_2。相反的情形是,中央银行采用紧缩性货币政策,则可以从 LM_2 左移至 LM_1 的作用看出。

财政政策的效果看,其效果的大小是指取决于 IS 和 LK 曲线的形状或斜率。

从财政政策的效果看,其效果的大小是指政府支出的变化,引起 IS 曲线移动时,对国民收入变动的影响。从 IS-LM 模型看,这种影响的大小取决于 IS 曲线与 LM 曲线斜率的大小。

当 LM 曲线不变时,IS 曲线斜率的绝对值越大,即 IS 曲线越陡则移动 IS 曲线时国民收入变化越大,或财政政策效果大。反之,IS 曲线越平坦,则 IS 曲线移动时国民收入变化越小,或财政政策效果小,见图 12-3。

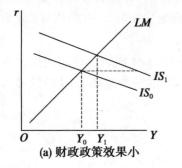
(a) 财政政策效果小

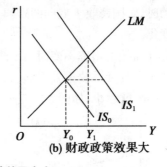
(b) 财政政策效果大

图 12-3　财政政策效果大小

上述效果的原因在于,IS 曲线越陡峭,则意味着投资的利息率弹性越小,即利息率变动一定幅度所引起的投资变动幅度较小。这使得扩张性财政政策引起的 IS 曲线右移时,利率上升所引起的投资降低水平较小,或讲"挤出反应"较小。

所以国民收入可以有较大的增加。反之,如果 IS 曲线比较平坦,则"挤出效应"较大,所以财政政策的效果就差一些。

在 IS 曲线斜率不变时,财政政策的效果会由于 LM 曲线斜率不同而不同。如果 LM 曲线较平坦,IS 曲线移动时,国民收入变动就较大,财政政策效果就大。反之,如果 LM 曲线较陡峭,则财政政策效果就越小。见图 12-4。

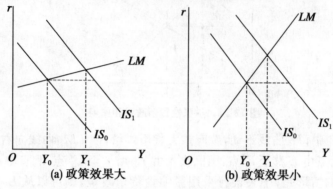

(a) 政策效果大　　　　(b) 政策效果小

图 12-4　财政政策效果大小

产生上述效果的原因是,LM 曲线的斜率较小时意味着货币需求的利率弹性较大,即较少的利率变动会引起较大的货币需求量的变动。这时,在 LM 曲线不变条件(LM 不移动)下,采用扩张性财政政策,利息率上升幅度很小,从而不会对私人投资产生很大的"挤出效应",政府支出的增加会引起国民收入较大的增加,财政政策的效果就大,反之,如图 12-4(b),IS_0 移至 IS_1 时,利率上升提高,"挤出效应"较大,此时财政政策效果就越小。

从货币政策的效果看,其效果的大小是指由于货币供给量的变动引起 LM 曲线移动时,对国民收入变动的影响。这种影响的原因是 IS 曲线与 LM 曲线的斜率的变化。

在 LM 曲线的斜率不变时,IS 曲线越平坦,LM 曲线移动对国民收入变动的影响就越大或货币政策效果越大。反之,IS 曲线越陡峭,LM 曲线移动对国民收入的影响就越小,如图 12-5。

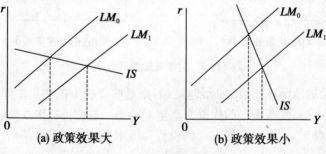

(a) 政策效果大　　　　(b) 政策效果小

图 12-5　货币政策效果大小

图 12-5 中的效果原因在于,当 IS 曲线平坦时,表示投资的利率弹性越大。因此,当 LM 曲线向右移动时,利率下降幅度虽小,但投资却增加很多,国民收入增长较多,故货币政策效果大。反之,当 IS 曲线较陡时,则意味着投资的利息率弹性较小,当 LM 向右移动,利息下降的幅度虽较大,但投资增加却较少,从而国民收入增长也较少。

在 IS 曲线斜率不变时,LM 曲线斜率越平坦,LM 曲线移动的货币政策效果就越小。反之,则货币政策效果就越大。如图 12-6。

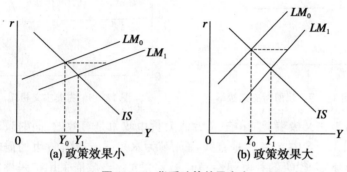

(a) 政策效果小　　(b) 政策效果大

图 12-6　货币政策效果大小

图 12-6 中效果的原因在于,LM 曲线越平坦,表示货币需求的利率弹性大,或货币供给量变动对利率变动的影响较小,这样在 IS 曲线斜率不变的条件下,增加货币供给的政策不会引起投资和国民收入有较大的增加。反之,如果 LM 曲线较陡,则意味着同样增加的货币供给会导致利率有较大的下降,或货币需求的利率弹性较小。这样对投资和国民收入影响较大。

二、财政和货币政策效果的极端情况

以上分析的是 IS 曲线、LM 曲线的斜率在正常情况下对财政政策和货币政策共同作用效果的影响。但是,如果 IS 曲线和 LM 曲线是完全垂直或者完全平坦的,则会出现仅仅是财政政策或货币政策单方面起作用的两种极端,即所谓"凯恩斯主义极端"或"古典主义极端"的现象。

所谓凯恩斯主义极端,即财政政策非常有效而货币政策根本无效。原因是由于凯恩斯"灵活偏好陷阱"的作用,LM 曲线为一条水平的曲线,即货币需求的利率弹性趋于无穷大。另一方面 IS 曲线为垂直线。政府如果采用扩张性财政政策时,政府支出的"挤出效应"趋近于零,对私人投资没有影响。这时移动 LM 曲线由 LM_0 至 LM_1,并不能影响利率的变化。所以,财政政策完全有效,而货币政策则完全无效。如图 12-7 所示。

在图 12-7 中,LM 为水平线,IS 为垂直线,利率在 IS_0 移至 IS_1,LM_0 移至

LM_1 时并不变化。但是国民收入却由 Y_0 增至 Y_1。这也表明财政政策完全有效,货币政策完全无效。

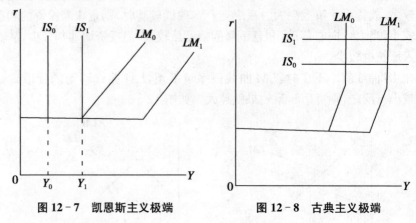

图 12-7　凯恩斯主义极端　　　　图 12-8　古典主义极端

再看古典主义极端。货币主义者认为货币政策是有效的,而财政政策完全无效。在图 12-8 中,LM 为垂直线,而 IS 为水平线,这样,货币的需求对利率的弹性趋近于零,投资的利率弹性趋向于无穷大。当政府采用扩张性财政和货币政策时,IS_0 移至 IS_1,利率随之提高而国民收入不变;当 LM_0 移至 LM_1 时,利息率不变而国收入随之增加。结论是,在上述条件下,财政政策无效而货币政策则有效。

三、财政政策乘数与货币政策乘数

凯恩斯主义极端和古典主义极端还可用代数方法推导出与图形方法完全相同的结论,其表现形式为财政政策乘数与货币政策乘数。

假设封闭经济中消费为:$c=\alpha+\beta y_d$,再假定税收 $t=0$,则 $y_d=y$。因此 $c=\alpha+\beta y$;而储蓄则为:$s=y-c=-\alpha+(1-\beta)y$。再假设投资为:$i=e-dr$,政府支出为 g,g 来源于向私人部门借债,于是,产品市场均衡条件 $(s+t)=(i+g)$ 可得:

$$-\alpha+(1-\beta)y=e-dr+g$$

即:
$$-\alpha+(1-\beta)y-e+dr=g \quad (12.1)$$

再假设货币需求为 $L=ky-hr$,货币供给为 m,于是货币市场均衡条件为:

$$ky-hr=m \quad (12.2)$$

假设 m 不变,以 g 为变量对 (12.1)、(12.2) 式微分,得:

$$(1-\beta)\frac{dy}{dg}+d\frac{dr}{dg}=1 \quad (12.3)$$

$$k\frac{dy}{dg}-h\frac{dr}{dg}=0 \qquad (12.4)$$

将(12.4)式移项整理后为：$\frac{dr}{dg}=\frac{k}{h}\cdot\frac{dy}{dg}$，并代入(12.3)式得：

$$(1-\beta)\frac{dy}{dg}+\frac{dk}{h}\cdot\frac{dy}{dg}=1$$

∴
$$\frac{dy}{dg}=\frac{1}{(1-\beta)+dk/h} \qquad (12.5)$$

同样，假设 g 不变，对产品市场和货币市场均衡条件以 m 为变量对(12.1)、(12.2)微分，得：

$$(1-\beta)\frac{dy}{dm}+d\frac{dr}{dm}=0 \qquad (12.6)$$

$$k\frac{dy}{dm}-h\frac{dr}{dm}=1 \qquad (12.7)$$

将(12.6)式移项整理后为：$\frac{dr}{dm}=-\frac{1-\beta}{d}\cdot\frac{dy}{dm}$，并代入(12.7)式得：

$$k\frac{dy}{dm}+\frac{h(1-\beta)}{d}\frac{dy}{dm}=1$$

∴
$$\frac{dy}{dm}=\frac{1}{k+\frac{h(1-\beta)}{d}} \qquad (12.8)$$

处于凯恩斯极端情况，$h=\infty$，$d=0$。根据(12.5)式：$\frac{dy}{dg}=\frac{1}{1-\beta}$，政府支出有乘数作用，财政政策很有效。根据(12.8)式：$\frac{dy}{dm}=0$，增加货币供给量对收入没有影响，货币政策无效。

相反，处于古典主义极端情况，$h=0$，$d=\infty$。根据(12.5)式：$\frac{dy}{dg}=0$，政府支出对收入没有影响，财政政府无效。根据(12.8)式：$\frac{dy}{dm}=\frac{1}{k}$，增加货币供给量对收入有很大影响，货币政策有效。

处于两个极端之间，两种政策的效果取决于 IS 和 LM 曲线的低斜率。LM 曲线斜率越小，财政政策效果越明显；LM 曲线斜率越大，财政政策越不明显。IS 曲线斜率越小，货币政策效果越明显；IS 曲线斜率越大，货币政策越不明显。

如果以 k_e 代表支出乘数(包括投资支出乘数、政府支出乘数、消费支出乘数),则封闭经济中支出乘数为 $k_e = \frac{1}{(1-\beta)(1-t)}$,若不考虑所得税,则 $k_e = \frac{1}{1-\beta}$。将支出乘数代入(12.5)式,得:$\frac{dy}{dg} = \frac{1}{\frac{1}{k_e} + \frac{dk}{h}}$,在分子分母上各乘以 $k_e h$,得:

$$\frac{dy}{dg} = \frac{k_e h}{h + k_e dk} \tag{12.9}$$

同理,将支出乘数代入(12.8)式,并在分子分母各乘以 $k_e d$,得:

$$\frac{dy}{dm} = \frac{k_e d}{h + k_e dk} \tag{12.10}$$

(12.9)式和(12.10)式也分别被称为财政政策乘数和货币政策乘数。

四、财政和货币政策的协调使用

上述分析表明,在采用财政政策或货币政策时,或者要遭受"挤出效应"的影响,或者由于货币需求的利率弹性不变,国民收入的增长很难达到充分就业的水平。因此,为了达到充分就业的国民收入,政府应当同时协调地运用财政政策和货币政策。下面就来分析政府同时移动 IS 曲线和 LM 曲线对国民收入变动的影响。

图 12-9 表明,政府同时移动 IS 曲线与 LM 曲线,即 IS_0 移至 IS_1,LM_0 移至 LM_1,均衡点移至 E' 点时,Y_0 为小于充分就业的国民收入,r_0 为变化极小的均衡利息率。这表明政府在同时采用扩张性财政政策和货币政策时,既可以避免利率水平的波动,还可避免"挤出效应",增加国民收入水平,从而实现产品市场和货币市场同时均衡和充分就业。

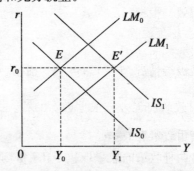

图 12-9 财政和货币政策混合使用

第三节　财政政策

一、运用税收和政府支出进行政策管理

财政政策是指政府为达到宏观经济调节的目的而采取的各项财政措施的总称。其中包括政府支出、税收以及财政制度等。从财政支出的作用看,增加政府支出,可以扩大总需求,增加国民收入;减少政府支出可压抑总需求,减少国民收入;从政府税收作用看,增加税收可压抑总需求,减少国民收入。减少税收可扩大总需求,增加国民收入。据此,财政政策的具体运用可分为两方面:

1. 扩张性财政政策。这是指扩大国民收入水平,扩大就业水平的财政措施。当经济萧条,社会有效需求不足时,通过政府财政收支的调节,刺激总需求水平的提高,扩大就业水平。具体措施是:

第一,增加政府支出,减少政府税收。

第二,增加政府支出,税收不变。

第三,政府支出不变,减少政府税收。

第四,政府支出与税收同时增加。

上述4项措施的经济效果依次递减,前3项是赤字财政政策,第4项为平衡性预算政策。

2. 紧缩性财政政策。这是指减少国民收入水平的财政措施。当经济高涨过度,存在通货膨胀和过度需求时,通过政府财政收支的调节抑制总需求水平的提高。具体措施是:

第一,减少政府支出,增加税收。

第二,减少政府支出,税收不变。

第三,政府支出不变,增加税收。

第四,政府支出和税收同时减少。

上述措施的收缩效果依次递减,前3项是财政盈余政策,第4项为平衡性预算政策。

在西方经济学中,上述两方面财政政策的运用,被称为"逆风向的需求管理",即在经济高涨时进行抑制,防止经济过热而通货膨胀;在经济萧条时实行刺激,防止经济萧条而产生失业,实现既无失业又无通货膨胀的稳定发展。再者,由于这些财政政策是根据一国经济发展的具体情况而随时采取的措施,具有"机动性",因此又称为"机动性财政政策"。此外,西方国家还采用了一整套的财政制度,通过它的执行而自动调节社会经济活动,这被称为非机动的财政政策。

二、财政政策中的"自动稳定器"(automatic stabilizer)

"自动稳定器"又称为"内在稳定器"(built in stabilizer)。这是指现代财政制度中所具有的一种无需政府、企业或个人的任何直接行动而能减轻经济周期波动幅度的内在功能。财政制度的这种内在稳定经济的功能通过下述3项制度得到发挥。

1. 政府的税收,即个人和公司所得税。经济萧条时,国民收入下降,税收量随之下降,这会缓和萧条,延缓需求下降幅度;经济高潮时,国民收入上升,税收量随之上长,这又会缓和需求上升和通货膨胀的幅度。

2. 政府转移支付。这包括失业救济及其他社会福利制度。当经济萧条时,失业人口增加,符合救济条件的人增多,转移支付增加,社会福利开支增大,这导致社会收入增加,抑制萧条幅度;当经济高涨时,符合救济条件的人减少,政府转移支付下降,又能抑制高涨幅度。其他社会福利制度的执行也有类似的功能。

3. 农产品的价格维持制度。经济萧条时,国民收入下降,农产品价格下降,政府依照农产品价格维持制度,收购剩余农产品,增加农民收入与消费水平。经济高涨时,国民收入水平上升,农产品价格上升,这时政府减少对农产品的收购并抛售农产品,抑制农民收入增长。也能起到调节总需求的作用。

不过,西方学者也认识到,财政制度的这种内在稳定器的作用是有限的,它可以减轻经济的波动,不能消除经济的波动。因此,还必须进行需求管理。

三、财政政策的手段

在运用财政政策进行实际的需求管理时,政府的财政收入来自税收,财政支出为转移支付和公共事业开支。所以,政府调整财政收支政策措施主要有:

1. 改变税率和税率结构。主要是改变所得税率结构,使高收入者增加负担,低收入者减少负担等,以刺激社会的总需求。改变税率的基本做法是,在经济萧条时,失业率上升,政策采取减税措施,给个人和企业多留一些可支配收入;反之在经济高涨时,政府采取增税的措施。

2. 改变政策转移支付。一般讲,政府增加转移支付可起到反危机的作用,减少转移支付可起到反通货膨胀的作用。

3. 改变政府购买水平。在经济萧条时,政府扩大对商品与劳动的购买。比如,举办公共工程,建设高速公路,公共建筑等。这些可以刺激总需求,增加国民收入,提高就业水平。反之,为控制通货膨胀,政府可降低其购买水平,以抑制物价上涨的幅度。

第四节 货币政策

宏观货币政策主要是通过货币供给量影响利息率,然后影响投资和国民收入。

一、银行存款的创造

货币政策是由中央银行代表政府通过银行体系来实施的。西方国家的银行体系主要包括中央银行和商业银行(包括许多不同级别的银行)两大类。中央银行控制货币供给的过程是:中央银行把准备金输入商业银行,通过多级银行的存款与放款活动,或通过一系列的存款与贷款活动,商业银行创造出扩大的整个社会的货币供给,即硬币、纸币和活期存款。这样,中央银行可以通过准备金的控制来调整社会的货币供给量和货币增长率。政府通过对中央银行和信用制度的控制,就能影响储蓄与投资之间的平衡,从而影响实际的和货币的国民收入水平。

如果中央银行增发一定量的货币供给,则会由于银行体系的作用,创造出若干倍的银行存款,从而使货币供给量的增加额为中央银行最初增加供给的货币量的若干倍。这一过程是通过银行体系的"法定存款准备金制度"、支票流通以及银行贷款转化为客户的活期存款来发生作用的。

所谓"银行存款准备制度"是指由中央银行规定商业银行存款与贷款之间必须保持一定的比率,以保证客户随时提款的准备金制度。它由国家以法律形式加以规定,通过"法定准备率"来贯彻执行。商业银行在取得一笔存款后,一般是按一定比例留下准备金以备客户提款的需要。准备金是银行为准备存款人提取存款而持有的通货。库存货币与存款总额之间的比率就叫做"存款准备率",存款准备率越高,商业银行能用于投资的资金较少。由中央银行规定的商业银行的各类存款必须持有的准备率,叫做"法定准备率"。

前面已经提出,在信用关系比较发达的国家,大部分交易是用支票来进行的。因此,活期存款的增加,即意味着货币供给的增加。这样,企业和居民在取得商业银行的贷款后,一般并不取出现金,而是把所得到的贷款以活期存款的形式存入与自己有业务关系的商业银行,通过支票随时使用。而这家商业银行则依照法定准备率留下准备金,然后再贷放出去。新的客户又会将之存入另一家商业银行。这一过程的不断延续,最初的原始贷款会创造出几倍的活期存款,增加几倍的货币供给。

例如:中央银行通过买进政府债券,向社会投资货币1 000万元,法定准备率为20％,这会使甲商业银行增加存款1 000万元,放款800万元;乙商业银行增加存款800万元,放款640万元。这个过程不断地进行下去,整个商业银行体系的存款总额可为:

$$1\,000\text{万元}+800\text{万元}+640\text{万元}+512\text{万元}+\cdots\cdots=5\,000\text{万元}$$

这就是说,中央银行增加1 000万元的货币供给;当法定准备率为20％时能导致5 000万元的活期存款,是原始存款的5倍。或者说,银行体系创造出4倍于原始存款的活期存款。

上式分析的结果:若 a 为法定存款准备率;b 为 $1-a$,贷款比率;ΔM 为存款总额,Δm 为原始贷款。

这样:
$$\Delta M = \Delta m + \Delta m(1-a) + \Delta m(1-a)^2 + \cdots\cdots + \Delta m(1-a)^{n-1}$$
$$= \Delta m + \Delta mb + \Delta mb^2 + \cdots\cdots + \Delta mb^{n-1}$$
$$= \Delta m(1-b+b^2++b^{n-1})$$
$$= \Delta m \frac{1}{1-b}$$

由于
$$1-b=a$$

因此:
$$\Delta M = \Delta m \frac{1}{a} = \frac{\Delta m}{a}$$

或者:
$$\frac{\Delta M}{\Delta m} = \frac{1}{a} = K$$

其中的 K 就是银行体系的货币创造乘数,它是存款准备率的倒数。

银行体系的货币创造乘数会从两个方面起作用,即多倍扩大银行体系的活期存款和多倍紧缩银行体系的活期存款。所以中央银行能够通过法定准备率调节货币供给量。

二、货币政策的目标与手段

货币政策的基本目的在于消除经济波动,促使经济稳定增长。即在萧条时期增加货币供给,降低利息率,刺激总需求;而通货膨胀时期,紧缩货币供给量,提高利息率,抑制需求。

实现宏观货币政策的具体措施是:

1. 公开市场业务。这是指中央银行在金融市场上买进或卖出政府债券,以调节货币供给量的活动。在西方国家,政府债券也是个人、工商企业、商业银行和其他金融机构的投资对象。这种债券在还本付息日期之前,可以在市场上出售。因此,中央银行就可以通过金融市场政府债券的买卖来调节货币供给量和利息率。通货膨胀时,中央银行要采取紧缩性货币政策以减缓通货膨胀的压力,可在证券市场出售政府债券回笼货币,引起企业、个人、商业银行用支票购买政府债券。开出支票的商业银行则向持有支票的中央银行支付现金,从而引起商业银行存款准备金的减少,使商业银行体系的货款和存款创造乘数成倍地减少,导致货币供给量成倍紧缩,最终导致通货紧缩。与此同时,由于债券价格与利息率反比例关系,中央银行卖出债券,会引起债券价格下跌,利息率上升。在中央银行上述手段的调节下,银行体系银根紧俏,消费者的消费需求,企业的投资需求下降。这又会通过"乘数原理"使得社会生产和国民收入成倍下降。相反,经济萧条时,中央银行要采用扩张性的货币政策,可在金融市场上买进政府债券,这等于中央银行向市场投放一笔货币现金,出售债券的私人在取得这笔货币后,存入商业银行,从而使商业银行存款和存款准备金增加。通过银行体系可以成倍地扩大贷款和存款的数量。与此同时,利息率下降,社会总支出扩大,通过乘数原理导致生产、就业和国民收入的成倍扩大。

2. 贴现率政策。贴现是指把有价证券兑换为现金的活动。贴现者按贴现率贴现,其性质相当于借款。通常商业银行因为持有政府债券,在需要现金时,可到中央银行贴现。为此,中央银行可以通过调节贴现率来影响商业银行的贴现额,从而调节货币的供给量与利息率。由于贴现意味着商业银行借款的增加,因此这也意味着商业银行"准备金"和货币供给量的增加。反之,结果也相反。具体说来,经济萧条时,中央银行降低贴现率,增加商业银行的贴现值,扩大商业银行准备金,增加商业银行放款数额。由于商业银行体系存款创造的乘数作用,货币供给量成倍增长,利息率下降。反之,在经济膨胀时期,中央银行则提高贴现率,从而引起商业银行借款和准备金的下降,其放款数额也随之下降,且由于乘数作用,货币供给量成倍下降,利息率上升。

由于贴现率的变动具有上述作用,这就成为向市场显示利率变化和银根松动或紧俏的一种信号。

3. 改变法定存款准备率。以上曾分析过银行存款的创造与法定准备率的关系式为:$\Delta M = \Delta m \frac{1}{a}$,即货币存款的创造与法定准备率反比例变化。为此中央银行可通过下述过程调节货币供给量和利息率。当经济萧条时,降低法定准备率,提高商业银行的存款准备金水平,扩大贷款量。由于乘数作用,商业银行体系创造出成倍的货币供给量,并引起利息率的下降。在通货膨胀时,提高法定准备率,减少商业银行存款准备金,紧缩贷款,通过乘数作用成倍紧缩货币供给,提高利息率。放款和投资方面应采取的措施,给予暗示或劝告,以使商业银行给予配合,但是这种劝告没有法律上的约束力。

第五节 收入政策

一、收入政策的含义

收入政策是对价格、工资和租金进行直接或间接控制的政策。收入政策的目的是用来抑制当社会实现充分就业而可能产生的通货膨胀。西方学者认为,财政政策和货币政策的实施可以提高社会总需求,从而可以提高国民收入。但是,社会总需求的变动不仅对经济的产量水平发生影响,而且还影响工资和价格水平,而社会总需求的变动以及工资价格水平变动与市场机制的作用密切相关,市场机制所引起的价格和工资的变动,有时候可能严重破坏调节社会总需求的财政政策和货币政策的作用。比如,为了充分就业而采用扩张性的财政政策和货币政策,但是,结果与此同时却产生了一个高得难以接受的通货膨胀率,上述政策的效果就难以发挥。为此,在运用财政政策、货币政策扩大总需求的同时,还必须运用收入政策把工资和价格水平控制在由市场机制自发作用而产生的通货膨胀水平之下。这些控制工资和价格上涨的措施被称为收入政策。

在收入政策中,有些措施是强制性的。比如:工资,价格管制,即工资和价格的增加必须得到负责工资和价格管制的政府部门的批准。有些收入政策是非强制性的。比如:政府与企业、工会之间的"协商恳谈","道德规劝",劝告工会和企业自觉控制工资水平和价格水平的上涨。比较适中的指导性政策是工资—价格指导方针。

西方学者认为上述两类收入政策在实践中均有其实践方面的困难。首先,从道德上的规劝看,仅仅依靠政府对工会和企业的"合情合理"的劝告,很难有什么效果。每一个人嘴上都说希望避免通货膨胀,但是如果物价上涨对自己有利,这些允诺就会完全放弃。其次,全面工资和价格管制,有政治上和经济上两个方面的困难。从政治上看,比如冻结物价和工资,会遭到企业、工会两方面的坚决反对,难以为社会和法律所接受。从经济上看,全面的工资与价格管制(包括劝告的工资与价格指导),会使市场机制赖以发生作用的价格信号不能发生作用。在市场经济中,各种工资和价格都是依据特定市场的供求变动而变化的。这种价格与工资的多种多样的运动,在短期内能起到平衡市场供求关系的作用,在长期中则起到合理配置生产资源的作用。实行全面的价格—工资管制,价格机制的这种调节作用便会消失。

总之,无论是劝说,还是依法执行工资—价格管制,这些收入政策的效果均不理想。

二、自愿的工资—价格指导方针(voluntary wage-price guidelines)

一个希望与客观的经济增长率相适应,维持价格稳定的收入政策是自愿的工资—价格指导方针。1962年,美国总统肯尼迪的经济顾问委员会第一次提出为实现价格稳定的工资—价格指导的思想。这是一种劝告性的或指导性的政策,没有法律的效力。最初是运用劝说和宣传的策略去指导居民和企业执行。但是,在劝说无效的情况下,也采取过强制性"硬劝"策略。

自愿的工资—价格指导方针包括两方面的含义:

1. 工资指导方针。意指使劳动者每小时工资的增长率不能快于劳动生产率的人均每小时产出的增长率。在这种情况下,单位劳动的费用和平均价格水平就能保持不变。例如,如果每个工人每小时工资为3元,每小时产量为5单位。这样单位产品的劳动费用为3元除以5单位等于0.60元。如果技术进步导致劳动生产率提高,人均每小时产量增加了3%,则现在人均产量增加到5.15单位。依照工资指导方针的要求,工人所得工资增加量应等于劳动生产率增加量。

现在每小时应得工资为3.09元,即原工资3元加上工资增长率3%所增加的0.09元工资量。这样,现在单位产品的劳动费用为0.60元,即3.09元除以5.15元等于0.60元。这表明,在遵循工资指标3%的增长率下,这与劳动生产率增长率相等,从而劳动成本不变,这最终意味着产品价格稳定不变。

2. 价格指导。由于不同的企业有着不同的劳动生产率,因此不仅需要上述工资指导,而且还应对不同的企业采用价格指导方针。价格指导方针的含义是:对于那些同意工资的增加与社会平均劳动生产率相等,但是其个别劳动生产率的增长高于社会平均劳动生产率的厂商,要求它们降低价格,降低的数额要反映上述劳动生产率的差额。对于那些个别劳动生产率增加小于社会平均劳动生产率但仍同意工资的增加等于社会平均劳动生产率的企业,则准许它们适当地提高产品价格,借以弥补所支出的报酬增加量中超过劳动生产率增加的部分。这样某些产品价格虽然下降,而另一些产品价格则上升,总的物价水平是稳定的。总之,如果工人、厂商愿意自觉遵守价格与工资指导方针,则社会可实现价格稳定,消除通货膨胀。

工资—价格指导的收入政策与其他类似的收入政策的理论依据是成本推动型通货膨胀。这种政策的鼓吹者认为,在一个货币工资增长率的增长快于劳动生产率增长的经济中,物价水平是趋于上涨的,其上涨的幅度是货币工资增长率与劳动生产率增长率的差额。

为了说明这一点,西方学者援引了两个理论根据:

第一,企业利润最大化规律,即 $w=P \cdot MPP$(其中 w 表示货币工资,MPP 表示劳动的边际产量,P 表示单位产品价格)。这就是说,货币工资要等于劳动的边际产品价格(或劳动的边际产值)。所以,当货币工资 w 与劳动的边际产品按同一比例提高时,价格 P 不变,从而符合利润最大化原则。反之,如果 w 的增长率大于 MPP 的增长率,则为了维持利润最大化,P 必须相应增大。因此,物价水平的上涨率不过是为了弥补货币工资增长率超过 MPP 的增长率的差额。

第二,经济生产率可区分为劳动生产率和资本生产率,而其中劳动生产率与工资和物价水平的变化密切相关。当劳动生产率的增长率与货币工资增长率相等时,这一货币工资增长率叫做"非通货膨胀性"的符合物价水平的稳定货币工资增长率;当货币工资增长率大于劳动生产率的增长时,叫做"通货膨胀性"的货币工资增长率。换言之,货币工资增长率可区分为导致物价稳定和不稳定的两部分。当货币工资增长率与劳动生产率增长相同时,物价稳定;当货币工资增长率大于劳动生产率增长时,物价上升。引起物价上升的幅度是工资增长率超过劳动生产率的那一部分。为此,为了维持价格稳定,防止通货膨胀,就要采取措施使货币工资增长率与劳动生产率增长相一致。自愿的工资—价格指导方针正是这一理论的产物。

自愿的价格—工资指导仍属于"劝说"指导性的非强制性手段。如上分析,其实践的最大困难是不符合市场机制运转的需要。所以,这一政策实践效果很不理想。1977 年,美国总统卡特在运用宏观财政政策和货币政策而产生通货膨胀的情况下,不得不求助于收入政策来抑制物价水平上升,起初采用自愿的工资—价格指导方针,但是效果不好。1978 年 10 月,把"自愿的"改变成"半强制"的手段,由政府规定价格上涨率不得超过 6.5%,工资上涨不得超过 7%,但无法实现这一目标。1981 年,里根总统上台,立即放弃了工资—价格指导方针。

第六节　宏观经济学的结束语

以上依照逻辑进程介绍了西方经济学关于资本主义宏观经济运行的不同领域的分析,归纳起来就是关于产品市场、货币市场、劳动市场上的总供给与总需求是如何决定和影响一国国民收入的经济总量。对这种总供给与总需求的关系的论述,现代西方经济学有两个对立的观点:新凯恩斯主义和新古典主义,但两者对总需求和总供给的含义也有共同点,即产品市场与货币市场决定总需求,劳动市场决定总供给。为了较全面地理解这些原理,我们以"新凯恩斯主义"代表人物萨缪尔森的观点为代表,从总体介绍西方经济学家关于资本主义宏观经济运行的原因和过程的理论基础(见图 12-10)。

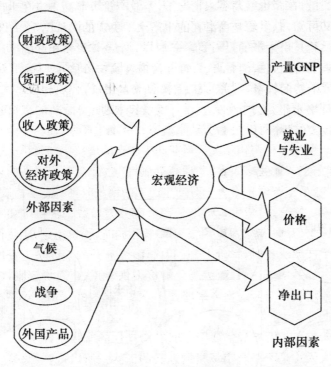

图 12-10　政策和外部因素控制宏观经济并产生内部因素

　　从图 12-10 可知,宏观经济运转的三个因素是:政策因素、外部因素、内部因素。政策因素包括政府的财政政策、货币政策、收入政策、对外经济政策;外部因素则指存在于经济体系之外的影响一国宏观经济的因素,比如气候、战争、外国产品竞争等。内部因素则是由一国经济体系自身产生的经济变量,它包括宏观经济调节的 4 个目标:社会总产量、就业或失业水平、价格水平、净出口等。在图 12-10 中显示,政策因素与外部因素是影响宏观经济的投入因素,而内部变量则是宏观经济运行的结果。这些因素之间的关系可以从图 12-10 中的箭头所示方向看出。

　　在了解了影响一国宏观经济运转的各种因素及其相互关系之后,就可以对宏观经济的运转作进一步的分析。对上述图示作更加细致的描述就可以了解这一点,如图 12-11 所示。

　　图 12-11 是理解宏观经济中运转的各种因素相互关系的核心图解,这个图概括了宏观经济运转的各个方面的内容。

　　图 12-11 的左半图表示影响和控制总供给与总需求的各种因素。其中总供给的含义是企业愿意以现行价格、生产能力和成本生产以及销售的产量。企业以潜在产量为目标。但是,如果价格和社会需求水平较低时,企业的生产可能

会低于潜在产量;在高价格高需求情况下,企业产量可能高于潜在生产能力。由总供给的定义可知,总供给是由潜在的生产水平决定的。从图12-11可知潜在的产量或总供给是由生产的投入要素资本与劳动及其紧密相联的生产技术所决定的。总需求的含义是指消费者、厂商和政府在给定价格、收入和其他经济变量的条件下愿意消费的数量。总需求以社会消费的最终产品为内容。影响总需求的因素包括价格水平、人们的收入、关于未来的预期、政府的税收和购买的财政政策和货币政策等等。

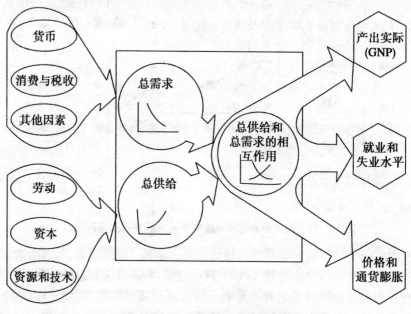

图12-11 宏观经济体系的鸟瞰

在图12-11右中部圆圈里,表明了总需求与总供给的相互作用和这一作用产生的宏观经济运转结果。图12-11右侧表示真实的国民生产总值、就业与失业水平、价格水平和通货膨胀等。

本章参考书目

1. 斯蒂格利茨:《经济学》(下册),中国人民大学出版社,1997
2. 萨谬尔森,诺德豪斯:《经济学》,第16版,麦格劳—希尔公司,1998
3. 多恩布什,费希尔:《宏观经济学》,第7版,麦格劳—希尔公司,1998
4. 布兰查德:《宏观经济学》,普伦蒂斯—霍尔公司,1997
5. 高鸿业:《西方经济学》(第二版),中国人民大学出版社,2001
6. 王秋石:《宏观经济学原理》,经济管理出版社,2000

问题与练习

1. 名词解释：

经济政策；经济政策目标；经济政策内容；财政政策效果；货币政策效果；挤出效应；凯恩斯主义极端；古典主义极端；自动稳定器；银行存款准备制度；货币创造乘数；公开市场业务；贴现率；法定准备率；道义上的劝告；收入政策。

2. 分别分析财政政策、货币政策的效果。
3. 财政政策的主要内容是什么？如何运用财政政策调节国民经济活动？
4. 自动稳定器是怎样缓和经济波动水平的？
5. 简述政府调整财政收支的主要政策措施。
6. 货币政策的主要内容是什么？
7. 简述银行体系存款创造乘数的形成过程。
8. 简述中央银行调节货币供给量的主要手段及其作用。
9. 收入政策的理论根据是什么？
10. 试评西方国家的收入政策的效果。

后　　记

　　世界经济格局朝着货币化、证券化、国际化方向发展，宏观经济学出现了许多新的变化。为了适应我国经济与社会发展"十二五"规划的要求，贯彻科学发展、公平正义的社会主义市场经济价值观，加快我国经济发展方式的转变，我会组织部分长期处在科研和教学第一线的理论骨干编写了这本《宏观经济学》，以便为科研和教学提供教材和参考资料。

　　本书由汪祖杰、杨凤祥担任主编，并对全部书稿进行了统审，由刘厚俊总校，卜海总策划。参加全书撰稿的同志有：

汪祖杰：第一章、第二章；

杨凤祥：第三章、第四章；

刘丽：第五章、第六章、第七章；

邓凌翃：第八章、第九章、第十章；

孙青：第十一章、第十二章。

江苏省外国经济学说研究会《宏观经济学》编写组

2011 年 6 月 11 日于南京